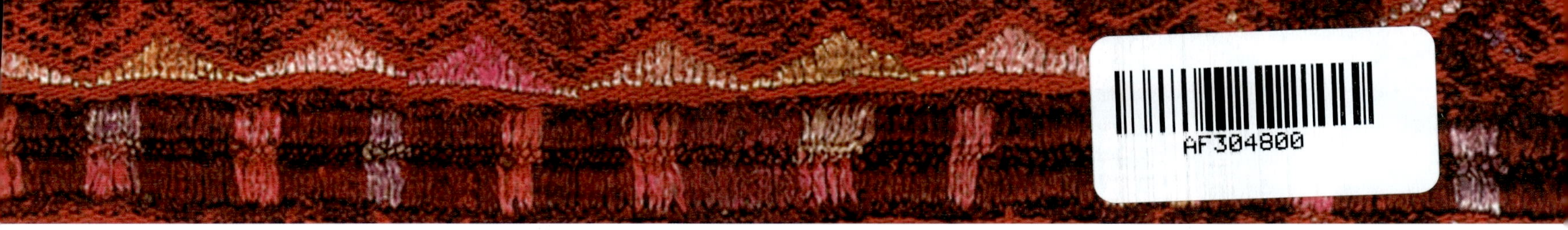

Fomento Cultural Banamex ejemplo reconocido de empresa que promueve la cultura de México con liderazgo

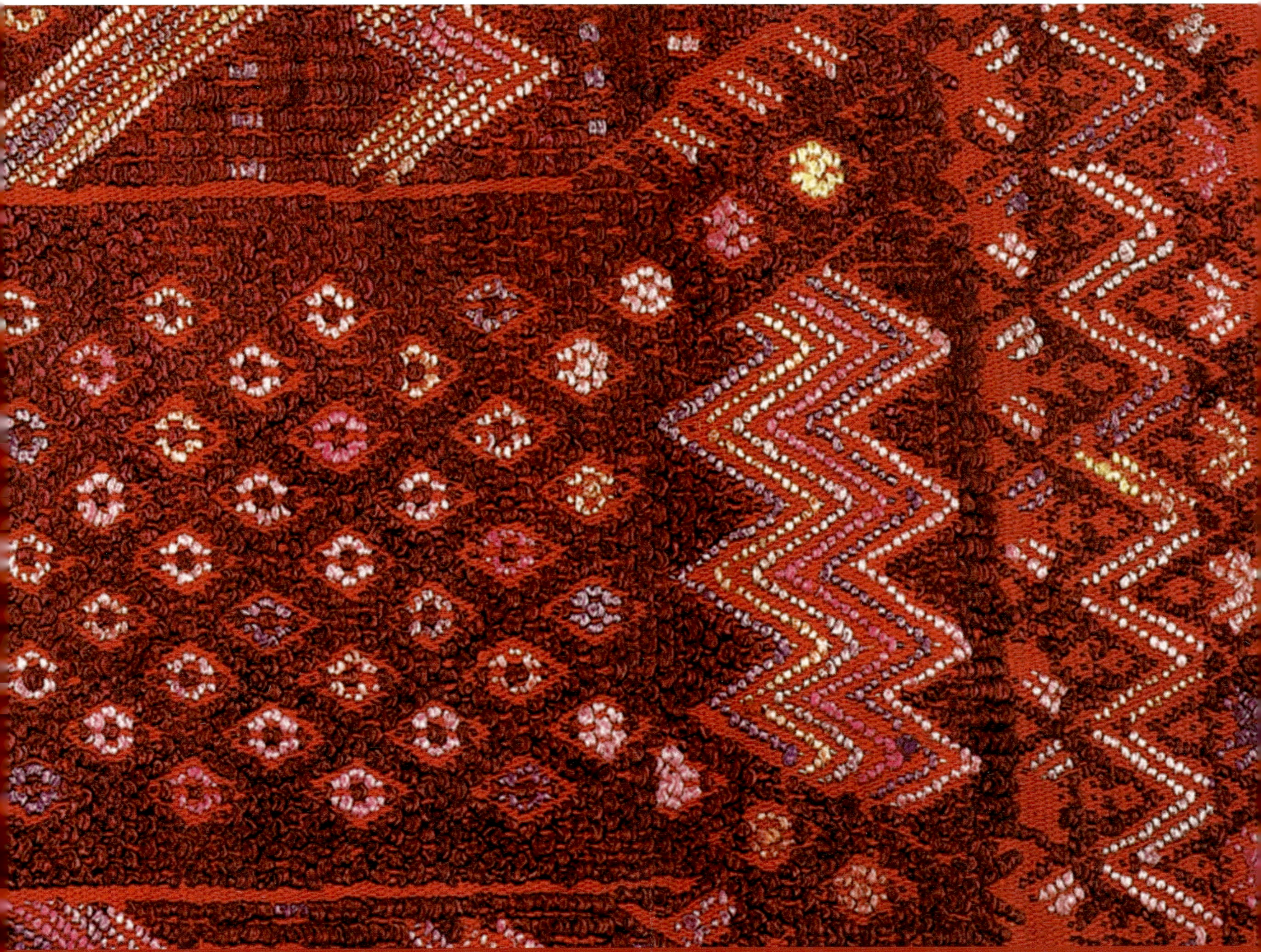

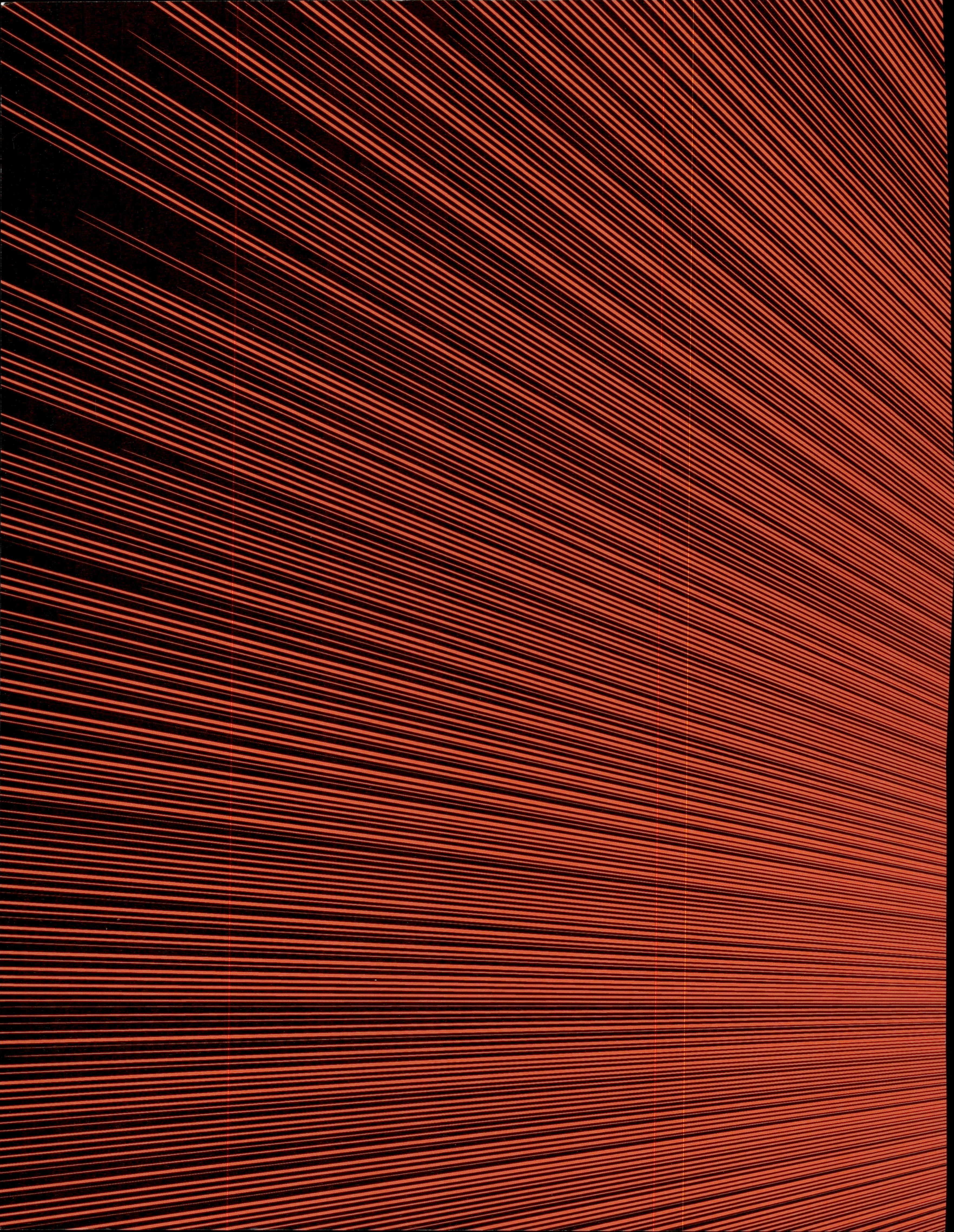

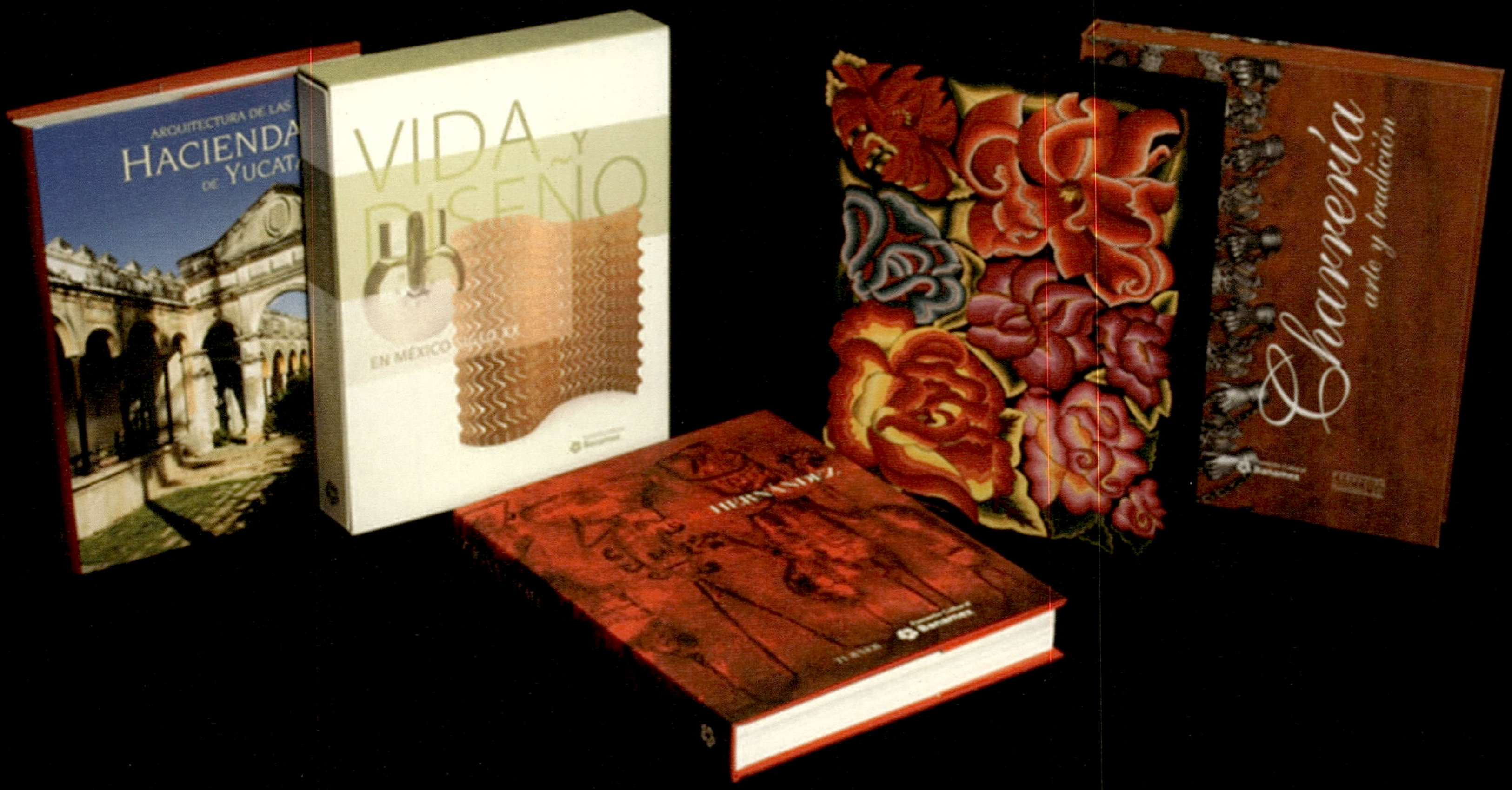

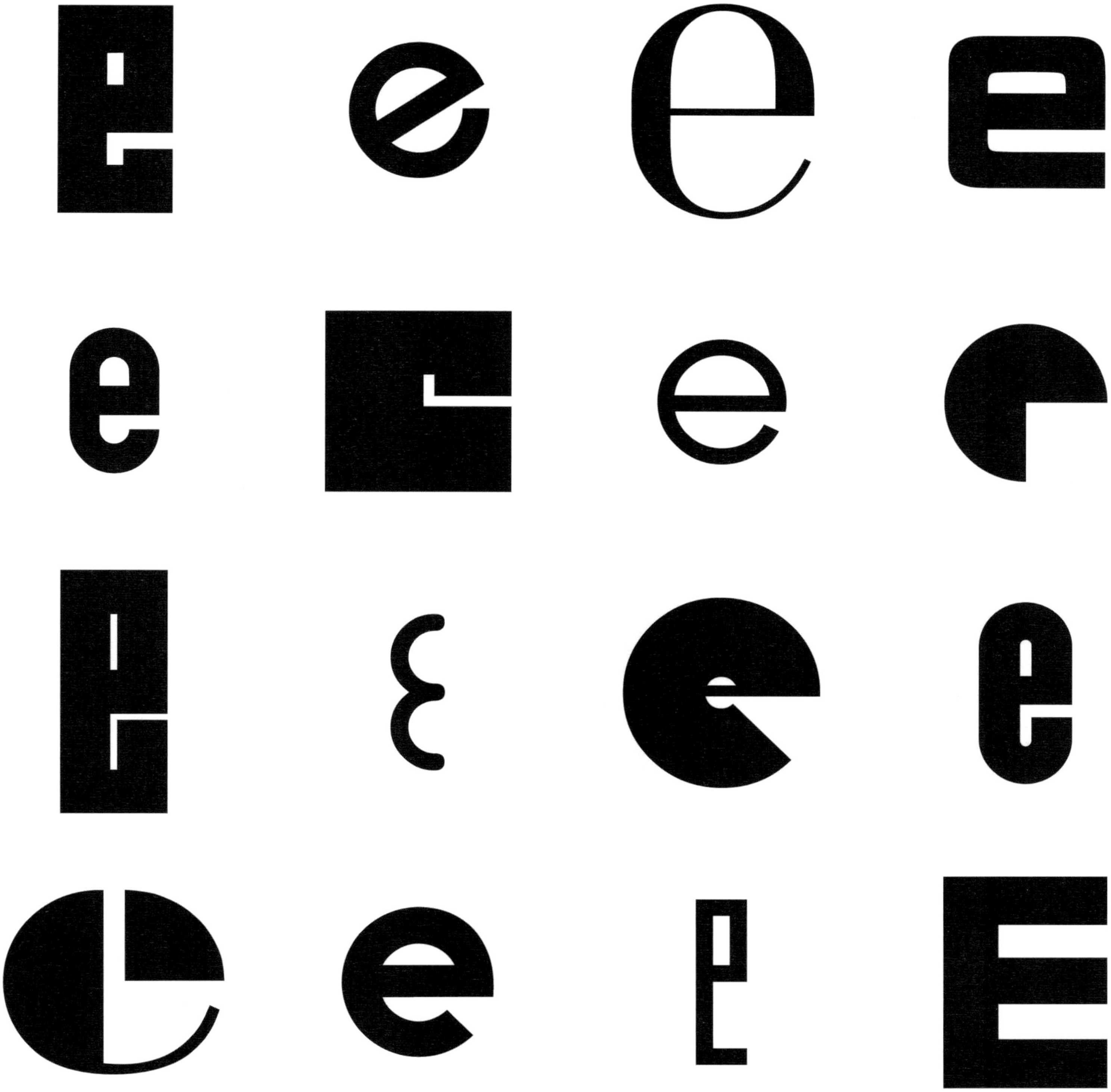

Eastside Projects is a new
artist-run space as public gallery
proposed for the city of Birmingham

Proposed opening exhibition title

This is the gallery
and
the gallery is many things

Proposed dates

February to May 2008

An evolving space/exhibition currently
including works and spaces by:

Proposed artists

Marc Bijl
Spartacus Chetwynd & Marte Eknaes
Peter Fend
Ian Forsyth & Jane Pollard
Liam Gillick
Joseph Hallam
Matthew Harrison
Kelly Large
Heather & Ivan Morison
Mithu Sen
Chen Shaoxiong
Support Structure
Mark Titchner
Laureana Toledo

Proposed address

86 Heath Mill Lane
Birmingham B9 4AR
www.eastsideprojects.org

Gallery director

Gavin Wade

Eastside Projects ltd reg. 6402007 is a not for profit company
limited by guarantee supported by Arts Council England West
Midlands and Birmingham City University

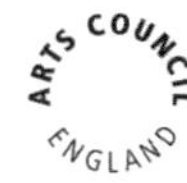
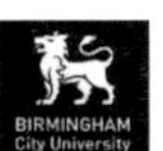

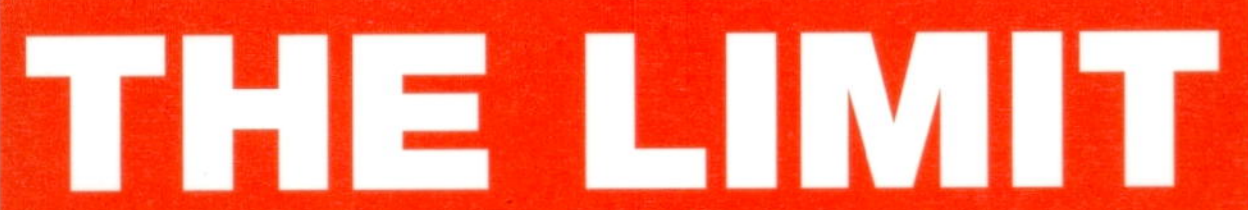

Publicado en Gran Bretaña en/Published in Great Britain in 2009
Por/By Trolley Ltd.
www.trolleybooks.com

Editado por/Edited by Laureana Toledo, con la colaboración/with the collaboration
of Alexandra García Ponce
Fotografías/Photographs © Laureana Toledo
Textos/Texts © David Byrne, Tatiana Cuevas & Pablo Vargas Lugo, Raúl David,
Mónica de la Torre, Catherine Lampert, Cuauhtémoc Medina, Frances Richard,
Laureana Toledo, Gavin Wade
Diseño/Design Maru Aguzzi
Traducción/Translation Mónica de la Torre, Elizabeth Flores, Richard Moszka,
Lorna Scott-Fox, Sonia Verjovsky
Corrección de estilo/Style correction Laureana Toledo, Elisa Ramírez
Diseño adicional/Additional design Martin Bell

The right of Laureana Toledo to be identified as the author of this work has been
asserted by her in accordance with the copyright, designs and patents act 1998

A catalogue record for this book is available from the British Library

ISBN 978-1-904563-96-9

Impreso en Italia por/Printed in Italy by Grafiche Antiga, 2009

Edición limitada de 1000/Limited edition of 1000.

GRACIAS MIL

Gigi and Hannah at Trolley.
Martin at Fruitmachine.
Alex, Maru, Virginie, Niki, Raquel.

Siempre, siempre: Jerónimo, Mónica T., Pablo y Tatiana, Eduardo y Sofía.

For trusting this nonsense over and over: David B., Frances R., Catherine,
Cuauhtémoc, Rulo, Gavin.

Diegosuá, Juli, Sergio, Quique y The Limit: el más humilde super grupo,
(con la invaluable ayuda de Cristian M. y Diego B.)

Por el trabajo previo: Sofia B., Guillermo S., Juan V., Jeanine G., Héctor M., Turco,
Castor. Patricia, Jaime, Ana Belén y todos en OMR. Cándida F.

A todas mis familias: Ramírez Castañeda, López-Ellitsgaard (y de Paz), López
Hernández, Cuarón Orozco.

Por el amor y la complicidad: Quique.
Katya, Ricardo y Aurora, Yoshua y Gaby, Fabiola y Emilio, Abraham, José y
Mónica, Francis A., Silvia, Adriana L., Camilo, Roberto y Rosa, Sam, MiBench, La
Logia, Ferchis, Andrés L., Juan Patricio, Oliver y Adam, Rain, Doraly, Cata y José,
Richard B., Alberto L.
María Guerra[+], Aura Estrada[+] y la abuela Ruth[+]

A todos los autores cuyos trabajos son una constante fuente de inspiración.
To all of those whose work is a constant inspiration, thank you.

Fotografía adicional/Additional Photography

Portada/Cover Fabiola Quiroz
pp 16, 18 Rafael Doniz. pp 17 Roberto Portillo
pp 71- 75 Oscar Turco
pp 76-77, 87, 88-89 Laureana Toledo, pp 82 Claudia Fernández,
pp 84 Diego Berruecos, pp 85 Jeanine Griffith.
pp 126- 127 Diego Berruecos, Adam Broomberg, Oliver Chanarin,
Victoria Clay, Abraham Cruzvillegas, Francisco Goldman, Dr. Lakra,
Abaseh Mirvali, Fabiola Quiroz, Alejandra Carrillo, Quique Rangel,
Laureana Toledo.

Diseños adicionales/Additional designs
pp. 83, Poster Limit: Quique Rangel/Estudio Refugio.
pp. 90-91, Logo Limit: Pablo Vargas Lugo.

Agradecemos el patrocinio de Fomento Cultural Banamex
A. C., quien hizo posible la impresión de este libro.

We would like to thank Fomento Cultural Banamex A. C.,
who made possible the printing of this book.

ERRATA CORRIGE:
En nuestro número anterior omitimos el nombre de Pablo Vargas Lugo como autor del
texto *Un viaje en Paan*. Lamentamos este error.

We accidentally ommited Pablo Vargas Lugo as the author of the text *A trip in Paan*
in our previous issue. We sincerely offer him and our readers our apologies.

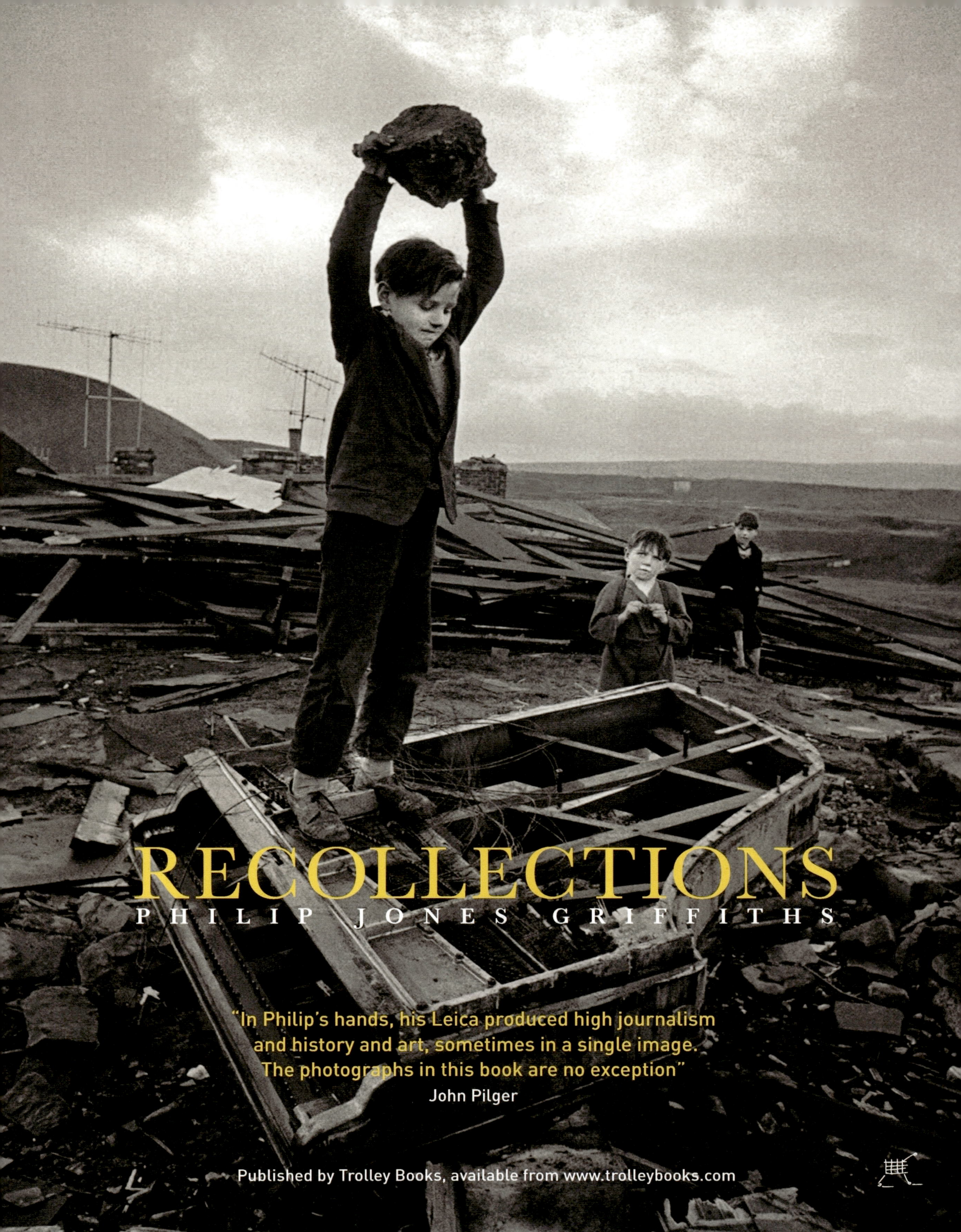

RECOLLECTIONS
PHILIP JONES GRIFFITHS
"In Philip's hands, his Leica produced high journalism
and history and art, sometimes in a single image.
The photographs in this book are no exception"
John Pilger
Published by Trolley Books, available from www.trolleybooks.com

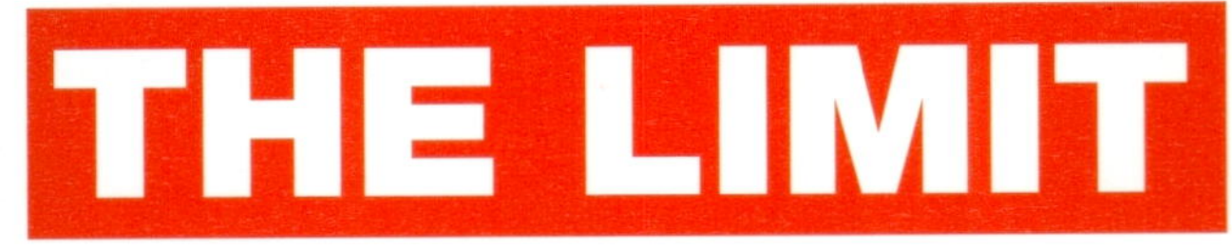

THE LIMIT

ÍNDICE/CONTENTS

EL BUZÓN SIN LÍMITES LIMITLESS MAILBOX — 10

GRANDES ÉXITOS GREATEST HITS — 14

GAVIN WADE LA VIDA DESPUÉS DE TONY T LIFE AFTER TONY T — 21

MÓNICA DE LA TORRE THE LIMIT REDUX — 24

PATRONES MIGRATORIOS MIGRATION PATTERNS — 38

FRANCES RICHARD OSTRANENIE POP — 42

PLAYLIST — 56

CUAUHTÉMOC MEDINA PATRONES MIGRATORIOS (O CÓMO MIRAR AL SESGO CUANDO NO HAY NADA DETRÁS DEL ESPEJO) MIGRATION PATTERNS (OR HOW TO GLANCE SIDEWAYS WHEN THERE'S NOTHING BEHIND THE MIRROR) — 62

CONOZCA A THE LIMIT MEET THE LIMIT — 71

RULO ENTREVISTA CON THE LIMIT INTERVIEW WITH THE LIMIT — 76

GALÁPAGOS — 94

CATHERINE LAMPERT BUSCANDO A LOOKING FOR LAUREANA — 98

VÍAS TRACKS — 106

DAVID BYRNE LO OPUESTO AL ÉXITO THE OPPOSITE OF SUCCESS — 112

VIDEOS — 122

DR LAKRA RECOMIENDA DISCOS RECOMMENDED ALBUMS — 124

GRACIASTHANKS — 126

FICHAS DE OBRA LIST OF WORK — 132

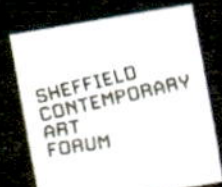

SHEFFIELD
CONTEMPORARY
ART
FORUM

Art
Sheffield
08 Yes
No Other
Options*

16Feb–30March
City-wide
Contemporary
ArtEvent

VenuesInclude:
Bloc;EndGallery;MillenniumGalleries;
S1Artspace;SiteGallery;
YorkshireArtspace;SylvesterSpace

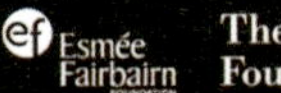

ef Esmée
Fairbairn
FOUNDATION
The Henry Moore
Foundation

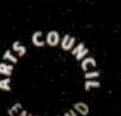

ARTS COUNCIL
ENGLAND

www.artsheffield.org

EL BUZÓN SIN LIMITES LIMITLESS MAILBOX

PREGUNTAS Y RESPUESTAS PARA GENTE LIMITADA/QUESTIONS AND ANSWERS FOR LIMITED PEOPLE

Querido Buzón:

No canto ni toco pero soy igualito a Thom Yorke, estoy buscando una productora que me consiga un grupo, ¿podrías recomendarme a alguien?

Igualito a Thom Yorke

Querido Igualito:

Mi más sentido pésame. Lamento frenar tus ambiciones ¿musicales?, pero creo que con un Thom Yorke es más que suficiente.

Dear Mailbox:

I don't sing or play anything but I look exactly like Thom Yorke. I am looking for a producer to find me a band, could you recommend me someone?

Thom Yorke look-alike

Dear Look-alike:

My deepest condolences. I regret to curb your musical (?) ambitions; however I think that one Thom Yorke is more than enough.

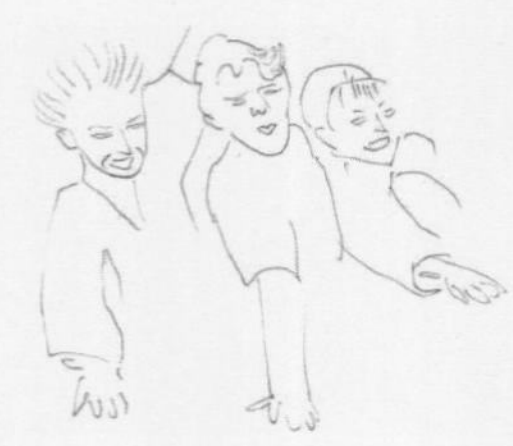

Querido Buzón:

Mi vecino escucha muchos tipos de música diferentes. Estoy harta de oír una rola de heavy y luego una de techno seguida de brit pop y luego una de Kenny G. Me levanto todas las mañanas al ritmo de Reggaetón y me acuesto con Nirvana. Siento que nada combina. ¿Qué puedo hacer?

Mareada y Confusa

Querida Mareada:

Bueno, tómalo por el lado amable. Sería mucho peor si sólo le gustara Kenny G.

Dear Mailbox:

My neighbour listens to a lot of different types of music. I am sick of hearing heavy metal followed by techno, brit pop and then Kenny G. I wake up every morning to a Reggaeton beat and go to bed to Nirvana. I feel like nothing blends. What can I do?

Dazed and Confused

Dear Dazed:

Well, look on the bright side. It would be much worse if he just liked Kenny G.

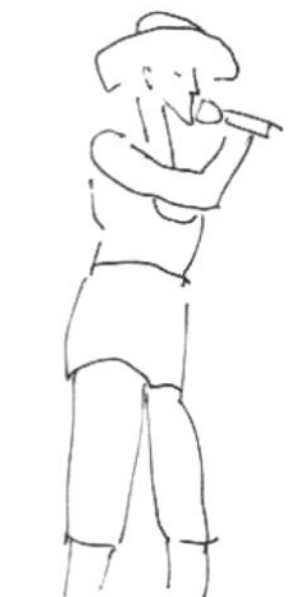

Querido Buzón:

En el número de primavera dijiste que The Police hizo una canción sobre el pajaro dódo. En *Sinchronicity* hay una sobre el monstruo del lago Ness, pero no pude encontrar la del pájaro dódo. ¿Es verdad que ese animal prehistórico ya se extinguió?

Aníbal Planet

Querido Aníbal:

Do, do, do, da, da, da... La respuesta es sí: el pájaro dodó ya se extinguió. También The Police. ¿Y el monstruo del lago Ness? Nunca lo sabremos.

Dear Mailbox:

In the Spring issue you said that The Police made a song about a dodo bird. In *Synchronicity* there is one about the Loch Ness monster, but I couldn't find the one about the dodo bird. Is it true that this prehistoric animal is already extinct?

Aníbal Planet

Dear Aníbal:

Do, do, do, da, da, da ... The answer is yes: the dodo bird is indeed extinct. Same goes for The Police. As for the Loch Ness monster? We will never know.

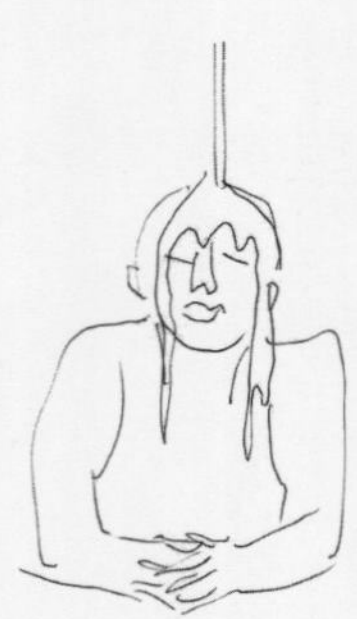

Querido Buzón:

¿Por qué alguinos grupos de rock rentan todo un piso de los hoteles si generalmente no son más de seis integrantes?

Juan

Querido Juan:

a) Porque las almas de los músicos muertos los acompañan.
b) Porque cada canción es de tres o cuatro cuartos.

Dear Mailbox:

Why do some rock bands rent an entire floor of a hotel if there usually aren't more than six members?

Juan

Dear Juan:

a) Because the souls of dead musicians accompany them.
b) Because each song takes up three or four rooms.

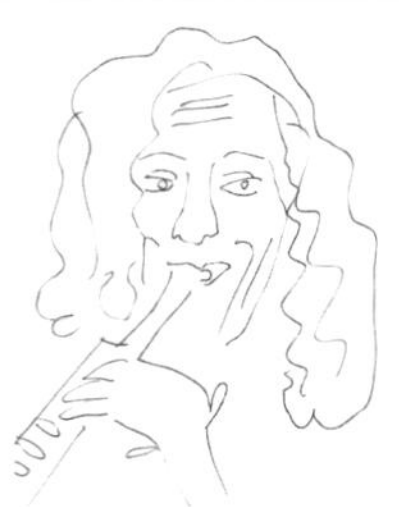

Querido Buzón:

La mayoría de la gente cree que la mejor canción de Human League es "Don't you want me", pero yo creo que la mejor es "The things that dreams are made of". ¿Tú qué opinas?

Waitress in a cocktail bar

Querida Waitress:

Ese enigma ha quitado el sueño a los más sabios. Pero yo no puedo saberlo todo, tan sólo soy humano.

Dear Mailbox:

Most people believe that the best song of the Human League is "Don't you want me," but I believe that the best one is "The things that dreams are made of." What do you think?

Waitress in a cocktail bar

Dear Waitress:

This enigma has left even the wisest without sleep. But alas, I cannot know everything, I'm only human.

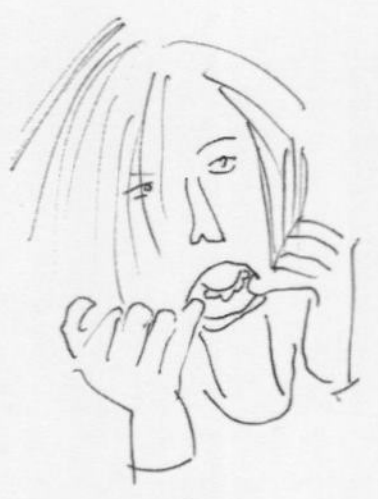

Querido Buzón:

Y ya que eres tan crítico de algunas bandas. ¿Tú tocaste alguna vez en un grupo? Si no, deberías hacerlo, para que veas lo difícil que es ser un ídolo de las masas.

Molesto con el Buzón

Querido Molesto:

Nunca lo he hecho ni lo haré. ¿Eres tú, Bono? Ya decía yo.

Dear Mailbox:

For you who is so critical of some bands. Have you ever even played in a band? If not, you should, just so you can see how difficult it is to be an idol to the masses.

Annoyed with the Mailbox

Dear Annoyed:

I have never done it nor will I ever. Is that you, Bono? Like I said.

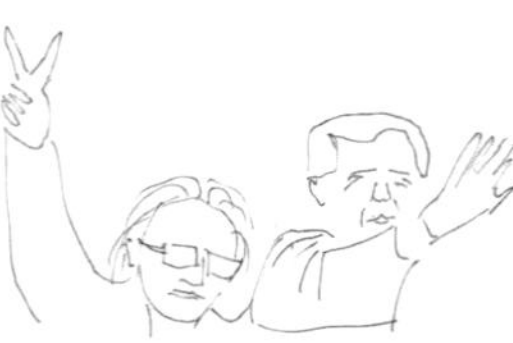

Textos/Texts: Ed BBQ. Ilustraciones/Illustrations: Sofía Táboas

MAURICIO ALEJO
IÑAKI BONILLAS
ALDO CHAPARRO
FÉLIX CURTO
GABRIEL DE LA MORA
YVONNE DOMENGE
GRAHAM GILLMORE
CANDIDA HÖFER
YISHAI JUSIDMAN
RAFAEL LOZANO-HEMMER
JORGE MÉNDEZ BLAKE
RUBÉN ORTIZ-TORRES
ADOLFO RIESTRA
MARUCH SÁNTIZ GÓMEZ
BONNIE SEEMAN
MELANIE SMITH
LAUREANA TOLEDO
TOROLAB
PABLO VARGAS LUGO

info@galeriaomr.com
galeriaomr.com

T +52 55 5511 1179
F +52 55 5533 4244

Plaza Río de Janeiro 54
México DF 06700

OMR

COLABORADORES CONTRIBUTORS

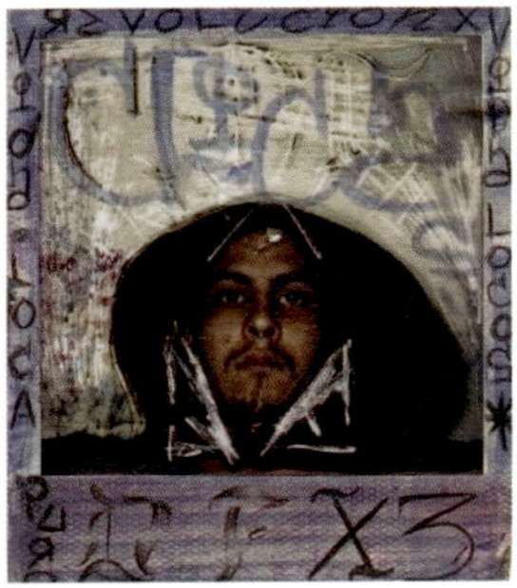

Dr. Lakra. Nació en 1972 en la ciudad de México. Empezó a aplicar sus diseños basados en portadas de revistas antiguas y pin-ups como una forma de expresar su arte. Dr. Lakra ejerce como tatuador y su trabajo se vuelve un punto de encuentro entre la cultura popular y el arte. Ha exhibido su trabajo en museos y galerías en Alemania, Suiza, Inglaterra, Italia, Estados Unidos, Francia, España, y en México.

Dr. Lakra. Born in Mexico City in 1972. He began applying his designs based on vintage magazine covers and pin-ups as a way of expressing his art. Dr. Lakra is a practicing tattoo artist and his work becomes the site of an encounter between art and popular culture. He has shown his work in galleries and museums in Germany, Switzerland, England, Italy, the United States, France, Spain, and Mexico.

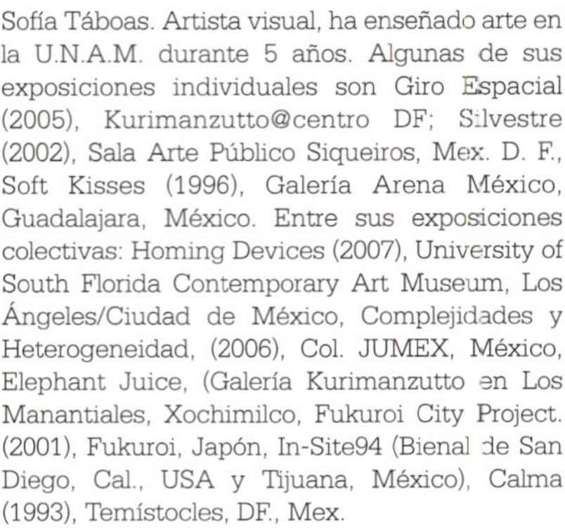
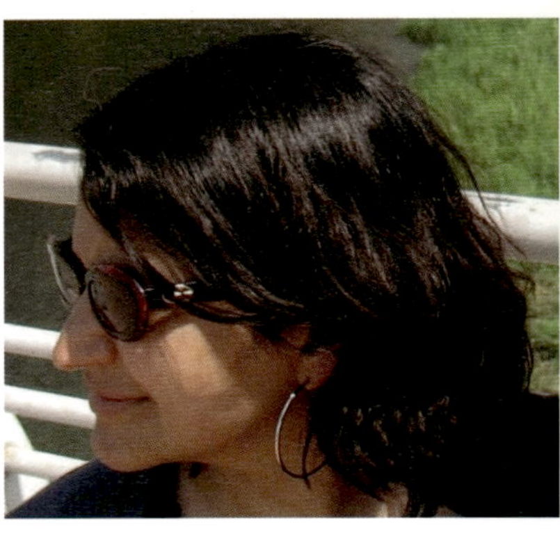

Sofía Táboas. Artista visual, ha enseñado arte en la U.N.A.M. durante 5 años. Algunas de sus exposiciones individuales son Giro Espacial (2005), Kurimanzutto@centro DF; Silvestre (2002), Sala Arte Público Siqueiros, Mex. D. F., Soft Kisses (1996), Galería Arena México, Guadalajara, México. Entre sus exposiciones colectivas: Homing Devices (2007), University of South Florida Contemporary Art Museum, Los Ángeles/Ciudad de México, Complejidades y Heterogeneidad, (2006), Col. JUMEX, México, Elephant Juice, (Galería Kurimanzutto en Los Manantiales, Xochimilco, Fukuroi City Project. (2001), Fukuroi, Japón, In-Site94 (Bienal de San Diego, Cal., USA y Tijuana, México), Calma (1993), Temístocles, DF., Mex.

Sofía Táboas. A visual artist, she has taught art at a U.N.A.M. over the past 5 years. Some of her solo exhibitions include Giro Espacial (2005), Kurimanzutto@centro DF; Silvestre (2002), Sala Arte Público Siqueiros, Mexico City; Soft Kisses (1996), Arena Mexico, Guadalajara, Mex. Among other exhibitions: Homing Devices (2007), University of South Florida Contemporary Art Museum, USA, Los Angeles/Mexico, Complejidades y Heterogeneidad, (2006), Col. JUMEX, Mexico, Elephant Juice, (Kurimanzutto@Los Manantiales, Xochimilco, Mex.), Fukuroi City Project. (2001), Fukuroi, Japan, In-Site 94 (San Diego Biennial, Ca., USA and Tijuana, Mexico), Calma (1993), Temístocles, Mexico City).

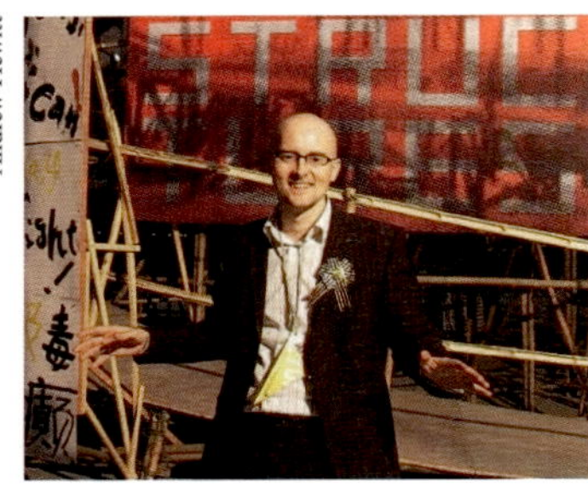

Gavin Wade es artista-curador y el director de Eastside Projects, en Birmingham. Su práctica combina la re-representación y el desarrollo de estructuras dentro de exposiciones para 'apoyar' el trabajo de otros, creando una investigación más amplia acerca de sitios utópicos, resultando en proyectos donde une a la ficción, el espacio público, y cualquier otra cosa que sienta necesaria en el momento. Proyectos curados incluye: Public Structures, Guang Zhou Triennial, China (2005); ArtSheffield05: Spectator T (2005); Thin Cities, Piccadilly Line Centenary, Platform for Art, London Underground (2006-7); Support Structure Phase 1-7, con la arquitecta Celine Condorelli, varios sitios (2003-2007); Strategic Questions Venice, 52da. Bienal de Venecia (2007); Kiosk7: OudWestKiosk (mit Simon & Tom Bloor) SMART Project Space, Amsterdam; tambien es el autor del libro The Interruptors: A Non-Simultaneous Novel, publicada por Article Press en 2005.

Gavin Wade is an artist-curator and Director of Eastside Projects, Birmingham. His practice combines re-enactment and developing structures within exhibitions for 'supporting' the work of others, informing a broader enquiry into utopian sites, resulting in projects merging fiction, public space and whatever else feels urgent at the time. Curated projects include: Public Structures, Guang Zhou Triennial, China (2005); ArtSheffield05: Spectator T, (2005); Thin Cities, Piccadilly Line Centenary, Platform for Art, London Underground (2006-7); Support Structure Phase 1-7, with architect Celine Condorelli, various locations (2003-2007); Strategic Questions Venice, 52nd Venice Biennale (2007); Kiosk7:OudWestKiosk (mit Simon & Tom Bloor) SMART Project Space, Amsterdam; and he is the author of The Interruptors: A Non-Simultaneous Novel, Article Press, 2005.

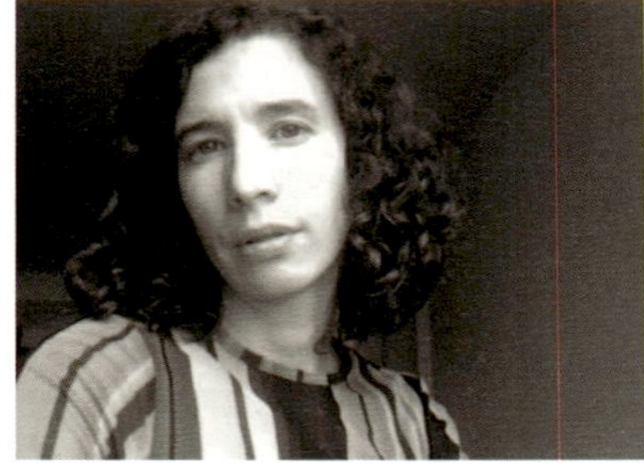

Frances Richard. Su libro de poemas *See Through*, fue publicado for Four Way Books en 2003; y dos cuadernillos – *Anarch.* de Ediciones Woodland y *Shaved Code* de Portable Press, YoYo Labs– aparecieron en 2008. Ha sido miembro del equipo editorial de la revista Cabinet y de la revista literaria Fence, y suele escribir sobre arte contemporáneo. En 2005, junto con Jeffrey Kastner y Sina Najafi, organizó la exposición y la monografía: *"Odd Lots: Revisting Gordon Matta-Clark"*. Da clases en Barnard College, en la Rhode Island School of Design y vive en Brooklyn.

Frances Richard's book of poems, See Through, was published by Four Way Books in 2003; two chapbooks—Anarch., from Woodland Editions, and Shaved Code, from Portable Press at YoYo Labs—were published in 2008. She has been a member of the editorial teams at Cabinet Magazine and the literary journal Fence, and writes frequently about contemporary art. In 2005, with Jeffrey Kastner and Sina Najafi, she organized an exhibition and accompanying monograph entitled Odd Lots: Revisiting Gordon Matta-Clark's "Fake Estates." She teaches at Barnard College and the Rhode Island School of Design, and lives in Brooklyn.

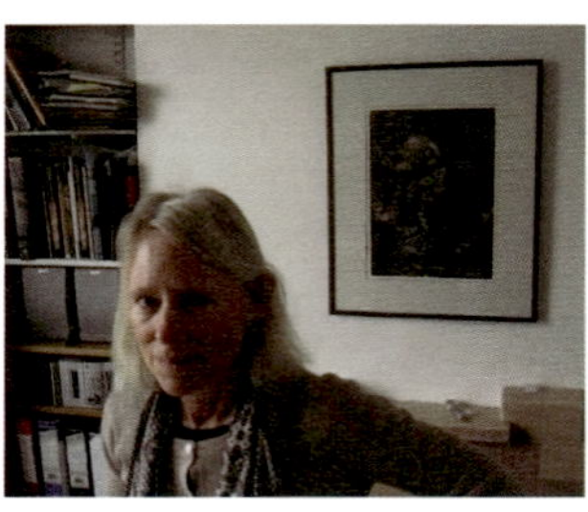

Catherine Lampert es curadora e historiadora del arte, empezó a trabajar en la Hayward Gallery en los años 70s y a modelar para Frank Auerbach en 1978. Fue directora de la Whitechapel en Londres (1988-2001) y curó la retrospectiva de Francisco Toledo en 2000. En años recientes se ha dedicado a trabajar en varios libros (Francis Alÿs, 2003; Euan Uglow, 2007; Tunga y Barry Flanagan) así como en las exposiciones de Auerbach (2001), Rodin (2006) en la Royal Academy y Lucian Freud para un exposición itinerante iniciada por el Irish Museum of Modern Art en 2009. Es profesora invitada en la Universidad de las Artes de Londres.

Catherine Lampert is a curator and an art historian who began working at the Hayward Gallery in the 1970s and started sitting for Frank Auerbach in 1978. She is the former Director of the Whitechapel (1988-2001) and curated the retrospective of Francisco Toledo in 2000. In recent years she has been engaged in working on several books (on Francis Alÿs, 2003; Euan Uglow, 2007 and Tunga and Barry Flanagan to come) as well as exhibitions of Auerbach (2001), Rodin (2006) for the Royal Academy, and Lucian Freud for a touring exhibition initiated by the Irish Museum of Modern Art this year. She is a visiting professor at the University of the Arts.

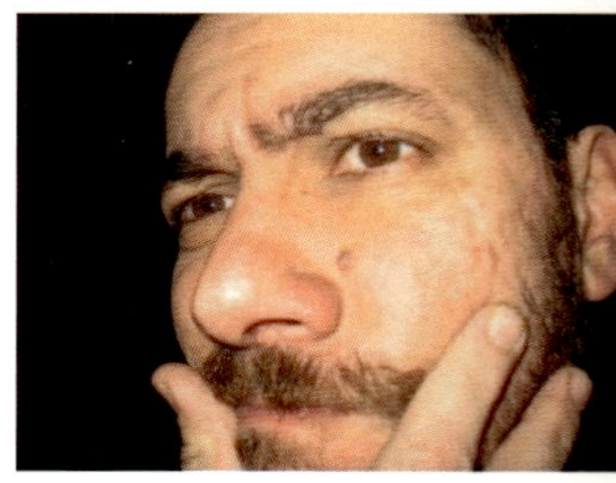

BBQ, o Barbacoa, es en realidad Eduardo Abaroa (1968) en su faceta de músico inspiracional. Hace esculturas, instalaciones y a veces videos. También escribe textos cortos de vez en cuando.

BBQ, a.k.a. Barbacoa, is in fact Eduardo Abaroa (1968) who is having an inspirational music phase. He makes sculptures, installations and videos. He writes small texts every now and then.

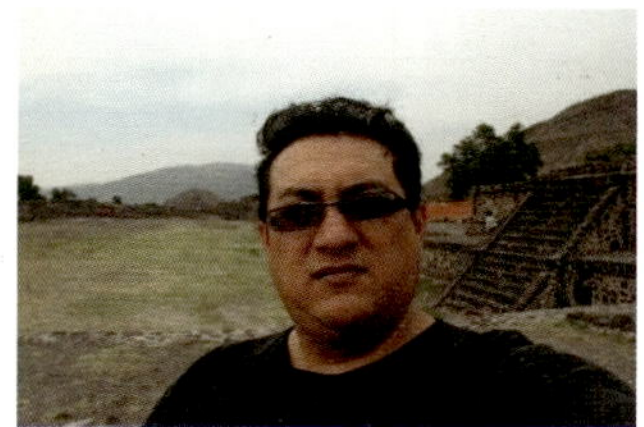

Cuauhtémoc Medina. Nació en la ciudad de México en 1965. Es crítico de arte, curador e historiador, vive y trabaja en la ciudad de México. Doctorado en Historia del Arte y Teoría de la Universidad de Essex, UK. Investigador en el Instituto de Investigaciones Estéticas en la Universidad Nacional Autónoma (UNAM). Desde 2002 ha sido el curador asociado de la colección de arte Latinoamericana en el Tate UK. En 2006 Medina curó la exposición de Francis Alÿs, Walking distance from the Studio, en el museo del Colegio de San Ildefonso en la ciudad de México así como una exposición de la artista Melanie Smith en el museo campus del MUCA con el titulo, Ciudad Espiral/Spiral City.

Cuauhtémoc Medina (Mexico City, 1965.) Art critic, curator and historian, lives and works in Mexico City. PhD in Art History and Theory from the University of Essex, UK. Researcher at the *Instituto de Investigaciones Estéticas* at the National University of Mexico (UNAM). As of 2002 he has been the Associate Curator of Latin American Art Collections at the Tate UK. In 2006 Medina curated Francis Alÿs' show Walking Distance from the Studio, as well as an exhibition of the work of British-Mexican artist Melanie Smith entitled Ciudad Espiral/Spiral City.

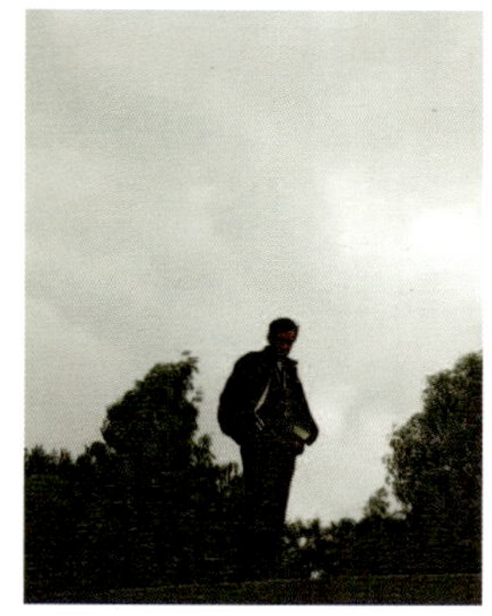

Pablo Vargas Lugo. Nació en la ciudad de México en 1968. Cursó la carrera de Artes Visuales en la Universidad Nacional Autónoma de México (UNAM). Desde 1991 su obra ha expuesta en más de un centenar de exposiciones individuales y colectivas en México, Estados Unidos, España, Canadá, India, Suecia, Brasil, Italia y Corea del Sur entre otros países. Ha sido invitado a participar en programas de residencia en Viena, Nueva York, Estocolmo y Nueva Delhi.

Pablo Vargas Lugo. Born in Mexico City in 1968. He studied Visual Arts at the National University of Mexico (UNAM) in Mexico City. Since 1991, his work has been exhibited in more than one hundred solo and group shows in Mexico, the U.S., Spain, Canada, India, Sweden, Brazil, Italy, and South Korea among others. He has been invited to participate in artist residence programs in Vienna, New York, Stockholm, and New Delhi..

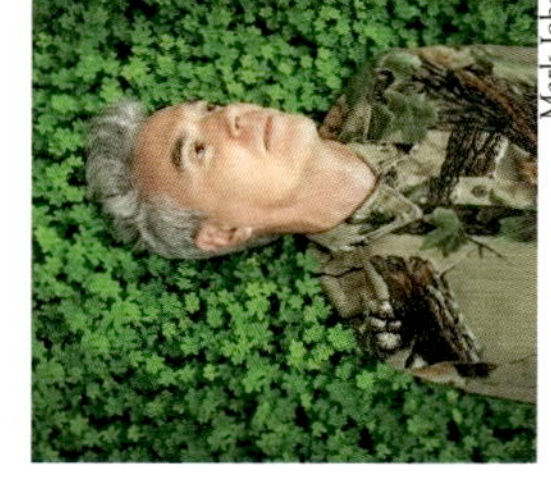

David Byrne es conocido por ser uno de los músicos que fundó el grupo Talking Heads (1976–1988) en Nueva York. El grupo obtuvo el reconocimiento de la crítica y del público tanto por sus discos como por sus presentaciones en vivo, al llevar a la música pop en nuevas direcciones y presentarla en un contexto visual innovador. El libro más reciente de Byrne, Arboretum, es una edición facsímil de uno de sus cuadernos de dibujos de árboles, y fue publicado por McSweeney's en septiembre de 2006. Actualmente vive en Nueva York. www.davidbyrne.com

David Byrne is well known as the musician who co-founded the group Talking Heads (1976-1988) in New York. On record and in concert, the band was acclaimed by critics and audiences alike, taking popular music in new directions and introducing an innovative visual approach to the genre. Byrne's most recent book, Arboretum, is a sketchbook facsimile of his "tree drawings"; it was published by McSweeney's in September 2006. He currently lives in New York. www.davidbyrne.com

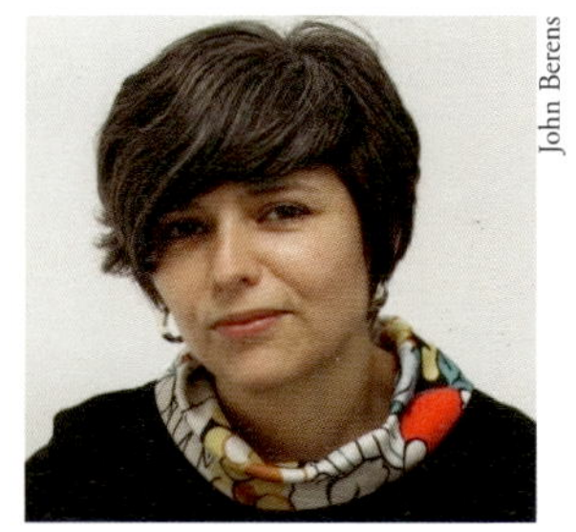

Mónica de la Torre es autora de los libros de poemas *Talk Shows* (Switchback, 2007), y *Acúfenos*, publicado en el 2006 por Taller Ditoria en la ciudad de México. Escribe sobre arte y cultura para y es co-autora del libro de artista *Appendices, Illustrations, and Notes*, originalmente publicado por Smart Art Press en Los Ángeles y disponible en línea en Ubu.com. Co-editó la antología multilingüe *Reversible Monuments: Contemporary Mexican Poetry* (Copper Canyon Press, 2002) y compiló y tradujo al inglés una selección de poemas de Gerardo Deniz. Es la jefa de redacción de la revista BOMB y vive en Brooklyn. Su libro de poesía *Public Domain*, fue publicado recientemente por Roof Books en Nueva York.

Mónica de la Torre is the author of the poetry books *Talk Shows* (Switchback, 2007), *Acúfenos*, published in 2006 in Mexico City by Taller Ditoria; and *Public Domain* (Roof Books, 2008). She writes on art and culture and is co-author of the Artist-book *Appendices, Illustrations & Notes*, available on *Ubu.com*, and co-edited the multilingual *Reversible Monuments: Contemporary Mexican Poetry* (Copper Canyon Press). She is translator of a volume of selected poems by the acclaimed Mexican poet Gerardo Deniz (Lost Roads, 2000). She is senior editor at BOMB Magazine and lives in Brooklyn.

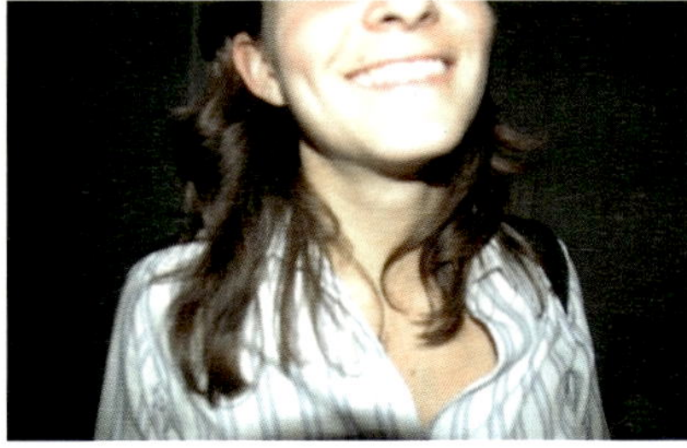

Tatiana Cuevas (ciudad de México, 1975) fue curadora asociada del Museo Tamayo Arte Contemporáneo desde inicios de 2005 y hasta 2008 y ha realizado varias exposiciones como curadora independiente. En 2006 trabajó con Laureana Toledo para su exposición individual 1 1/2, presentada en el Centro Fotográfico Álvarez Bravo, Oaxaca. Actualmente es curadora del Museo de Arte Contemporáneo de Lima, Perú, en donde reside.

Tatiana Cuevas (Mexico City, 1975) was associate curator at the Tamayo Museum of Contemporary Art from 2005 to 2008 and has organised various exhibitions as an independent curator. In 2006 she worked with Laureana Toledo for her solo exhibition 1 1/2, presented at the Center of Photography Álvarez Bravo, Oaxaca. She is currently living in Lima, Peru, where she is chief curator in the Contemporary Arts Museum.

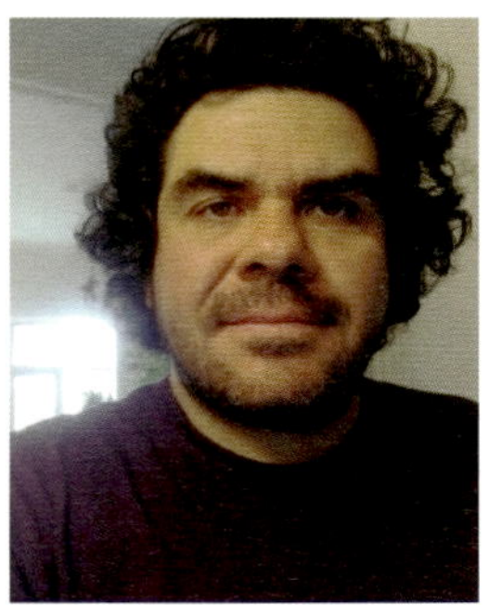

Raúl David Vazquez es un periodista de rock en la ciudad de México. Ha conducido programas de radio como "supersónico", "el mañanero", "finísimo", "destroyer" y "antisocial" en Radioactivo y Reactor, estaciones de la ciudad de México. Ha escrito columnas en periódicos como El Universal, Récord y El Centro y fue editor de la revista R&R.

Raul David Vazquez is a rock journalist from Mexico City. He has hosted radio programs called "Supersónico", "El Mañanero", "Finíssimo", "Destroyer" y "Antisocial" on radio stations Radioactivo and Reactor in Mexico City. He has written columns in newspapers such as El Universal, Record, and El Centro and was also the editor of R&R magazine .

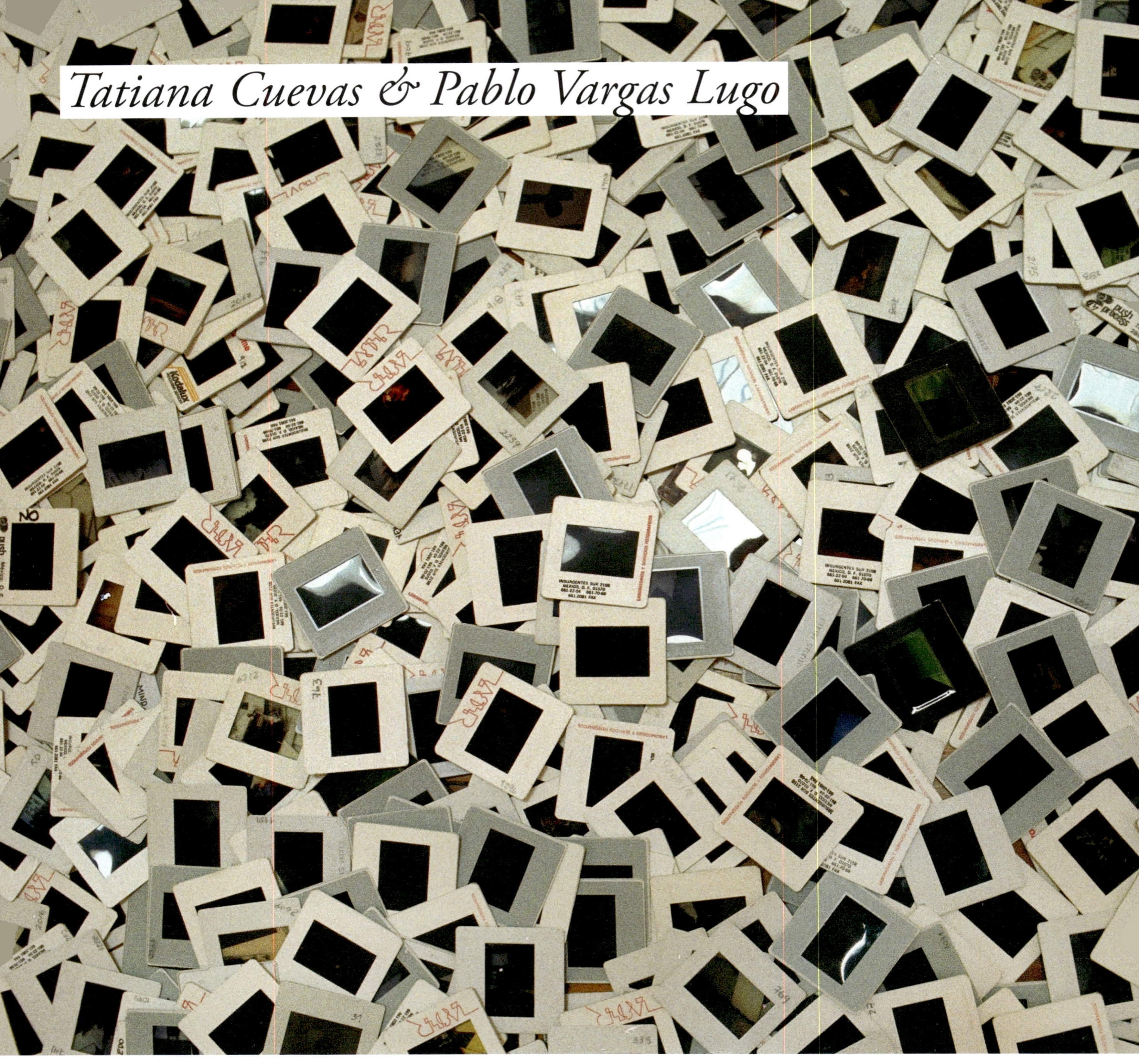

PUNTOS FIJOS FIXED POINTS

1992- 2009

Para cualquier artista es difícil enfrentarse a sus archivos. Algunos pueden donarse a quien lo acepte, unos cuantos hasta se pueden vender. Una mayoría encontrará su camino a la basura. Laureana decidió lidiar con el problema exorcizando una buena parte de las diapositivas que tomó a lo largo de los años, concentrándolas en un área de un metro cuadrado. Los que han podido hurgar en esta pila de imágenes despojadas de su individualidad se topan con viejos amigos, lugares olvidados y composiciones indiscernibles. Aunque en realidad su lugar sea la oscuridad.

Every artist finds it hard to deal with his or her archives. Sometimes they can be donated to an interested party, and a few can even be sold. But most often, they end up in the garbage. Laureana decided to deal with the problem by performing a kind of exorcism and arranging most of the slides she had shot over the years into a one-square-metre. People who have dug through this heap of pictures stripped of their individuality have come across old friends, places they had forgotten about and puzzling compositions. Although perhaps they should more rightfully remain in the dark.

ALICIA EN EL PAÍS DE LAS MARAVILLAS
ALICE'S ADVENTURES IN WONDERLAND

2000

Las aventuras de Alicia narradas por Lewis Carroll, fueron conducidas por Laureana a una manifestación inesperada del texto original: cada vocal fue transformada en un color, en un ejercicio que encontrará diversos ecos en la obra de la artista. Los dibujos originales del texto permanecen a un lado, como pistas de una serie de anécdotas disparatadas. Quien se lo proponga, podría reconstruir el texto a la manera de un epigrafista, guiado por el sinsentido de las imágenes y la lógica estricta de su codificación.

Laureana lent the text of Lewis Carroll's *Alice's Adventures in Wonderland* an unexpected twist: she replaced every vowel with a colour in an exercise that echoes various facets of her practice. The original illustrations accompanying the text remain as clues to a series of absurd anecdotes. Anyone who might want to reconstruct the text can do so as an epigraphist would, guided by the nonsensical pictures and the strict logic behind the text's encoding.

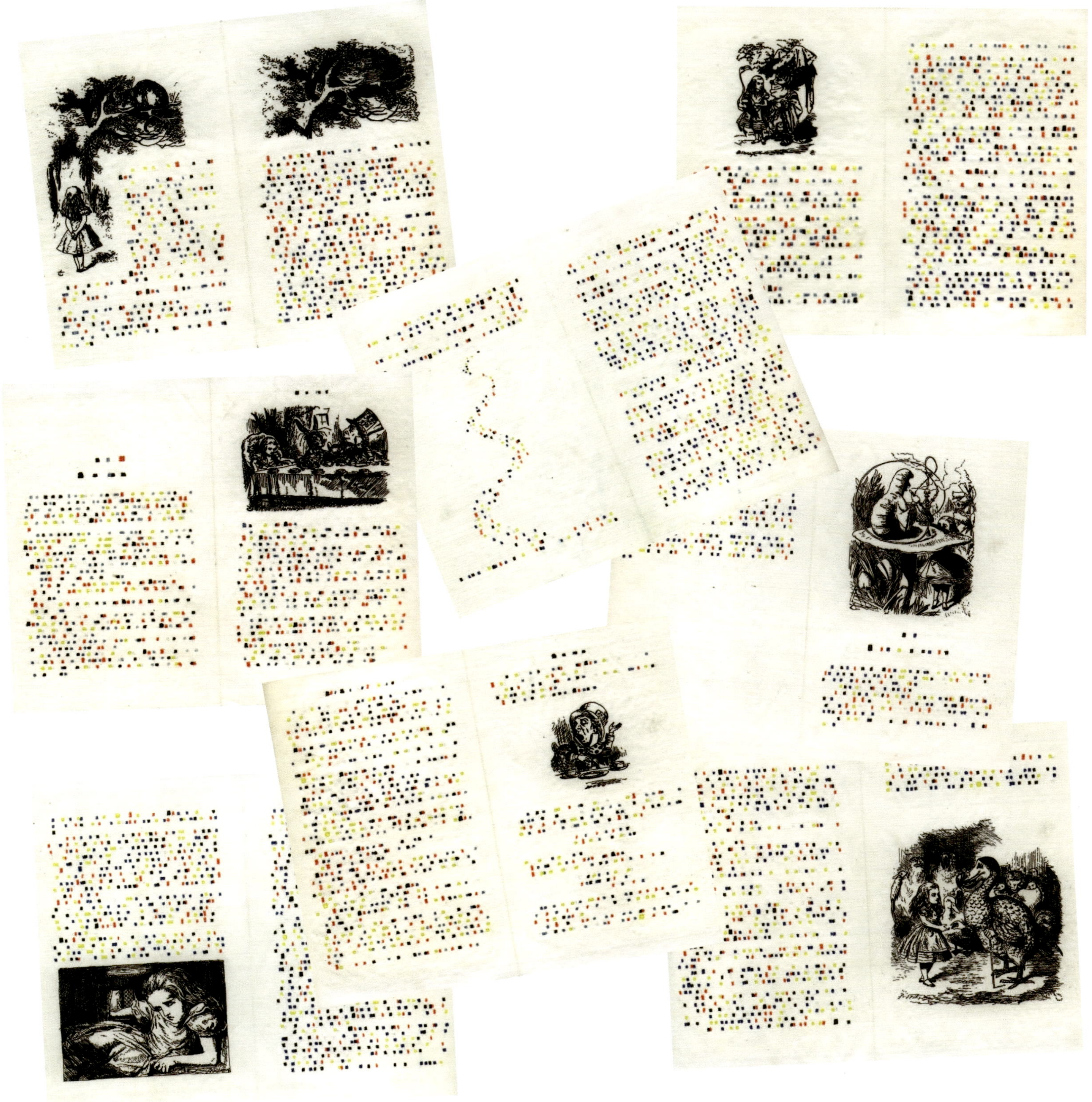

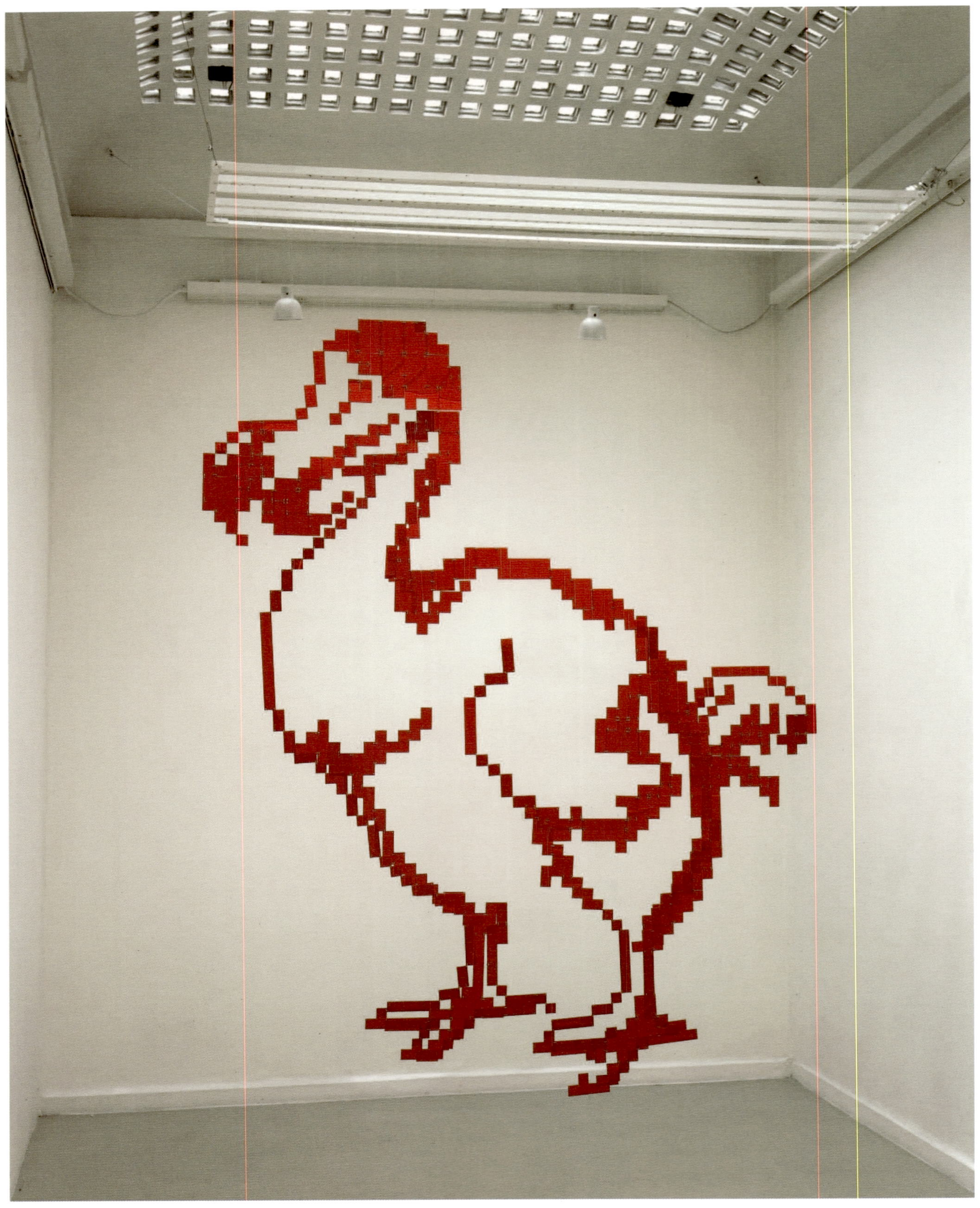

DODÓ

<u>2002</u>

El pájaro Dodó (*Raphus cucullatus*), un ave no voladora, vivía en el restringido hábitat de la isla Mauricio hasta que la invasión de poblaciones humanas lo llevó a desaparecer de la faz de la tierra en el siglo XVII. Unos años antes de presentar esta obra, la artista se hizo tatuar en el antebrazo la imagen de un dodó, quizás en homenaje a su trágico sedentarismo o como un recordatorio de la extinción. Luego, al ser transformado en una imagen pixeleada formada por pequeños cuadros rojos (en el vocabulario colorístico de Laureana el rojo es la vocal *I* – el yo) el dodó se convierte también en una especie de autorretrato. Por más que uno se mueva, permanece siempre en su isla.

The natural habitat of the flightless Dodo bird (*Raphus cucullatus*) was restricted to the island of Mauritius until human encroachment led to its disappearance from the face of the Earth in the seventeenth century. A few years before the artist showed this piece, she had a dodo tattooed on her forearm, perhaps in homage to its tragic sedentariness or as a reminder of its extinction. But rendered as a pixilated image of small red squares—in Laureana's color-coded vocabulary, red is the vowel "i" or in effect, the pronoun "I"—the Dodo also becomes a kind of self-portrait. Indeed, no matter how much you travel, you never really leave your own island.

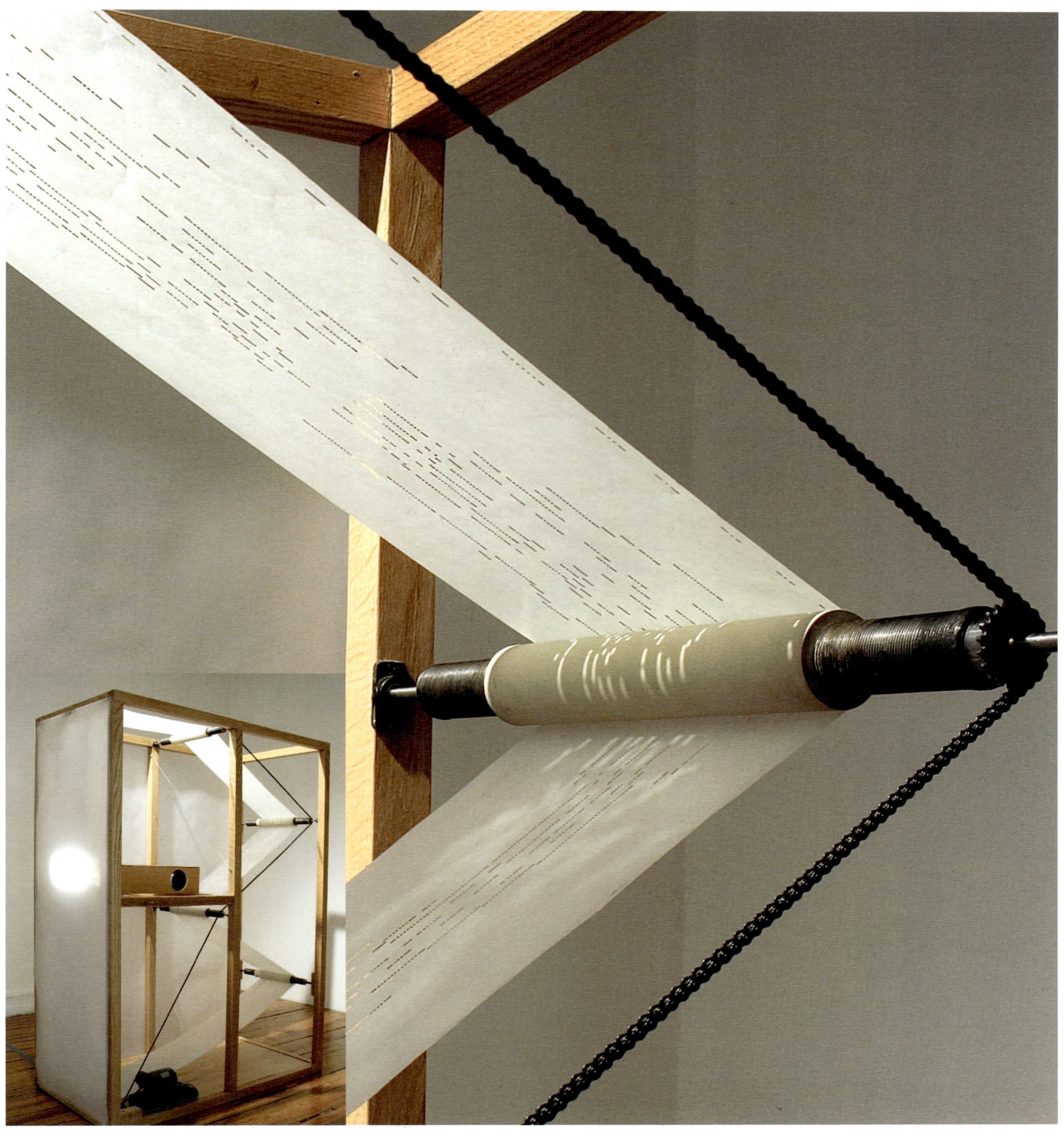

PAGE/PLANT

2005

Los rollos de música calada que alimentan el mecanismo pre-programado de una pianola resultan tan hipnóticos como la máquina de sueños de Brion Gysin. No sólo son visualmente cautivadores, sino que el intentar identificar el proceso que traduce cada orificio en sonido puede envolver al curioso en un ciclo meditativo y relajante. Las codificaciones de Laureana en este caso adquieren una forma previamente establecida por el mecanismo decimonónico combinado con la estética de las linternas chinas, pero la traducción a recuadros perforados de la melodía de *Stairway to Heaven* no concluye en lo ordinario, al tratarse de una canción tan conocida, resulta más soprendente verla que escucharla otra vez.

The perforated paper rolls fed into an automatic player piano's mechanism can be as hypnotic as Brion Gysin's dream machine. Not only are they visually fascinating, but trying to figure out the process by which the perforations are translated into sound engrosses the onlooker—a relaxing, almost meditative—experience. In this case, mingled with the aesthetic of paper lanterns, Laureana's encoding follows the nineteenth-century mechanism's predetermined pattern; and though *Stairway to Heaven* is such a well-known song, its translation into perforations seems anything but ordinary, and it is indeed more surprising to watch than to hear it again.

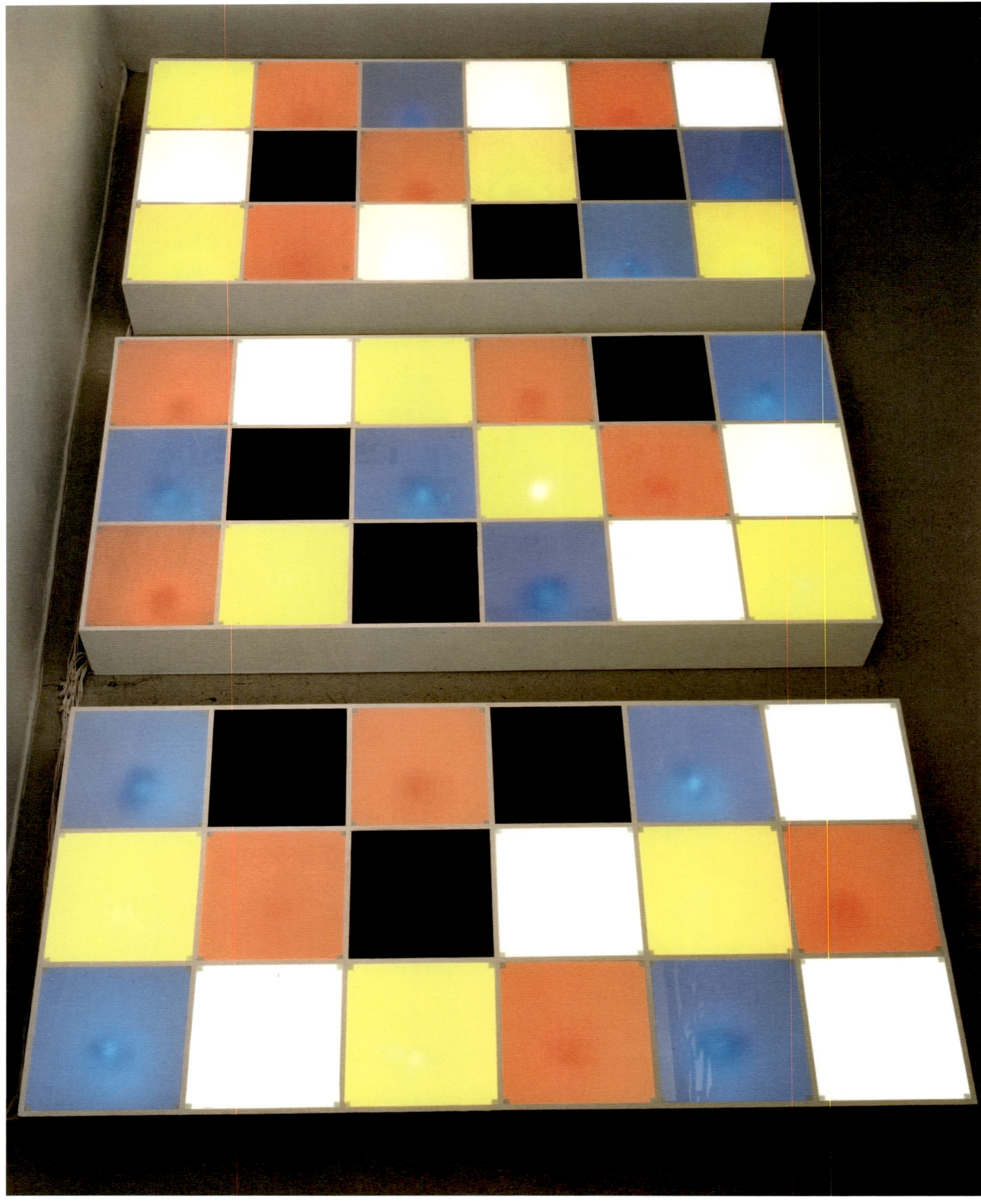

DADA

<u>2002</u>

Esta obra logra conciliar en secreto el *ethos* rockero de una banda como The Who con la frivolidad y decadencia de un piso disco. Las luces de tres plataformas se encienden y apagan al ritmo de una música inaudible. Uno podría sentirse tentado a subir a ensayar unos cuantos pasos al son del recuerdo de *Funky Town*. Pero las canciones que alimentan a la consola que a su vez controla las luces de esta pista de baile, están marcadas por los guitarrazos de Pete Townshend y los golpes de tambor de Keith Moon en el legendario álbum *Quadrophenia*.

This work manages to surreptitiously reconcile the rock ethos of a band like The Who with the frivolous, decadent edge of a disco dance floor. The lights on three platforms turn on and off to the beat of an inaudible tune. Viewers might be tempted to climb up and rehearse a few steps while recalling the tempo of *Funkytown*, however, the songs supplied to the console controlling the dance floor's lights feature Pete Townshend's trademark guitar riffs and Keith Moon's drum rolls from their legendary album *Quadrophenia*.

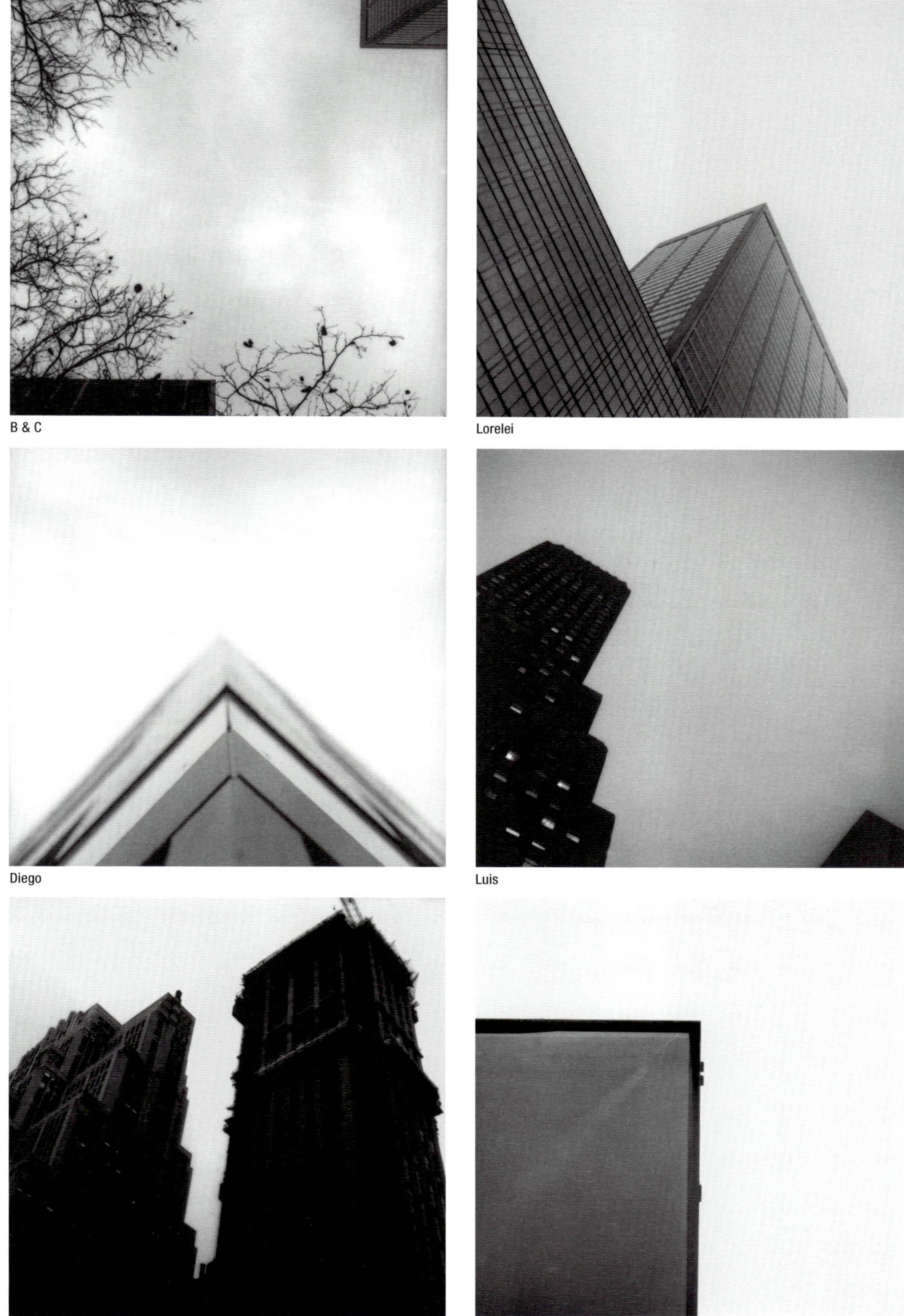

NOMBRES PROPIOS COMMON NAMES

2005

Cargando con una serie de referencias personales, Laureana viajó a Nueva York y fotografió varios edificios anónimos, buscando perspectivas dramáticas *á la* Rodchenko que les dieran cierta monumentalidad. Luego procedió a nombrarlos: nombres comunes y corrientes, parte de una historia personal ligada a cada sitio. También en México son comunes los edificios de departamentos —construidos principalmente a mediados del siglo XX—que llevan nombres de personas, especialmente de mujeres, quizás como una manera de acoger la vida familiar y hogareña.

Carrying along a series of personal references, Laureana traveled to New York City and photographed various anonymous buildings, trying to frame them from a dramatic perspective *à la* Rodchenko that would lend them a certain monumentality. She then named them: standard, ordinary names that form part of a personal history tied to each site. It is also common for apartment buildings in Mexico City—at least those built around the mid-twentieth century—to bear people's (and often women's) names, perhaps as a way of sounding welcoming and suitable for a happy domestic life.

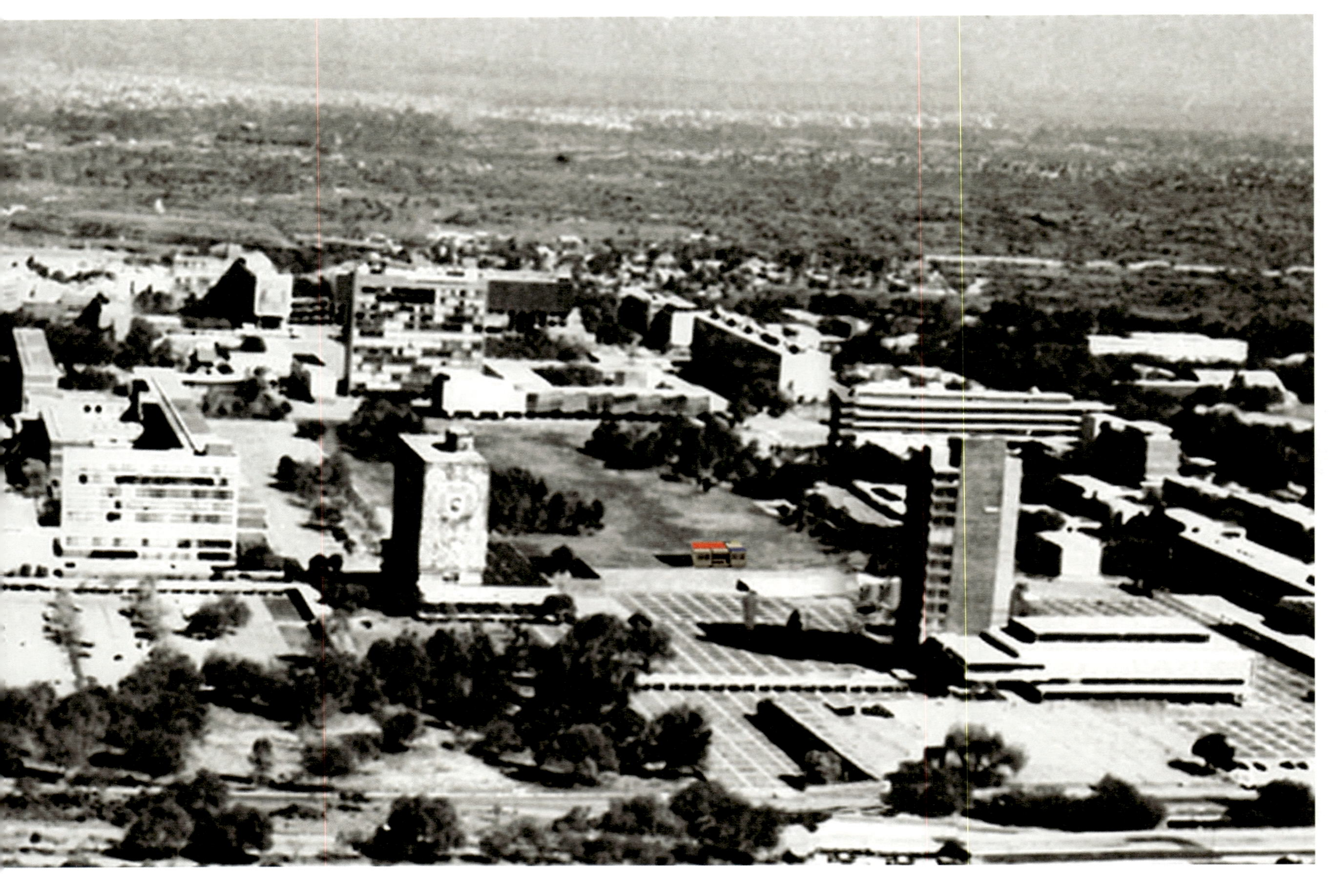

COMPOSICIÓN CON ROJO, AZUL Y AMARILLO
COMPOSITION WITH RED, BLUE AND YELLOW

2004-2006

Al igual que el niño que imagina que un montón de cojines se convierte en una casa, la artista proyecta sus fantasías de arraigo en cada uno de los cuadrados de una pintura de renombrado pintor holandés. Al ver la maqueta estamos dentro de la película de los Eames, "Múltiplos de Diez", siendo el gigante que observa desde el cielo un cuadro de perfectas proporciones puesto cuidadosamente en un terreno pedregoso, enredados en el truco de Laureana, y haciéndonos preguntas similares: ¿Qué muebles pondría yo en esa habitación roja? ¿Podría yo vivir en esta casa? ¿Por cuánto tiempo?

Like a child imagining that a pile of pillows is a house, the artist projected her fantasies about rootedness onto the squares of a famous Dutch artist's painting. Viewing the perfectly proportioned scale model is like being in the Eames film "Powers of Ten": we are the giant with a bird's-eye-view of a painting carefully laid on rocky ground, while inevitably getting involved in Laureana's ploy, asking ourselves the similar questions: what kind of furniture would I put in this room? Could I live in this house? For how long?

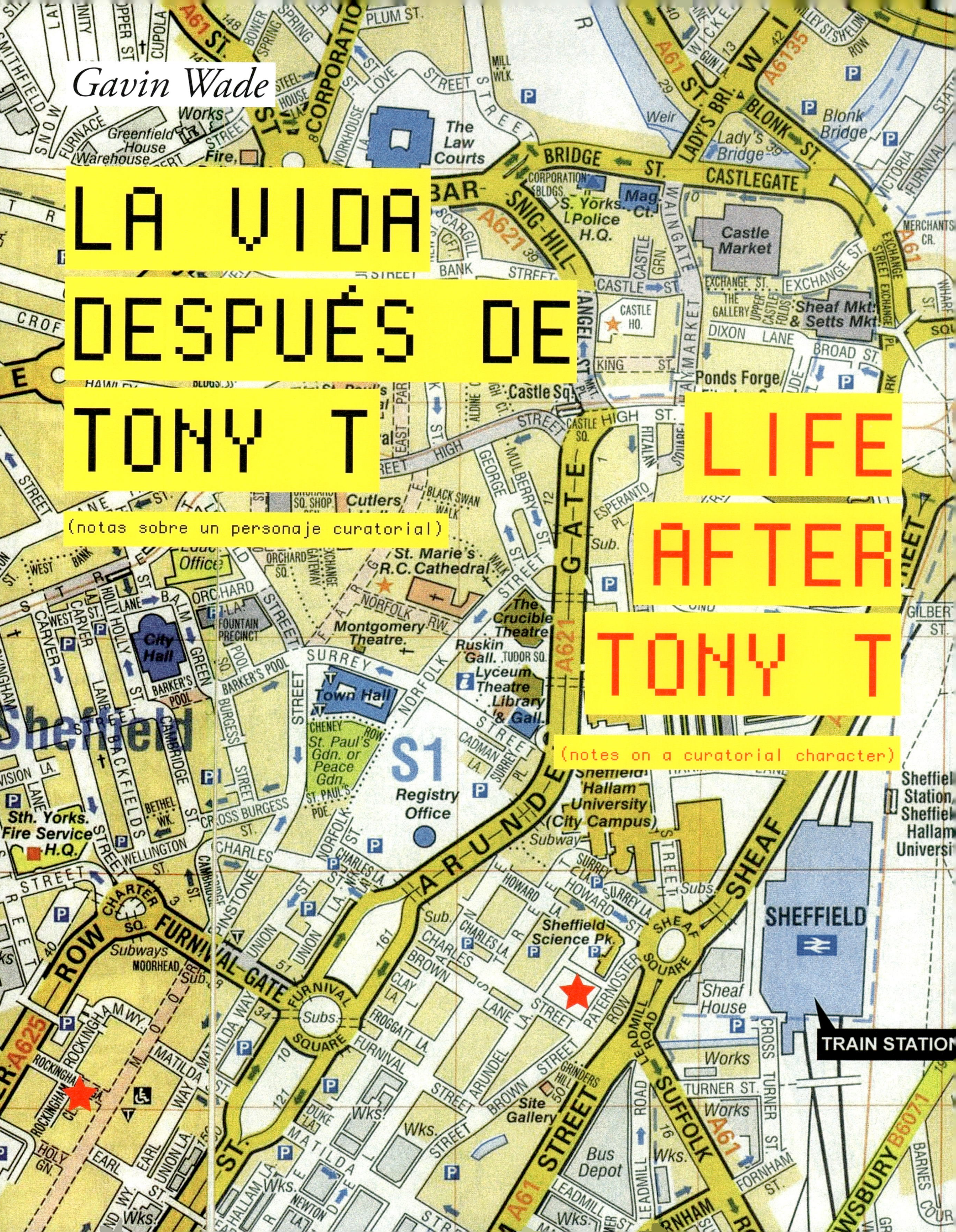

Gavin Wade

LA VIDA DESPUÉS DE TONY T

(notas sobre un personaje curatorial)

LIFE AFTER TONY T

(notes on a curatorial character)

Conocí a Tony en el parque Devonshire, en el verano de 2002. Ahora vive en mis sueños. Lo conocí porque estaba haciendo una obra de arte para el parque y no le gustó. Estaba instalando una serie de cinco unidades que consistían en pósters de doble vista, sobre las cuales había otros diez pósters que desplegaban los cinco acontecimientos más relevantes del cine, música, arte, libros y política mundial. La mitad de los pósters eran encabezados de periódicos, la otra mitad eran retratos de personas de entre 16 y 24 años que pasaban o estaban en el parque. Se colocarían nuevos pósters cada semana durante ocho semanas. El proyecto se llamaba *Here Are The Young Persons*, y fue un grupo de gente joven de Sheffield quien me comisionó el trabajo. Tony realmente me confrontó, y la pieza fue en verdad destruida durante la noche. ¡Qué pesadilla! Dañó completamente la pieza y me hizo cuestionarme acerca de lo que pretendía hacer realmente con ella. Ahora veo todo aquello como un reto positivo que pedía una respuesta, más que como un mero acontecimiento negativo.

Conocí mejor a Tony cuando le puse nombre y le inventé una historia y personalidad en mi novela *The Interruptors*. Tony es ficción verdadera. Se convirtió en el catalizador que permite imaginar cómo deben enfrentarse los artistas a situaciones diversas, ampliando las formas en que podríamos o no tratar con personas y lugares. De cierta forma, me enseñó el valor del riesgo y lo importante que éste es para el arte, en cualquier situación.

Cuando fui invitado a desarrollar un concepto para Art Sheffield 05, no podía apartar a Tony de mi mente. Comencé a imaginarme una bienal que tuviera un solo personaje, que funcionara a la vez como fuerza motivadora y como público ideal. ¡Imagínense una bienal con personalidad, con una postura firme, dicha claramente, que se identificara con lo local, y también refiriera a una problemática universal! O, si eso les suena a cualquier otra bienal, ¡imagínense simplemente una bienal con personalidad! Tony no es exactamente un estudio de caso pero quizá se encuentra en el centro de los debates actuales sobre las prácticas artísticas con contenido social. Aún el comportamiento antisocial es social. Aún el arte antisocial o sueños son parte del mecanismo que mueve a la sociedad.

I first met Tony T. on Devonshire Green in the Summer of 2002. Now he lives in my dreams. I met him because I was making an artwork for Devonshire Green and Tony didn't like it. I was installing a series of 5 double sided poster display units across the Green which had pasted onto them 10 posters outlining top 5s for films, music, art, books and world politics. Half of the posters were official top 5s from newspapers, the other half were formed from canvassing people aged between the ages of 16-24 who hung out on or passed through the Green. New posters were to be pasted up every week for an 8 week period. The project was called *Here Are The Young Persons* and I was selected and commissioned by young people in Sheffield to make the artwork. Tony really did confront me and the artwork really was smashed to pieces in the middle of the night. It was a nightmare. It affected the artwork totally and made me question what it was that the artwork was doing. I now see the entire episode as a positive challenge to respond to rather than merely a negative event.

I got to know Tony better when I named him and created his history and personality in my upcoming novel, *The Interruptors*. Tony is real fiction. He became a catalyst for imagining how artists should engage with different situations, opening up the ways we could and couldn't deal with people and places. In some ways he taught me the value of risk and how important that is for art in any situation.

When I was invited to develop a concept for Art Sheffield 05, Tony wouldn't get out of my mind. I started to imagine a Biennial exhibition that had a single character as a simultaneously motivating force and ideal audience. Imagine a Biennial with personality, with a strong position, clearly stated and relating to the locality but dealing with a universal concern! Or, if that sounds just like every other Biennial event, just imagine a Biennial with a personality! Tony is not exactly a case study but perhaps he lies at the heart of current debates around socially engaged art practices. Even anti-social behaviour is still social. Even anti-social art or dreaming is still part of what makes society tick.

Tony doesn't only hide in my dreams though, he's there in those inbetween moments when I'm awake as well, in-between love and cleaning up

Sin embargo, Tony no sólo se esconde en mis sueños, también está allí en los momentos intermedios: cuando estoy despierto, entre el amor y los quehaceres domésticos y rasurarme y hacer pan francés. Simplemente está ahí, esperando salir, retándome para que salga a buscar acción. Yo no lo inventé. Es real. Se formó a partir de mis dudas metafísicas. Es tan real como cualquier otra persona, aferrándose a la vida como puede y más. Pronto también estará en tus sueños, ese chico enojado que se aparece de la nada. Ese será Tony T, el personaje secundario de tus pesadillas, o quizá de toda tu vida. No lo evites, yo te recomendaría que lo vigilaras de muy cerca. Nunca sabes qué podría pasar.

En el invierno de 1982 el colectivo de artistas Art & Language escribió sobre los Espectadores A y B. El Espectador A se acerca directamente a la obra de arte, espera hasta encontrar la sensación y la compresión adecuadas y luego es posible que mire el título de la obra, en busca de información y confirmación de su experiencia y discernimiento. El espectador B se dirige de inmediato al catálogo y al boletín de prensa intentando descubrir cómo leer la obra de arte. En la primavera de 2000 el artista y escritor Dave Beech lanzó la idea de un Espectador C a quien no le interesa para nada el arte y lo ignora. Beech sugiere que tal vez exista un alfabeto de espectadores completo. Dicho alfabeto podría incluir desde los filisteos hasta los asesinos seriales. Tony T ocupa algún sitio intermedio. Es el Espectador T. No ignora el arte, lo detesta. Siente que éste quiere interferir con su vida. Si quiere hacer o saber algo o no hacer o no saber algo es su asunto, y el arte puede irse a la chingada. Creo que Tony tiene una actitud muy negativa, pero creo entenderlo, al menos hasta cierto punto. También pienso que hay un tipo de arte al que Tony estaría dispuesto a dedicarle cierto tiempo. Tony T es un reto para que Art Sheffield 05 pueda demostrar que está a la altura de las circunstancias. La gente tomará cierta postura al respecto. ¿Está bien o mal implicar a alguien así en el arte, o dirigir una exposición a Tony T? No me toca a mí responder, tengo mis propios sueños.

and shaving and cooking French toast. He's just there waiting to get out, egging me on to find some action. I didn't invent him. He's real. He raised himself out of my metaphysical doubt. He's as real as anybody else, clinging to life with everything he's got and more. He'll soon be in your dreams too, the angry kid who appears from nowhere. That'll be Tony T, the incidental person of your nightmares and maybe your life. Don't avoid him but I would advise you to keep a close eye on him. You never know what might happen next.

In the winter of 1982 the artist collective Art & Language wrote of a Spectator A and B. Spectator A goes straight to an artwork, waits till he gets the proper feelings and comprehension and then he just might look at the title of the artwork, seek information and confirmation of his experience and understanding. Spectator B goes immediately to the catalogue and press release seeking to discover how to read the artwork. In the spring of 2000 Artist/Writer Dave Beech put forward an idea for a Spectator C who isn't interested in art at all and ignores it. Beech suggests that there may be a whole alphabet of spectators out there. The alphabet could range from philistines to serial killers. Tony T falls somewhere in between. He is Spectator T. He doesn't ignore art, he hates it. He feels like it attempts to interfere with his life. If he wants to do or know something or not do or know something that's his business and art can go fuck itself. I think Tony's got a bad attitude but I think I understand it in some ways! I also think there is art out there that Tony would give some time to. Tony T is a challenge to Art Sheffield 05 to come up with the goods. People will take positions over this. Is it right or wrong to implicate someone like this in art or to aim an exhibition at a Tony T? That's not my job to answer. I've got my own dreams.

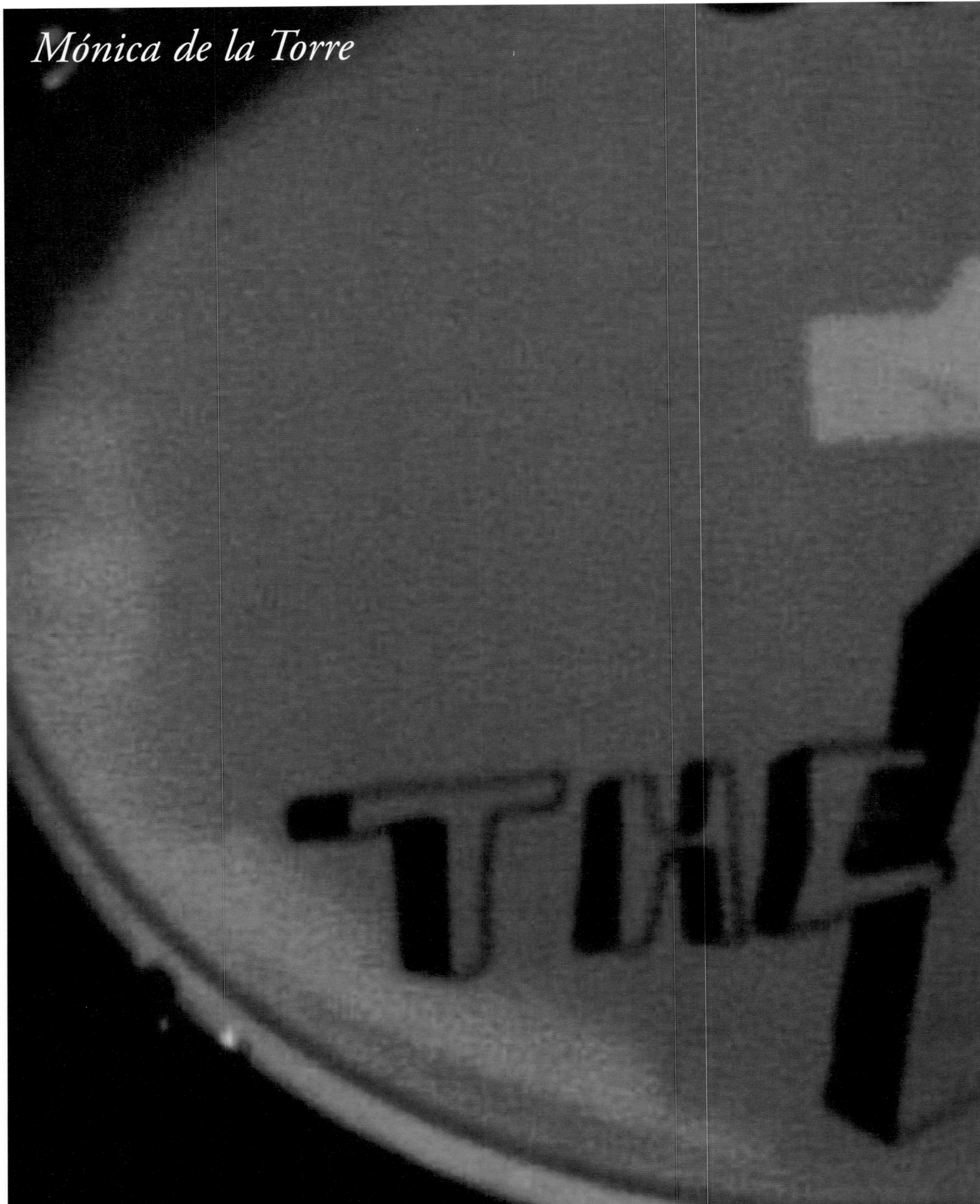
Mónica de la Torre

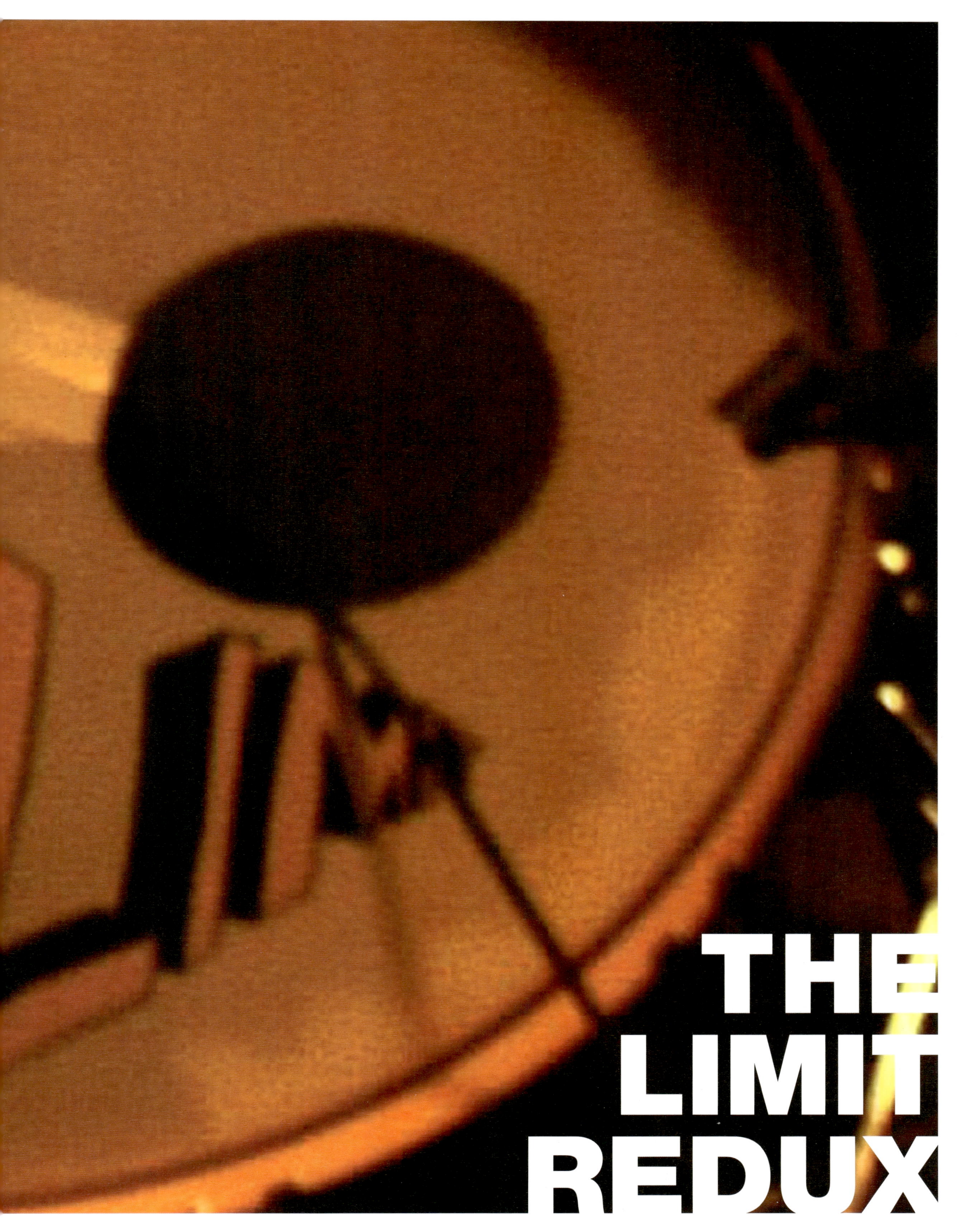

THE
LIMIT
REDUX

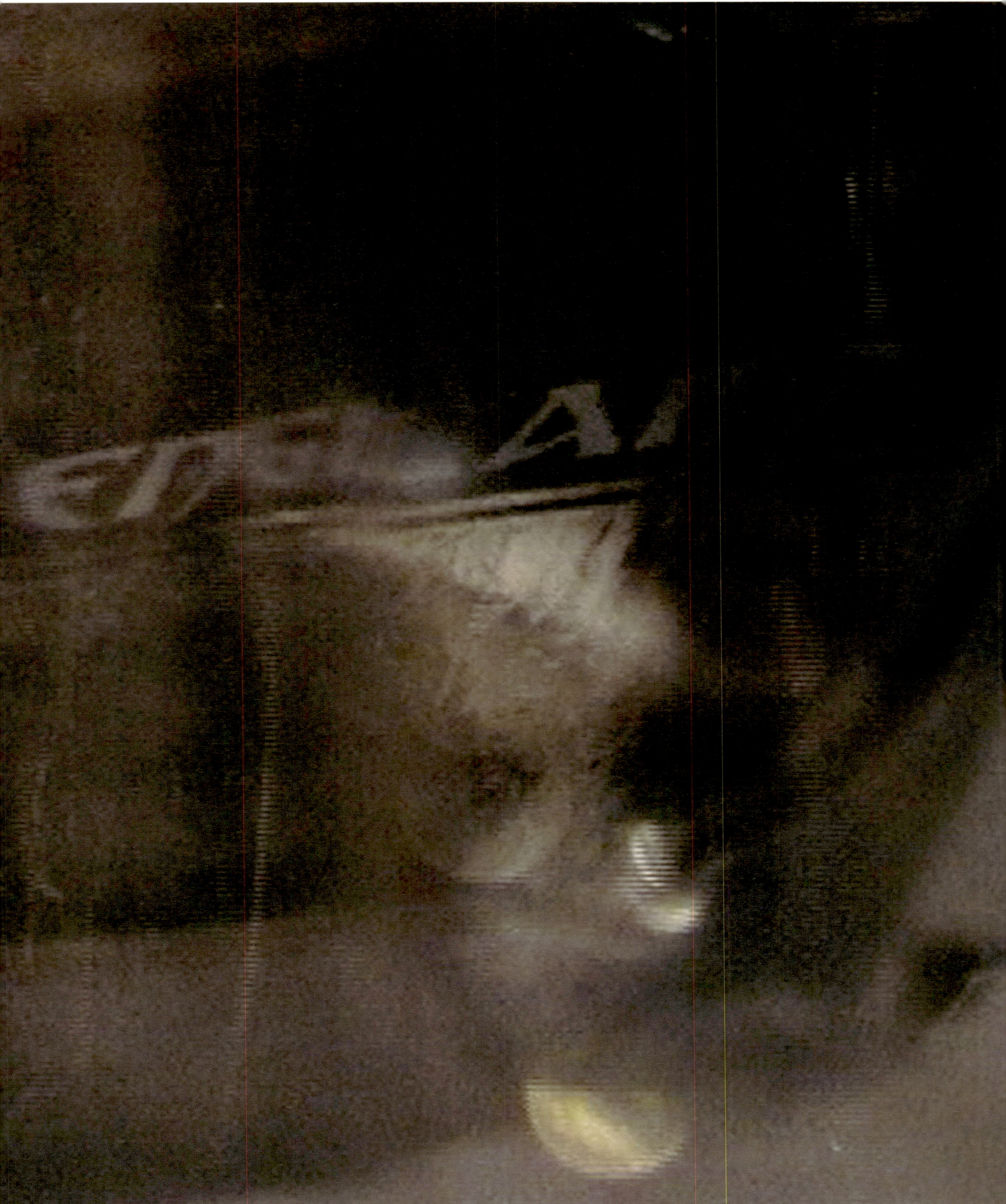

EN UN BEST OF ENCONTRAMOS SIEMPRE COSAS QUE NO ESPERÁBAMOS. EN ESTE COMPILADO, MÓNICA NOS MUESTRA UN REMIX DE TROPICALIA CON OULIPO Y RECUERDOS DE TELEQUINESIS EN LA COLONIA DEL VALLE DE LA CIUDAD DE MÉXICO.

YOU ALWAYS COME ACROSS UNEXPECTED THINGS IN A "BEST OF" COMPILATION. WITH THIS ONE, MÓNICA PRESENTS US WITH A REMIX OF TROPICALIA WITH OULIPO AND MEMORIES OF TELEKINESIS IN A MIDDLE CLASS NEIGHBOURHOOD IN MEXICO CITY.

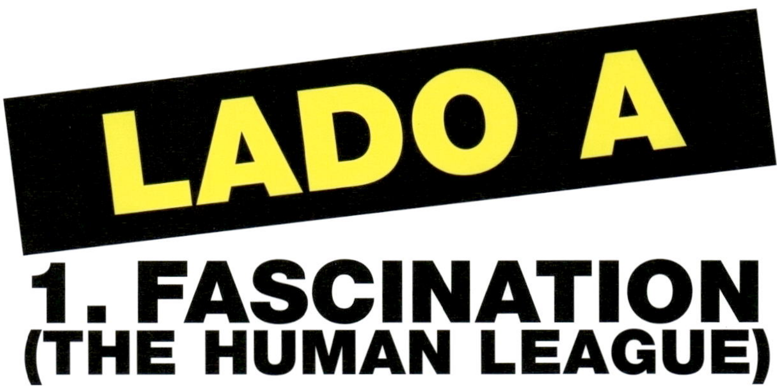

LADO A

1. FASCINATION (THE HUMAN LEAGUE)

¿Qué es más único que la voz, el atributo que más encapsula la identidad personal, supuestamente intransferible? En esta era en la que hasta las partes pudendas pueden ser transformadas a niveles irreconocibles por los cirujanos plásticos, lo único que se resiste al bisturí es la voz propia, ésa que si no es grata amenaza con imprimirle a la persona un aspecto indeseable y, por desgracia, permanente, por más que uno se esfuerce en contrarrestar sus efectos perjudiciales. Ay de los que ganguean, de aquéllos con voz de pito, a menos que sepan cómo hacer de su defecto virtud, a la Bob Dylan o Neil Young.

De que abundan los artificios para simular el agenciarse las voces de otros no hay duda: entre el irresistible sing-along, los karaokes y los covers hay un solo paso de distancia. Para un vocalista no hay mejor indicador de la lealtad y aprobación del público que el de su respuesta a la exhortación "¡Canten conmigo!". Mejor aún cuando el mero gesto de dirigir el micrófono hacia quienes entonces se imaginan ocupando el escenario produce una reacción masiva. El vocalista con tablas procede con cautela ya que sabe que en el momento equivocado ese gesto puede acabar poniendo en evidencia que sobrestima el amor del público por sus rolas: nada peor que los confusos mugidos de una masa que pretende saberse la canción. Cuando el público sí se sabe la canción que se pierda lo que entona el vocalista es lo de menos, lo importante es la individualísima experiencia que el público se congrega a tener colectivamente.

Supongamos que hay dos modos opuestos de escuchar: como si por primera vez y con la memoria. Cuando escuchamos como si por primera vez es posible no prestarle atención a la melodía, escuchar aisladamente los sonidos que producen los distintos instrumentos y dejarse sorprender por los arreglos que hasta antes habían pasado desapercibidos. En cambio cuando escuchamos con la memoria la música es como el telón de fondo de nuestros ejercicios mnemotécnicos, uno de los cuales consiste en probar qué tanto se ajusta la pieza en cuestión al recuerdo que tenemos de ella.

Una vez que se ha escuchado una canción pegajosa el *sing-along* es inevitable, la voz del vocalista queda atrás y el escucha participa de lleno en el performance. Será por la naturaleza misma de los grandes éxitos: producen en el escucha el deseo de traspasar el límite entre la música y su persona, incorporarse a sí mismo a la rola, asimilar y digerirla corporalmente y emitir en boca propia su letra. ¿Arte de apropiación? ¿Canibalismo?

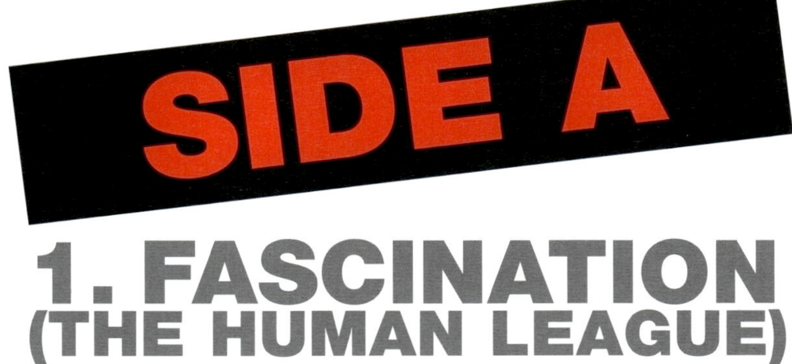

SIDE A

1. FASCINATION (THE HUMAN LEAGUE)

What is more unique than one's own voice, the trait that most encapsulates one's supposedly non-transferable individual identity? In this day and age in which even our private parts can be transformed to the point of being unrecognizable by plastic surgeons, the only thing that doesn't give in to the scalpel is the voice, which if unpleasant threatens to imprint on the person an undesirable, and unfortunately permanent, quality. Pity those with exceedingly nasal or shrill voices, unless they manage to turn their flaw into a virtue à la Bob Dylan or Neil Young.

Yet artifices to simulate the acquisition of other people's voices no doubt abound: the irresistible impulse to sing-along, karaokes and covers are only one step away from each other. For lead singers there is no better indication of the audience's loyalty and approval than the crowd's answer to the invitation to "Join in!" And better yet when the mere gesture of pointing the microphone toward those who are then imagining themselves on the stage generates a massive reaction. Experienced singers are cautious, knowing that at the wrong time the gesture could prove that they overestimate the audience's love for their songs. There's nothing worse than the formless groans of a crowd pretending to know a song's lyrics. When the audience does know them it couldn't matter less if what the singer chants gets lost amid the roar: what maters is that quintessentially private thrill that the audience is gathered to experience collectively.

Let's imagine that there are two opposed ways of listening: as if for the first time and from memory. When we listen as if for the first time it's possible to not pay attention to the melody, to isolate each instrument and listen to their different sounds, to let ourselves be surprised by the arrangements that up to then had gone unnoticed. On the contrary, when we listen from memory music is like the backdrop for our mnemonic exercises, one of which consists in assessing how much a given composition matches what we remember of it.

Once we've heard a catchy song we're compelled to sing-along; the singer's voice stays in the background and we as listeners participate fully in the performance. Perhaps this is due to the very nature of hits: they generate in listeners a desire to go beyond the limit between them and the tune, incorporate themselves to the song, assimilating and digesting it physically so as to emit its lyrics from their own mouths. Appropriation art? Cannibalism?

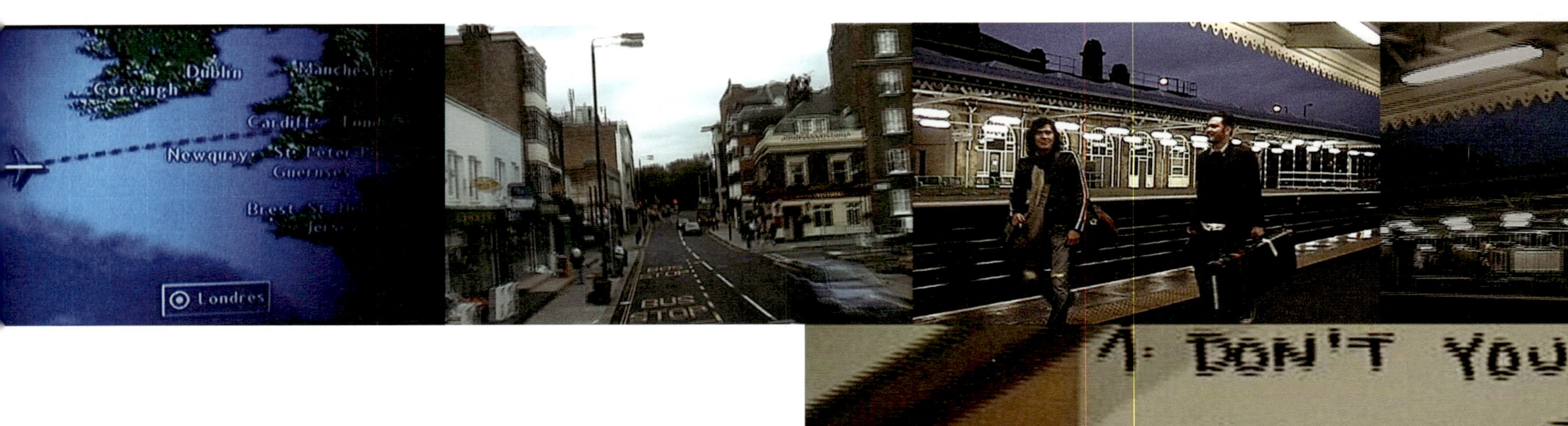

2. THE LOOK OF LOVE (ABC)

Como el concepto original de *Let It Be* que incluía la filmación de los ensayos y culminaría en la grabación del disco en un concierto en vivo, el proyecto The Limit también tuvo un fin determinado de antemano y concluyó con la tocada de la banda ante los espectadores de Sheffield. *Let It Be/ The Limit*: excepto por tres letras podría tratarse de un anagrama... Como permutación de los mismos elementos, el anagrama es una copia inexacta cuyas distorsiones originan otras palabras que a su vez pueden ser recombinadas infinitamente para producir otros anagramas. Otra forma de entender el fenómeno, principio por antomasia de la diversidad, es que cada copia produce contextos diferentes que conducen a otras copias que a su vez producen sus propios contextos.

A diferencia de las bandas de covers que suelen esmerarse en hacer que el público crea que está escuchando al original, con sorprendente humildad —¿o malicia?—, The Limit no hizo alarde de la distinción de sus integrantes y no pretendió ser otra cosa que una banda de covers. El público de Sheffield no supo que la banda había sido formada exclusivamente para esa tocada, por lo que es muy probable que uno que otro despistado haya buscado al grupo en myspace.com y haya dado con la página de lo que por sus gráficos y fotos parece ser un patético trío de Connecticut.

El proyecto de Laureana fue mostrarle al público, y en concreto al hipotético espectador T poco interesado en el arte contemporáneo, la imagen de Sheffield en el espejo, quizá como homenaje y comentario sobre la sinestesia a nivel cultural: la única imagen de Sheffield que pueden tener quienes no han estado ahí pero conocen sus bandas es la proyectada por su música, que de vernácula tiene muy poco. (Seguramente al enterarse de The Limit la mayoría de los asistentes a la tocada del D.F. cayó en la cuenta de que de Sheffield sólo conocía sus bandas, haciéndole eco a la frase "Mexican food is all I know about Mexico" que confesaron varios de los espectadores del concierto en Sheffield.)

A nivel global, sin embargo, el proyecto es un comentario quizás inadvertido sobre la situación postcolonial. Hacer visible la otredad nunca ha dejado de ser riesgoso ya que ésta suele ser invisible a menos que se presente de acuerdo a los términos dictados por la hegemonía. Una estrategia para abrirle camino a lo otro consiste simplemente en hacer patentes las limitaciones y el solipsismo de la visión hegemónica, y de ahí la función de la imitación estratégica. *The joke is on you,* parece decirle el proyecto de Laureana al hipotético espectador desdeñoso de lo que le es ajeno. Y ahí esta la clave, pues ¿quién se resiste a ver su imagen ante un espejo favorecedor? Si The Limit se hubiera aventado un palomazo tal vez el público habría manifestado ciertas reservas, pero como no lo hizo, todos se sorprendieron del talento con el que los mexicanos lograron imitar a sus bandas locales.

Hay quienes dicen que el amor es la otra cara del narcisismo.

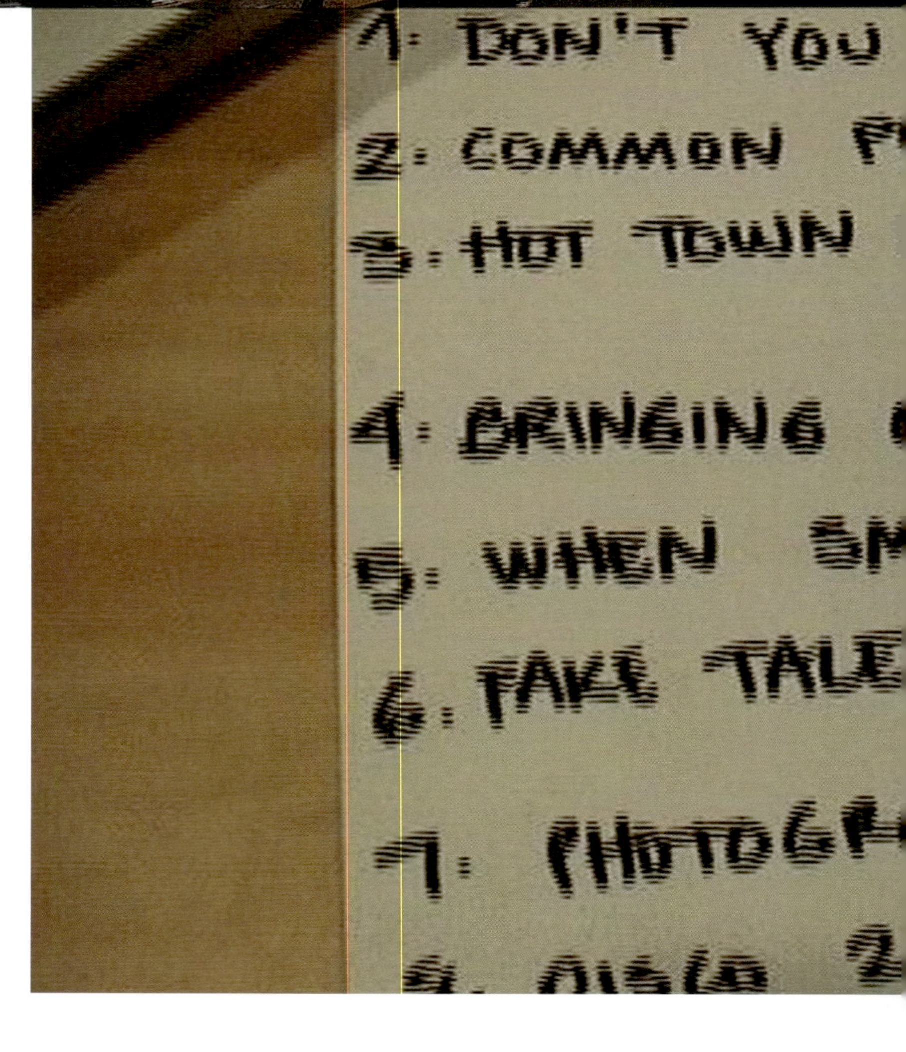

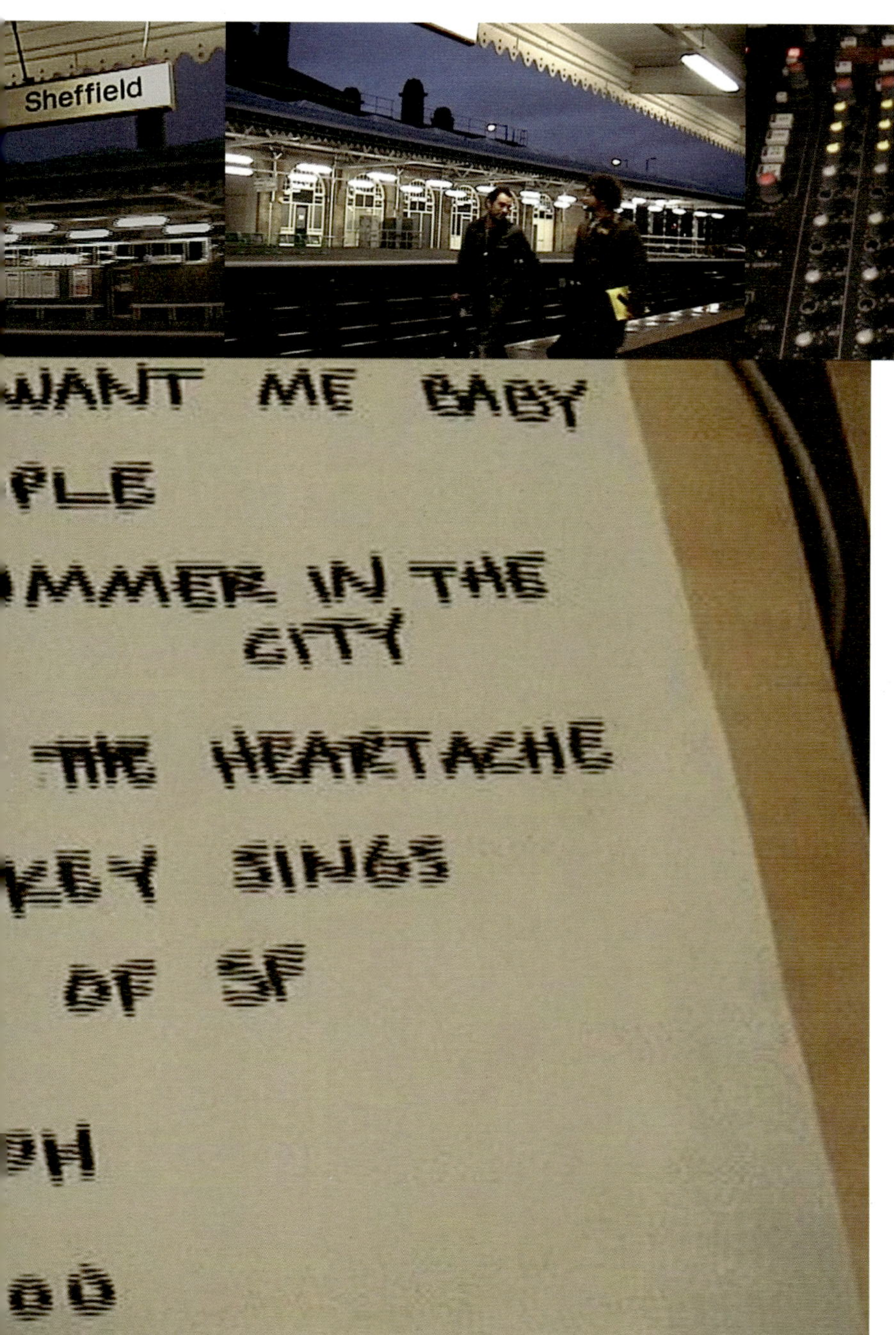

2. THE LOOK OF LOVE (ABC)

Like the original concept of *Let It Be*, which would consist of filming The Beatles' rehearsals and would culminate in the recording of the album during a live concert, the project of The Limit also had a predetermined end and concluded with a live performance of the band before an audience in Sheffield. *Let It Be*/ *The Limit*: except for three letters it could be an anagram… As a permutation of the same elements, an anagram is an inexact copy whose distortions have generated new words that in turn can be infinitely recombined in order to produce more anagrams. Another way of understanding this phenomenon, the principle of diversity par excellence, is acknowledging that each copy generates its own context that leads to more copies that in turn produce their own context.

Unlike cover bands usually striving to be taken for the real thing by their listeners, with surprising humbleness—or malice?—The Limit chose not to flaunt the distinction of its members and presented itself as nothing but a cover band. The audience in Sheffield was not told that the band had been formed exclusively for the project, so it wouldn't be surprising if a distracted audience member later looked up The Limit on myspace.com and came across what judging from the page's graphics and photographs seems to be a pathetic trio from Connecticut.

Laureana's project was to show the audience, and especially a hypothetical Spectator T uninterested in contemporary art, Sheffield's mirror image, perhaps as a tribute and a comment on cultural synaesthesia: the only image that those who have never visited the city but know some of its bands might have is the one projected by their everything-but-vernacular music. (It's safe to assume that most of those attending the The Limit's rehearsal performance in Mexico City also realized that the only thing they knew about Sheffield was its bands, echoing the phrase "Mexican food is all I know about Mexico" that more than one person in Sheffield uttered when being interviewed.)

At a global level, however, the project is perhaps an inadvertent comment on the postcolonial situation. Making otherness visible remains a risky endeavor, since it tends to be invisible unless it presents itself in the terms favored by the hegemony. A strategy to pave the way for the Other to become more visible is simply to expose the limitations and solipsism of the hegemonic vision, hence the role of strategic imitation. *The joke is on you*, Laureana's project seems to be telling a hypothetical spectator who might be disdainful of all things foreign. And that is the key, for who resists looking at oneself in a flattering mirror? If members of The Limit had played one of their own songs the audience might have had reservations, but since they didn't do it, everyone was surprised by the talent that the Mexican musicians displayed when imitating their local bands.

Some say love is the flipside of narcissism.

AS PERMUTATION OF THE SAME ELEMENTS, AN ANAGRAM IS AN INEXACT COPY WHOSE DISTORTIONS HAVE GENERATED NEW WORDS THAT IN TURN CAN BE INFINITELY RECOMBINED IN ORDER TO PRODUCE MORE ANAGRAMS.

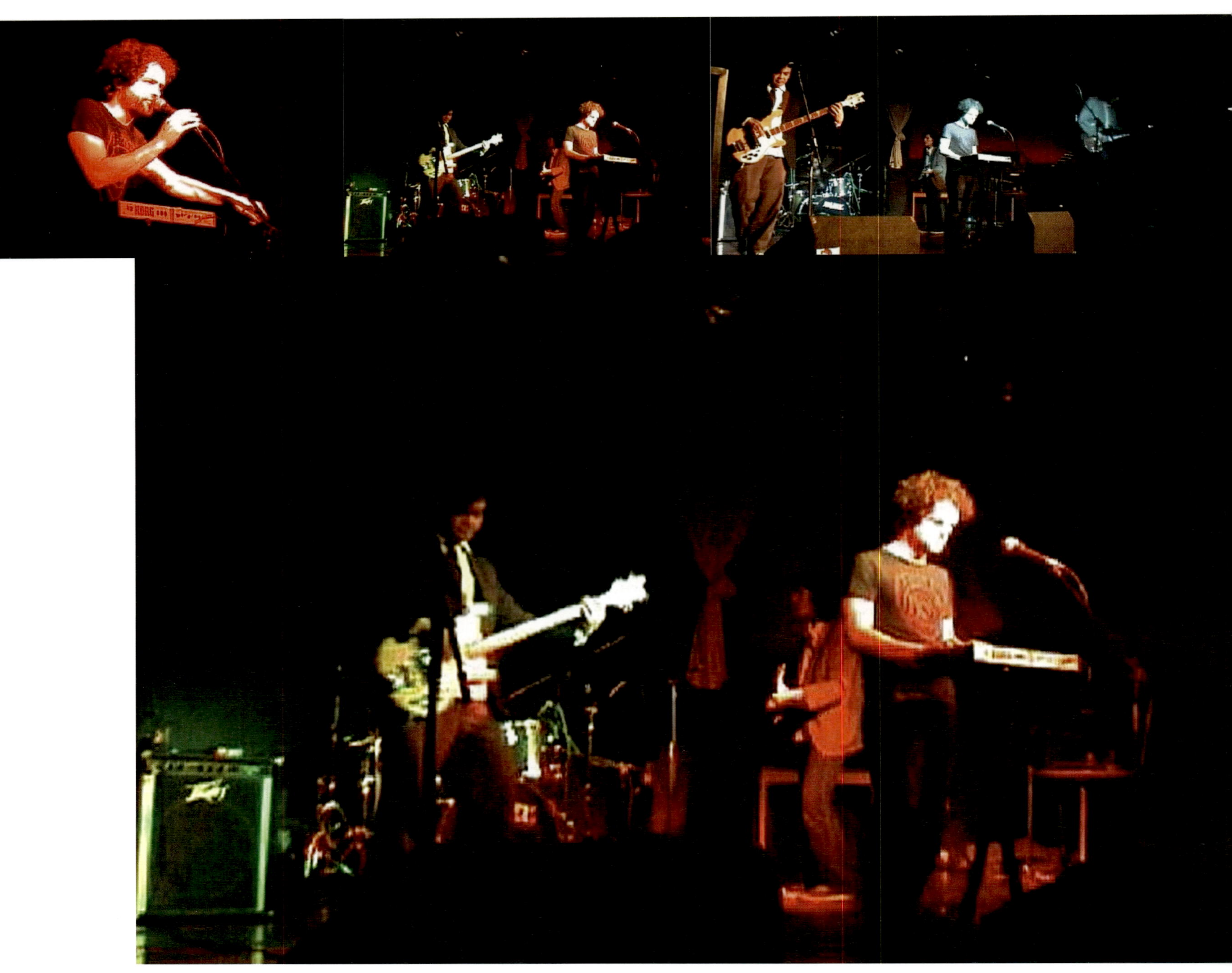

3. CHOO CHOO (ARCTIC MONKEYS)

Pese a lo que dicte la moral, la pose libera. Nada más efectivo que evitar encasillarse en la idea fija de la personalidad propia imaginándose y actuando como si uno fuera otra persona. El que pretende no ser falso es hipócrita, en cambio, un buen imitador se engrandece y seduce mientras no pretenda que no imita: al demostrar que puede ser no sólo quien es, sino quien no es, ensancha continuamente su personalidad. De ahí lo seductor de los travestis haciendo alarde de su falsedad.

Imitar no sólo es el principio de todo aprendizaje sino un trampolín para la creatividad.

¿Quién pondría en tela de juicio el despliegue de talento del legendario Grupo Morsa, que hizo posible que las canciones que los Beatles produjeron en el estudio pudieran ser tocadas en vivo, o, para el caso, del alemán Klaus Beyer? Este singular personaje de la escena post-punk berlinesa estaba tan obsesionado con la música de los Beatles que quería compartirla con su mamá. Dado que ella no hablaba inglés, Beyer tradu-

3. CHOO CHOO (ARCTIC MONKEYS)

No matter what morality might dictate, to pose is liberating. To escape the trappings of a fixed identity nothing is more effective than imagining oneself and acting as if one were a different person. Those who pretend not to be false are hypocrites. On the contrary, good pretenders enrich themselves and seduce others as long as they don't conceal the fact that they are posing: by proving that they can be both who they are and who they are not, they are constantly expanding their personalities. Hence the charm of drag queens and their glaring artificiality.

Mimicry is not only the beginning of all learning processes but also a trampoline for creativity.

Who would doubt the talent of the musicians of the legendary Mexican cover band *Grupo Morsa*, who managed to arrange the music that The Beatles only played in the studio so it could be performed live? Or Klaus Beyer's talent, for that matter? This unique character of the Berlin post-punk scene was so obsessed by The Beatles that he wanted to share with

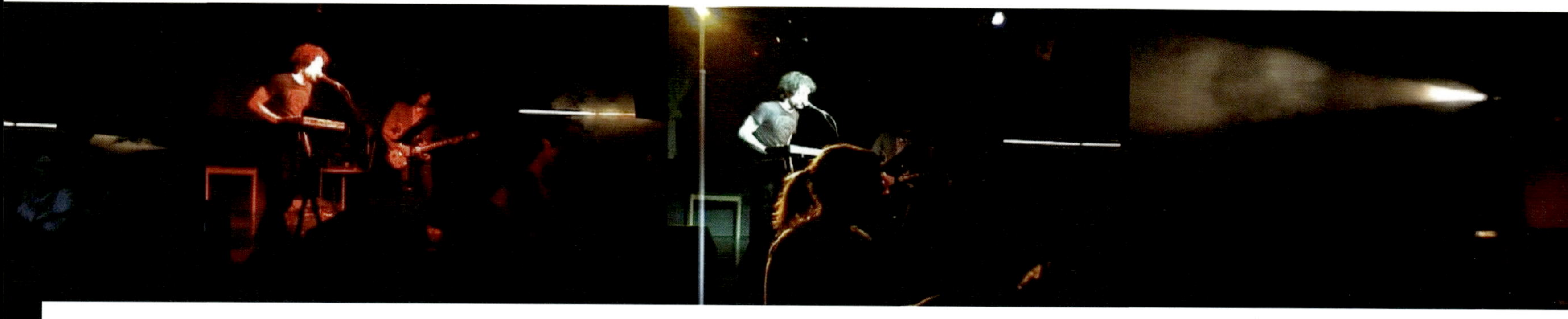

POR QUÉ NO ENTONCES EXPERIMENTAR CON AQUELLO QUE ES LO MENOS NUESTRO, CON OTRO IDIOMA, OTRO MEDIO: EL LÍMITE ES EL OTRO, LO OTRO…

WHY NOT THEN EXPERIMENT WITH THAT WHICH IS CLEARLY NOT OURS, WITH ANOTHER LANGUAGE, ANOTHER MEDIUM: THE LIMIT IS THE OTHER, THE OTHER…

jo y dobló a su lengua materna sus canciones favoritas, aquéllas que no habían sido grabadas en alemán por los Beatles (recordemos que algunos clásicos como "She Loves You" y "I Want to Hold Your Hand" fueron primero grabados en alemán, cuando la banda vivía en Hamburgo: "Sie liebt dich" y "Komm gib mir deine Hand" respectivamente). La apropiación de Beyer no paró ahí y equipado con una Súper 8 se puso a hacer películas de culto, entre ellas su remake de *Yellow Submarine*, titulado *Das Gelbe Unterwasserboot*.

La imitación es uno de los impulsos lúdicos que funcionan para casi cualquier fin y en la mayoría de las situaciones. No hay copia exacta posible. Imitar es rendir homenaje pero también parodiar: para criticar, nada más punzante y económico que arremedar. Poco es tan placentero como, por ejemplo, decir Chéfil y no Sheffield, desafiando el rigor de la pronunciación inglesa y de paso autoburlándose del acento mexicano.

4. WHY LIVE IN THE WORLD WHEN YOU CAN LIVE IN YOUR HEAD? (MONDAY MORNING—PULP)

Tocadiscos: los discos de antaño se pueden tocar, oler, sobre todo sus portadas de cartón. De niña me recuerdo oyendo música junto al tocadiscos que ocupaba un oscuro pasillo de una casa de la Colonia del Valle. Por fortuna, el material visual que venía con los discos que escuchaba y era la encarnación material de lo que de otra forma sería intangible —en este caso, la música de Neil Diamond y Barry Manilow, debo confesar— no era abrumador sino tan sólo lo suficiente para echar a andar la imaginación. En ese entonces no teníamos cablevisión así que no había descubierto MTV, lo cual me permitía no asociar un contexto o una serie predeterminada de imágenes con la música. El territorio musical y el visual eran autónomos. Gracias a su tajante diferenciación, no sólo sentía que mis canciones favoritas me pertenecían a mí tanto como a cualquier otro, sino que se me empezó a hacer costumbre el imaginarme la vida como una película a la que podría ponerle la banda sonora de mi elección. Y de ahí que de adolescente se me hiciera hábito practicar la telequinesis con la ayuda del tocadiscos desde el cuarto que, no sin cierto rencor, compartía con mi hermana menor. *Oye tanta música que está bien tocadiscos…*

¿Por qué dio tantas bandas Sheffield, esa ciudad perdida en medio de la nada conocida especialmente por sus cubiertos y su industria metalúrgica (y no metalera)? El punk le abrió camino a géneros musicales inimaginables hasta entonces al demostrar que hasta el ruido más hostigador podía convertirse en música. La aburrición máxima que caracterizaba a esta periferia industrial fue el catalizador que impulsó a los jóvenes de Sheffield a hacer experimentos sonoros. La idea era "tener una vida menos ordinaria" como admite Paul Bower de 2.3, comprobando que a veces el escapismo es la única puerta de entrada a la realidad.

his mother those songs not recorded in German (let's not forget that a few classics such as "She Loves You" and "I Want to Hold Your Hand" were first recorded in German when the band lived in Hamburg: *auf Deutsch* they are "Sie liebt dich" and "Komm gib mir deine Hand," respectively). Given that Beyer's mom didn't speak English, he translated and dubbed his favorite songs into German. His appropriation of the Beatles oeuvre didn't end there: equipped with a Super 8 he began shooting what now are cult films, his remake of *Yellow Submarine*, titled *Das Gelbe Unterwasserboot*, among them.

Mimicry is a playful impulse that works for most purposes and in almost every situation. The exact copy is impossible. To imitate is to pay tribute but also to parody: to criticize nothing more piercing and economic than ridiculing by way of imitation. Take, for instance, the pleasure of defying the rigors of British pronunciation—and, why not, self-mock the Mexican accent as well—by saying Chéfil instead of Sheffield.

4. WHY LIVE IN THE WORLD WHEN YOU CAN LIVE IN YOUR HEAD? (MONDAY MORNING—PULP)

In Spanish the verb used for playing music or records is not "to play" but "to touch." To play records was also to touch records: yesteryear's LP's could be touched and smelled, especially their cardboard covers. As a small girl I remember myself listening to music next to the record player in a dark hallway in a house in *La Colonia del Valle*. Luckily, the visual material that came with records and was the material incarnation of that which otherwise would be intangible—in this specific case the music of Neil Diamond and Barry Manilow, I ought to confess—was not overwhelming but just enough to trigger my imagination. In those days we didn't have cable TV so I hadn't yet discovered MTV, which exempted me from having to associate a specific context or predetermined set of images with the music. The musical and visual territories were autonomous. Thanks to their clear-cut differentiation, I was able to feel that my favorite tunes belonged to me as much as to anybody else and I also began imagining my life as a movie for which I could have the soundtrack of my choice. This led to my teenage habit of practicing telekinesis aided by the record player in the bedroom that, not without a dose of resentment, I shared with my younger sister.

Why did so many bands come out of Sheffield, that city known especially for its cutlery and its metal industry (and not heavy metal)? Punk paved the way for those musical genres unimaginable until then by demonstrating that the even the most irritating of noises could be turned into music. The utmost boredom characterizing this industrial periphery was the catalyst thrusting Sheffield's youth into sonic experimentation. The idea was to have "a life less ordinary" as Paul Bower of the band 2.3 argues, proving that sometimes escapism can be the only entryway into reality.

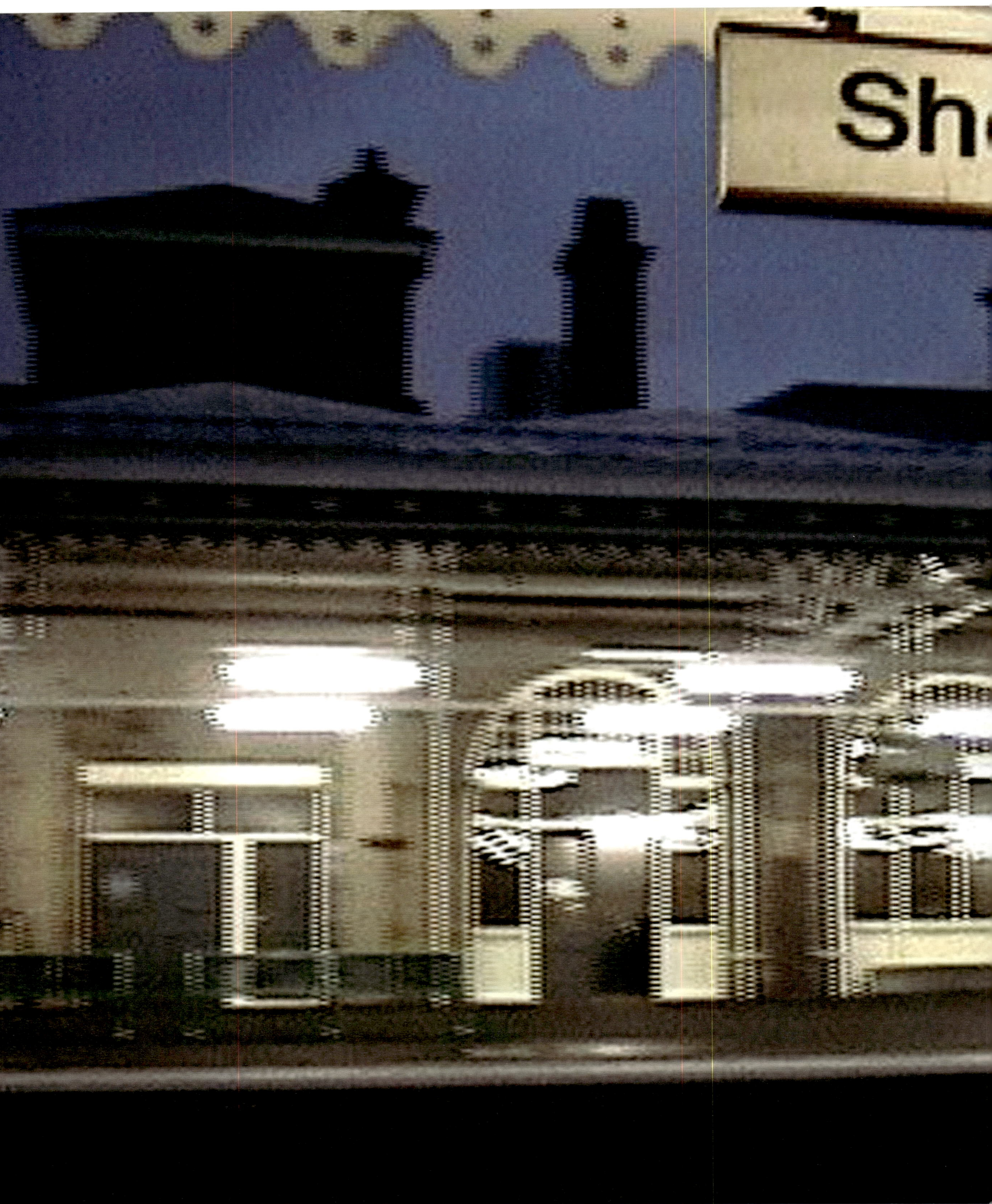
Sh

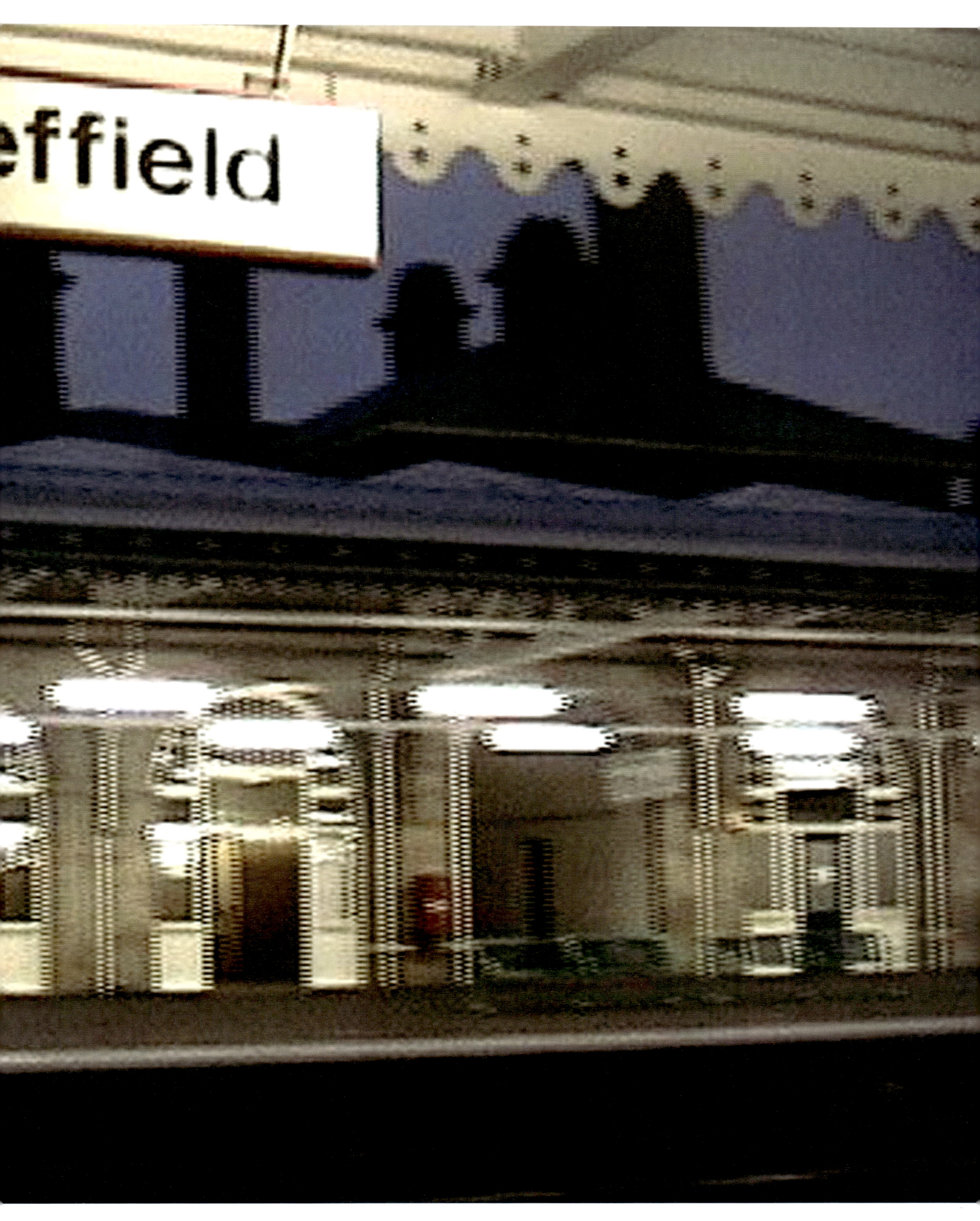
effield

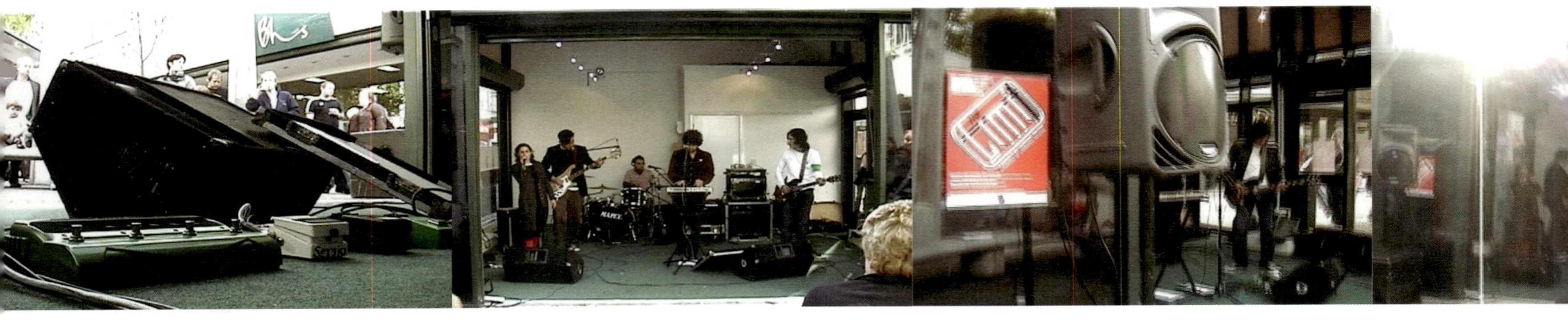

LADO B

1. DON'T YOU WANT ME, BABY? (REMIX) (THE HUMAN LEAGUE)

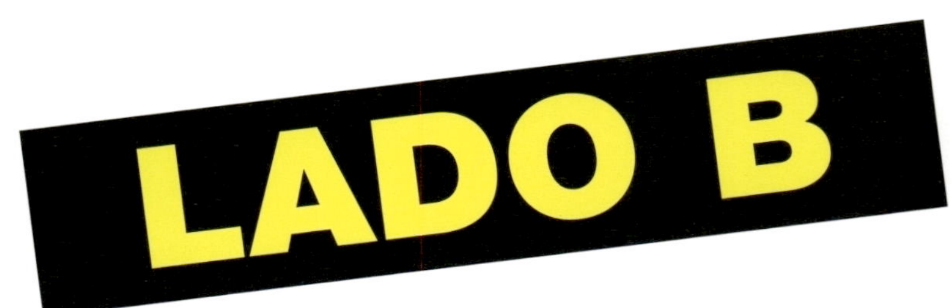

Cómo no te voy a querer, si sólo me interesa lo que no es mío. *Sólo me interesa lo que no es mío*, frase que al aparecer aquí comprueba lo que en ella se manifiesta, ya que no ha sido acuñada ni por mí ni por quienes suelen recurrir a ella: de ahí que sea pertinente a la ene potencia. Irresistible invocación del deseoso, de quien no puede sino seguir ensanchando su campo de acción y no sucumbe a la tentación de explotar el sentimentalismo o los clichés de la nacionalidad ante la mirada del espectador local o extranjero complacido al comprobar que lo que se le presenta coincide con sus expectativas. (Imposible imaginar un proyecto en sintonía con lo que podrían esperar los espectadores de Sheffield en el caso de The Limit: "Mexican food is all I know about Mexico", recordemos que confesó más de un entrevistado para el video que documenta el proyecto.)

Mejor no imaginarse lo que podría ser un proyecto de Laureana relacionado con la comida mexicana: estaría basado en cuadritos tricolor, quizás, a la pico de gallo. Los sentidos del gusto y el olfato son tal vez los únicos que su obra no ha abordado aún, si tomamos en cuenta que los cubos de azúcar de sus islas "Galápagos", son para ser vistos y no consumidos. Y hablando de consumo, volvamos a la frase *sólo me interesa lo que no es mío*. Si bien es el eje del Manifiesto Antropofágico que firmara el modernista Oswald de Andrade en 1928, su espíritu se aplica tan bien a tantas prácticas artísticas contemporáneas que pareciera fútil ubicarla en un contexto específico. Pero en particular dos producciones culturales que partieron del Modernismo brasileño tienen vínculos estrechos con la polifacética obra de Laureana: la poesía concreta y Tropicália. Los artistas de ambos movimientos dejan claro que asimilaron el canibalismo de Oswald de Andrade, que anticipa el arte de apropiación de los ochenta pero manifiesta una mayor complejidad al ser mucho más que un intento jocoso por borrar la casi mítica barrera entre la alta cultura y la cultura popular (¿existió alguna vez?) o un gesto estratégico que debería desmantelar las nociones de autoría y originalidad pero a fin de cuentas tiende a reforzar la audacia del apropiador.

En el caso de los poetas concretos el rechazo de lo propio se expresa principalmente en una prohibición explícita a utilizar la primera persona y a abordar cualquier asunto autobiográfico. La poesía como psicología barata es ajena a la propuesta concretista, que permitiría por primera vez que Brasil produjera poesía de exportación al ser, ante todo, traducible: el paso a la imagen, el abandono de la textualidad, le aseguraría a esta poesía portadora de un pasaporte constructivista un viaje más allá de las fronteras nacionales. La misma actitud está presente la obra de Laureana, más

1. DON'T YOU WANT ME, BABY? (REMIX) (THE HUMAN LEAGUE)

Why wouldn't I want you, if I am only interested in what is not mine. *I am only interested in what is not mine*, a phrase that by appearing here provides proof of what it claims, since I didn't come up with it and neither did the many people who tend to recall it: it is therefore pertinent to the nth degree. It is the irresistible invocation of the one who yearns, who can't but keep widening her field of action and resists giving in to the temptation of exploiting sentimentalism or national clichés before the gaze of local or foreign spectators pleased to confirm that what they are presented with meets their expectations. (It'd be impossible to imagine a project in synchrony with what the Sheffield audience might expect in the case of The Limit, since most agree with the "Mexican food is all I know about Mexico" phrase.)

Better not to imagine what a project by Laureana related to Mexican cuisine might be like: it'd be based on dice of three different colors, perhaps, à la *pico de gallo*. The senses of taste and smell are perhaps the only ones that she has not addressed yet in her work, if we take into account that the sugar cubes in her "Galapagos Islands" are meant to be seen, not consumed. And speaking of consumption, let's return to the phrase *I am only interested in what is not mine*. Although it is the axis of Oswald de Andrade's "Cannibal Manifesto" of 1928, its spirit is so in keeping with so many contemporary art practices that it seems futile to place it in a specific context. In particular two cultural productions that stemmed from Brazilian Modernism are closely linked to Laureana's multifaceted oeuvre: Concrete poetry and Tropicália. The artists of both movements make amply clear that they assimilated Andrade's notion of cannibalism, which anticipates appropriation art but is more complex since it is more than a gimmicky attempt to blur the almost mythical barrier between high and low culture (did it ever exist?) or a strategic gesture that should dismantle categories of authorship and originality but in the end always underscores the appropriator's audacity.

In the case of Concrete poets, one facet of their rejection of what could be considered their own was their explicit shunning of the first person and anything alluding to autobiographical matters. Poetry as cheap psychology was foreign to the Concrete endeavor, which for the first time allowed Brazil to produce poetry for export as it was, first and foremost, translatable: by becoming image, by giving up textuality and bearing a constructivist passport, this poetry's journey across national borders was ensured. Laureana's work shares the same attitude, with its focus on structures and medium shifts instead of the verbal contents of the literary works—*Alice*

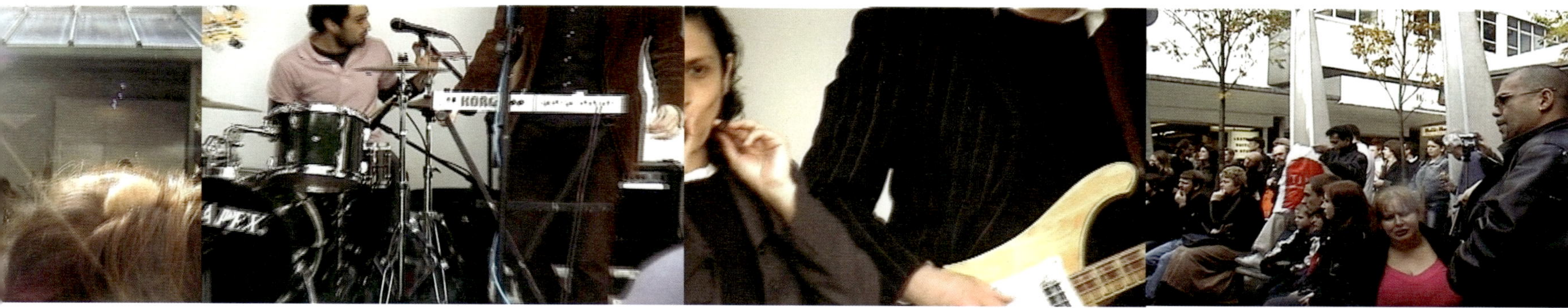

interesada en las estructuras y en la transición de un medio a otro que en los contenidos verbales de las obras literarias en las que se han basado algunas de sus piezas: *Alicia en el país de las maravillas*, los poemas de e.e. cummings, ente otras.

The Limit, especialmente, también guarda paralelos con el arte asociado a Tropicália —el de Hélio Oiticica y Lygia Clark sobre todo— dada su renuncia al arte retinal y su cometido de propiciar experiencias corporales capaces de estimular todos los sentidos y no sólo el de la vista. *Lo que no es mío* en este caso refiere a una práctica basada en la hibridez de los medios y el desafío de los límites que regulan lo tradicionalmente entendido como arte visual. Y en el caso específico de la música de Tropicália, el interés por lo ajeno se manifiesta sobre todo en una glotonería insaciable. No hay límites a los instrumentos, ritmos, melodías, o elementos compositivos que se incorporan a los collages tropicalistas: tanto las guitarras eléctricas, como las repetidas alusiones al *Sergeant Pepper's Lonely Hearts Club Band* como las rústicas flautas de la Banda de Pífaros de Caruaru, por dar unos cuantos ejemplos, pueden formar parte de la música brasileña, no menos auténtica por estar abierta a la influencia de cualquier género local o internacional. No sin cierta violencia, los retazos de los géneros musicales son yuxtapuestos para que se devoren unos a otros y generen algo nuevo al mezclarse: ¿bolo alimenticio? El apetito de Laureana es distinto pero igual de generativo a final de cuentas, ya que no se limita en cuanto a las obras a las que puede hacer referencia y los medios que sus proyectos requieren: la foto, el dibujo, el video, la escultura, la pintura, la música o incluso la poesía, en sus recientes poemas visuales mecanografiados.

Entre otras cosas, lo atrevido de la empresa concreta y la tropicalista fue que se dieron en medio de un álgido debate sobre el papel de la cultura nacional (léase nacionalista) frente al imperialismo yanqui durante la Guerra Fría, en un momento en el que ser de vanguardia equivalía a rechazar cualquier influencia extranjerizante. Para situarnos baste con recordar que el momento de la explosión tropicalista coincidió, por ejemplo, con los afortunadamente idos años de la nueva trova que cundió en los jóvenes y cursis corazones de aquéllos más al norte del continente americano. Incluso en eso la obra de Laureana coincide con el espíritu de ambos movimientos brasileños.

2. I SAID LET'S ALL MEET UP IN THE YEAR 2000… (DISCO 2000—PULP)

En el mundo del arte el paso de la Guerra Fría a la globalización se tradujo en un diluvio de bienales internacionales, ferias de arte, y exposiciones colectivas en las que el gentilicio "mexicano", como otros alusivos a lugares alejados de Nueva York o las capitales del arte europeas, se volvió enaltecedor. México, quién lo hubiera pensado, se convirtió en cotizadísima periferia, céntrico margen. Al parecer el arte que logra hacerse visible en la era global no es el internacional, a la antigua usanza, sino el que ofrece una nueva forma de hacer turismo cultural. Por ello, es glocal: presenta en un sólo sitio una pluralidad de contenidos locales que, no sin una dosis de artificio, ponen la cruda realidad de las periferias ante los ojos de un público cosmopolita, politizado y ansioso de expiar sus culpas por haber sido cómplices de la promoción y exotización de la miseria tercermundista.

Dado que Laureana se ha resistido a jugar el papel que desde hace más o menos una década le asignan las metrópolis a los artistas periféricos del

In Wonderland and the poetry of e.e. cummings among them —that have inspired some of her previous works.

The Limit, especially, also shares similarities with the art of Tropicália—Hélio Oiticica and Lygia Clark's—in its rejection of retinal art and its commitment to encouraging the audience to partake of corporal experiences stimulating more than the sense of sight. *What is not mine* involves in this case a practice based on hybrid mediums and in defiance of the limits demarcating what traditionally is conceived as visual art. In the case of Tropicália's music the interest for *what is not mine* mainly manifests itself as an insatiable gluttony. There are no limits to the instruments, rhythms, melodies or compositional elements that can be incorporated into the Tropicalist patchwork: electric guitars, repeated allusions to *Sergeant Pepper's Lonely Hearts Club Band*, and the rustic flutes of the Pifaros de Caruaru band can all coexist in this new Brazilian music, not less authentic for being open to the influence of all kinds of local or international music genres. Not without a certain violence are the tatters of musical genres juxtaposed so they may devour each other and generate something new when they mix: the nutritious bolus in our mouths after we've chewed our food so it can be softened and mixed in with saliva, perhaps? Laureana's appetite is of a different nature but nutritional nonetheless, since it is generative by referencing other works, not adhering to any particular genre, and combining media according to her project's needs: photo, drawing, video, sculpture, painting, music, or even poetry, as in her recent typewritten visual poems.

Among other things, what was bold about both the Concrete and the Tropicalist endeavors is that they sprung forth during the Cold War, in the midst of a debate on the role of national culture (read nationalist) against Yankee Imperialism. This was a moment in which being a vanguardist meant one rejected all foreign influences. To situate ourselves, let us remember that the Tropicalist explosion coincided in time with the fortunately gone years of the Nueva Trova that had taken over the sappy young hearts of those more to the north of the American Continent. Even in this regard, the spirit of Laureana's body of work resembles the Brazilian movements.

2. I SAID LET'S ALL MEET UP IN THE YEAR 2000… (DISCO 2000—PULP)

In the art world the transition from the Cold War to the global era translated as a deluge of international biennials, art fairs, and group shows in which being "Mexican" or a national of any other place far from New York or the European art capitals in itself became praiseworthy. Mexico, who would have thought, became a coveted periphery, a conveniently located margin. It seems that the art that makes itself visible in the global era is not the international one, in the old sense of the term, but that offering viewers an alternative to cultural tourism. In this way, it is glocal: in a single site it presents a plurality of local contents that, not without a dose of artifice, place the rough reality of peripheries before the gaze of spectators who are cosmopolitan, politicized, and anxious to expiate their past sins and complicity with the promotion and exoticization of Third-World misery.

Laureana's work has tended not to be shown in exhibitions whose concept, in the end, is not far from that of making a theme park out of Mexico City, an amusement park in which the spectator can not only learn

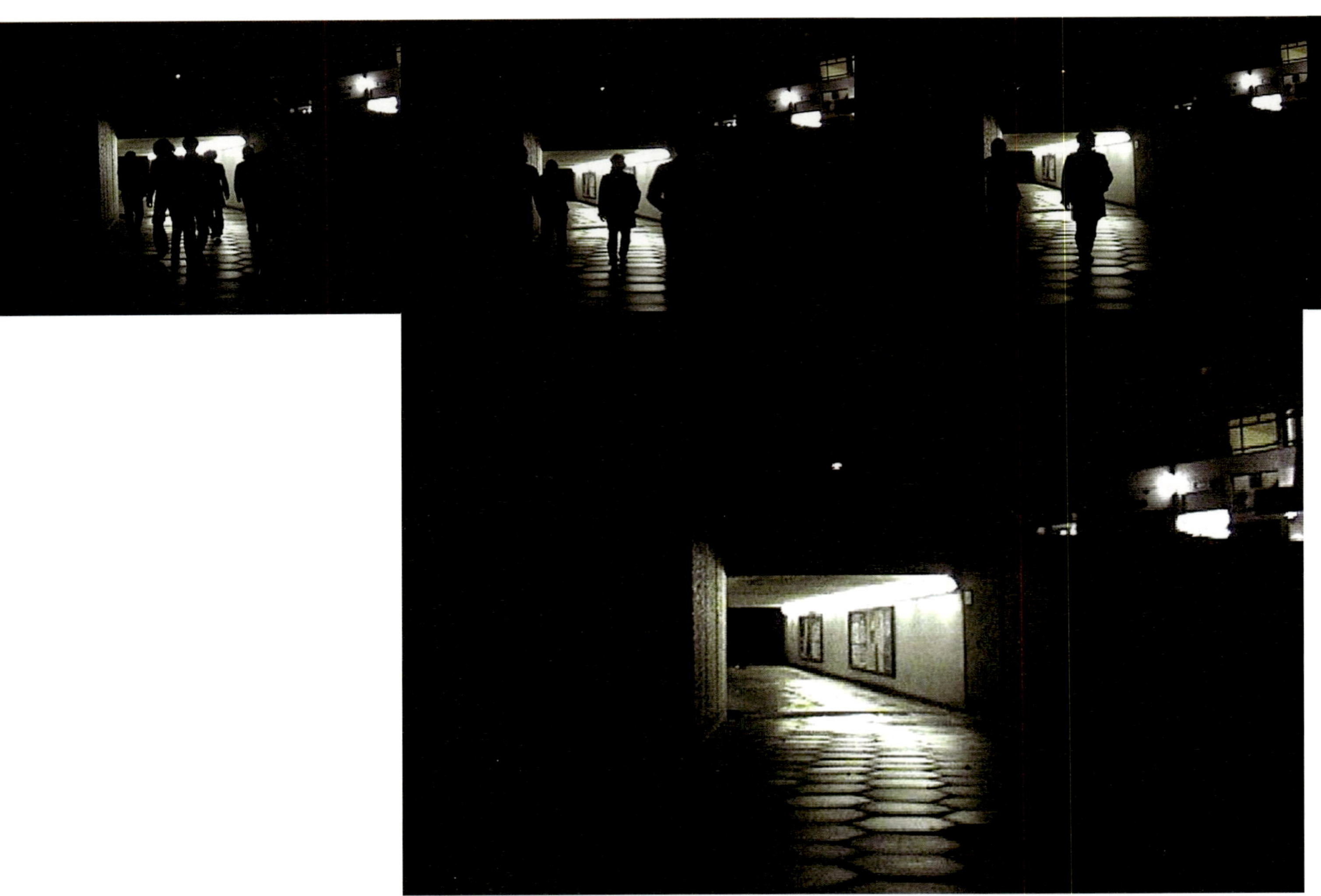

nuevo milenio, su obra no podría figurar en aquellas exposiciones cuyo concepto, a fin de cuentas, no dista del de hacer un *theme park* de la Ciudad de México, un parque de diversiones para que el espectador se entere y experimente la exhilarante violencia de la megalópolis mexicana en la comodidad de una galería o sala de museo climatizada. El concepto de una obra como The Limit poco tiene que ver con un predecible comentario sobre las carencias de la escena musical nacional frente a las bandas gringas o inglesas respaldadas por las megacorporaciones internacionales y es perfectamente congruente con el interés de Laureana por el lenguaje y su materialidad.

3. SENSORIA
(CABARET VOLTAIRE)

El signo verbal es tanto imagen visual como registro sonoro, como lo sabían bien los dadaístas Kurt Schwitters y Hugo Ball, sobre todo. En obras anteriores, Laureana había partido de la materialidad del lenguaje para crear códigos aplicables a obra gráfica o escultórica. Para la pieza "Dada", por ejemplo, a cada vocal le asignó un color, eliminó las consonantes de las palabras que tradujo a imágenes, y al hacer obra escribió nombres, frases, y poemas "a color", sin dejar rastros de las letras. Que su sistema se basara en vocales resulta especialmente significativo al relacionarlo con The Limit: sin vocales la lengua no canta. Será por eso que a los cantantes se les llame vocalistas… Y de ahí que haya poetas como el post-dadaísta austriaco Ernst Jandl que para reflejar el horror de la Segunda Guerra Mundial en un poema sonoro —el impronunciable "Schtzngrmm"— se limitara a usar consonantes solamente.

Recalcando el parentesco entre el tono como atributo de un sonido y como grado de coloración, y entre los colores y la coloratura musical, The Limit puede ser visto como un proyecto que da continuidad a las exploraciones previas de Laureana y sigue en la línea de las obras verbovocovisuales de Joyce, Cage y los poetas concretos que potenciaron al máximo la calidad visual y sonora de su materia prima sin sacrificar su carga semántica.

about the exhilarating violence of the Mexican megalopolis but also experience it in the comfort of an air-conditioned gallery or museum. The reason for this is that she has refused to play the role that metropolises have been assigning to artists from the periphery for over a decade. The concept of The Limit has very little to do with a predictable comment on the lacks of the Mexican music scene versus British or American bands backed by international mega-corporations, and is perfectly coherent with Laureana's interest in language and its materiality.

3. SENSORIA
(CABARET VOLTAIRE)

The verbal sign is both a visual sign and sonic notation, as the Dadaists were well aware of: Kurt Schwitters and Hugo Ball, especially. The materiality of language had been the departing point for some of Laureana's previous projects in which she developed systems and then applied them to the process of making graphic or sculptural work. In "Dada," for instance, she assigned a different color to each vowel, eliminated the consonants of the words she would then translate into images, and in making the pieces she wrote people's names, phrases and poems with color, without leaving traces of the letters. That her system was based on vowels is highly significant when related to The Limit: language cannot sing without vowels. Perhaps this is why to vocalize can be synonymous with singing and in Spanish lead singers are also called *vocalistas*. And this might also be why a poet like the Austrian post-Dadaist Ernest Jandl would think of writing a sound poem without vowels—the unpronounceable "Schtzngrmm"—so as to depict the horrors of World War II.

Underscoring the kinship between tone as the attribute of a sound and as a degree of coloration, and between colors and musical coloratura, The Limit can be seen as a project that continues Laureana's previous explorations along the lines of Joyce and Cage's verbovocovisual works, as well as the Concrete poets who maximized the visual and

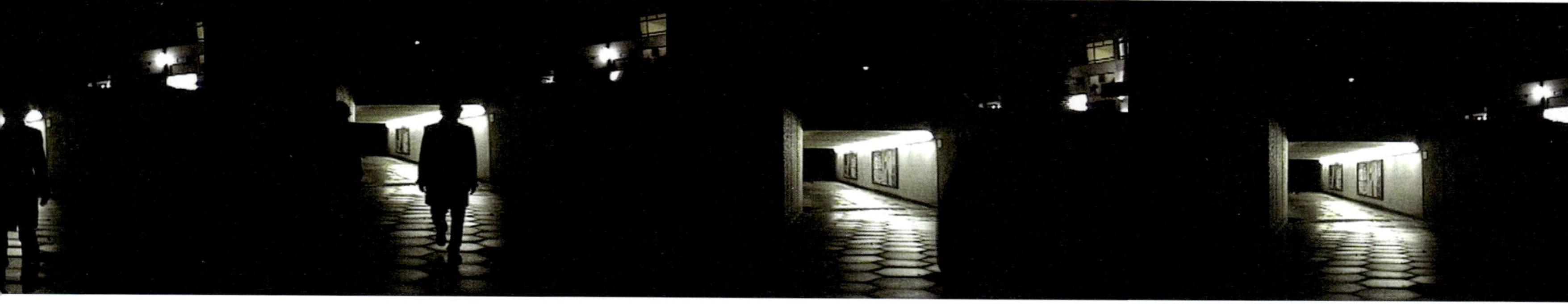

Sensoria: lo único que Laureana no había hecho era concentrarse en el componente sónico del lenguaje, pues ya había cubierto su aspecto visual y verbal. Y si vocalizar era el siguiente paso para continuar con sus exploraciones lingüísticas, qué mejor que hacerlo en serio, con todo y acompañamiento.

4. EXTENDED PLAY (CABARET VOLTAIRE)

Curiosa ironía: llevar al límite una personalísima práctica alejándose lo más posible de las destrezas que mal que bien lo caracterizan a uno. Tiene sentido. *Sólo me interesa lo que no es mío.* La rigidez de las habilidades y predisposiciones personales, así como la tendencia a la caricaturización, no dejan de amenazar al estilo propio.

Si la mano y la habilidad técnica han dejado de ser primordiales en la ejecución de la obra de arte, entonces todo está permitido. Por qué no entonces experimentar con aquello que es lo menos nuestro, con otro idioma, otro medio: el límite es el otro, lo otro… Si saber tocar instrumentos fuera indispensable para hacer música, tal vez no existiría la música electrónica. Richard Kirk, por ejemplo, confiesa que si se hubieran restringido a utilizar los instrumentos que sabían tocar, él y los otros miembros de Cabaret Voltaire jamás habrían integrado la banda, pues sus conocimientos eran mínimos. Tuvieron que ingeniárselas para hacer música sin instrumentos musicales. Así, para rendirle un homenaje a la música que ha salido del improbable Sheffield, Laureana se las arregló para hacer música utilizando su poder de convocatoria más que sus aptitudes musicales.

Para reinterpretar las canciones de las bandas de Sheffield, doblemente diversas por ser muchas y por ser tan distintas entre sí (pensemos en Def Leppard y Pulp) los músicos reunidos para The Limit tuvieron que arriesgarse a no recurrir a su probada forma de hacer música y resistir su impulso por imprimirle un tono original a las canciones. Llegar al límite: probar algo alejado de lo que a uno le sale bien natural o trabajosamente, hacer a un lado el ego. Diego Suárez, por ejemplo, nunca antes había cantado en inglés y quizás de ahí, su encanto.

Al sacar las canciones de oído y practicar una especie de traducción sinestésica en la que primero había que traducir el repertorio de canciones de Sheffield a una especie de notación visual que después pudiera traducirse en lo que cada músico de The Limit iba a tocar, los músicos hicieron algo paralelo a lo que Laureana hizo con The Limit, siguiendo con su sistema para transformar palabras en piezas de arte. Pero, por si no hubieran tenido ya demasiadas consignas a seguir, la banda tuvo que enfrentarse a una limitante más: hacer que con lo mínimo indispensable —o sea, con un bajo, una guitarra, un sintetizador, una batería y un vocalista— los covers sonaran tan bien como las canciones originales.

Por su obsesión con limitantes y consignas que en el fondo no son sino las reglas que hacen posibles los juegos de cualquier tipo, los proyectos de Laureana recuerdan también a los del Oulipo. Si Raymond Queneau, cofundador del movimiento de escritores en su mayoría franceses, propone que el escritor oulipiano es una "rata que construye el mismo laberinto del cual tratará de escapar después", entonces la artista que duda de los supuestos beneficios de la "libertad creadora" y prefiere imponerse limitantes y reglas también es una rata haciendo un laberinto del cual logrará salir con éxito para el deleite del Espectador T y el suyo propio. Y por qué no pensar que este laberinto es también muchos otros: el del arte contemporáneo, la cultura pop, y las ficciones de la identidad, ya sea personal o nacional… La lista misma es otro laberinto. Oh escapismo. Para medios de transporte, la música es el más seguro e inmediato. ⬣

sonic powers of language without relinquishing its semantic value. *Sensoria*: the only thing Laureana hadn't done till now was to concentrate on the sonic element of language, for she had covered its verbal and visual aspects before. If vocalizing was the next step in extending her linguistic explorations, nothing could have been better than to do it seriously, with true musical accompaniment.

4. EXTENDED PLAY (CABARET VOLTAIRE)

An interesting irony: to take one's most individual practice to the limit by giving up the abilities that for better or for worse distinguish one as a person. It makes sense. *I am only interested in what is not mine.* The inflexibility of one's talents and predispositions, as well as a tendency to become a caricature, never stop threatening one's personal style.

If craft and technical abilities have ceased to play an important role in the execution of the work of art, then everything is allowed. Why not then experiment with that which is clearly not ours, with another language, another medium: the limit is the other, the Other… If knowing how to play an instrument were indispensable to make music, perhaps electronic music wouldn't exist. Richard Kirk, for instance, confesses that if they had limited themselves to play only those instruments they knew how to use, the other members of Cabaret Voltaire and he would have never formed a band, for they knew close to nothing. They had to come up with a way to make music without musical instruments. So, to pay tribute to the music that has come out of the improbable Sheffield, Laureana managed to make music putting to use her ability to get other people to participate in the project instead of her musical talents.

In order to play the songs of the doubly different bands of Sheffield, for being many and for being so different from each other (think of Def Leppard and Pulp), the musicians assembled for The Limit had to risk not making music their own way, and resisting their impulse to give the songs an original sound. To reach the limit: to put the ego aside and try out something unlike that which one knows one is good (either naturally or with effort). Diego Suárez, for instance, had never sung in English. Hence, perhaps, his charm.

The Limit's musicians themselves engaged in a translation similar to Laureana's conversion of music into art. First they had to listen to the repertoire to be performed, then they notated what every musician had to play, and finally they translated that into music. As if they hadn't had enough constraints to follow, the band had to face yet another one: with the minimal at their disposal—a bass, a guitar, a synthesizer, drums and a singer—they had to make the songs sound as good as the originals.

For her obsession with rules and constraints that in the end are nothing but the rules making every game possible, Laureana's projects are reminiscent of the Oulipo's. If Raymond Queneau, who co-founded the movement of mostly French writers, proposes that Oulipian writers are "rats who build the labyrinth from which they will try to escape," then the artist who doubts the benefits of a supposed "creative freedom" and prefers to abide to her own rules and constraints is also a rat building a labyrinth from which she'll succeed to escape, to her own and Spectator T's delight. And why not think that this labyrinth could also be many other labyrinths: those of contemporary art, pop culture, and the fictions of personal or national identity… The list itself is another labyrinth. O escapism. When it comes to transport systems, music is the safest and most immediate one. ⬣

PATRONES MIGRATORIOS
MIGRATION PATTERNS

REMOVIENDO A CIERTOS INTEGRANTES DE ESTAS PARVADAS DE PÁJAROS HACEMOS UN DISEÑO QUE ESTÁ BASADO EN LOS PATRO-NES QUE TIENEN LAS AVES AL MIGRAR DE UN LADO A OTRO. TRATAR DE TRAZAR LA PROPIA MIGRACIÓN A TRAVÉS DE ESTAS AVES TOMA DOS HORAS DE TRABAJO Y UN PULSO NADA VOLÁTIL.

BY REMOVING INDIVIDUAL MEMBERS FROM FLOCKS OF BIRDS WE CAME UP WITH A DESIGN BASED ON THE FLIGHT PATTERNS OF MIGRATING FOWL. THE ATTEMPT AT MAPPING ONE'S OWN MIGRATION THROUGH THESE BIRDS REQUIRES TWO HOURS OF WORK AND A STEADY—AS OPPOSED TO FLIGHTY—HAND.

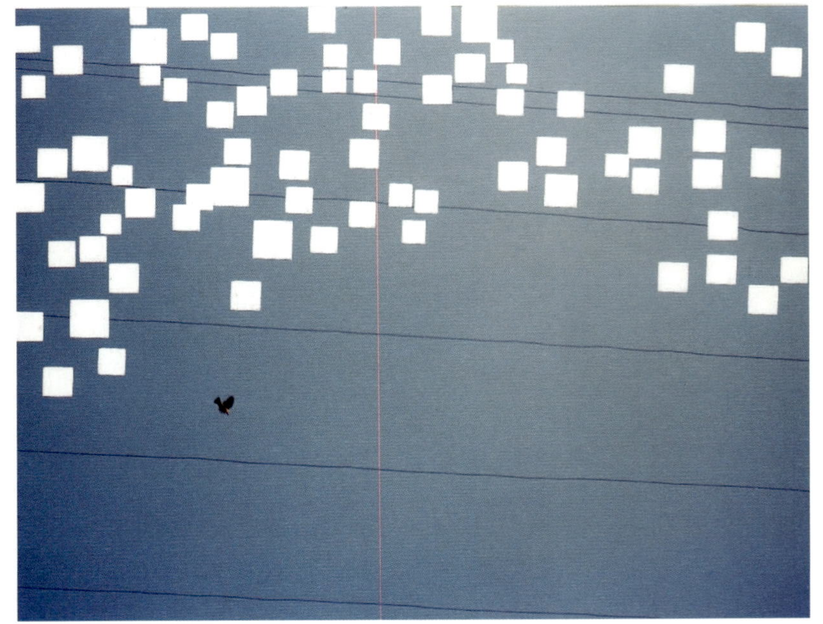
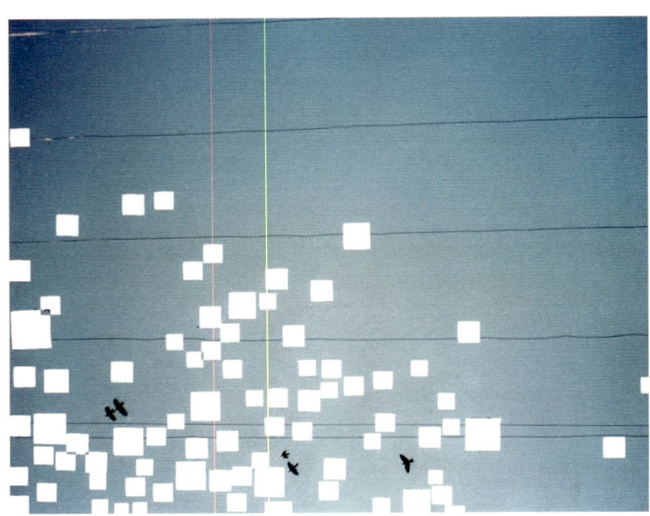
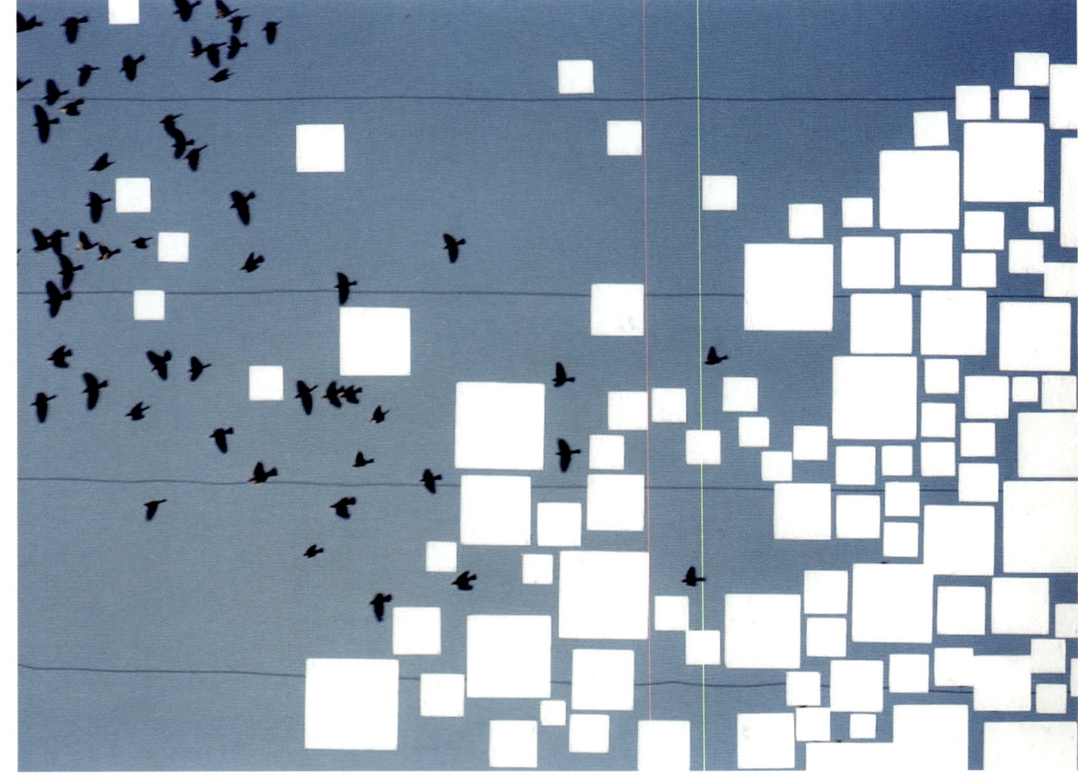

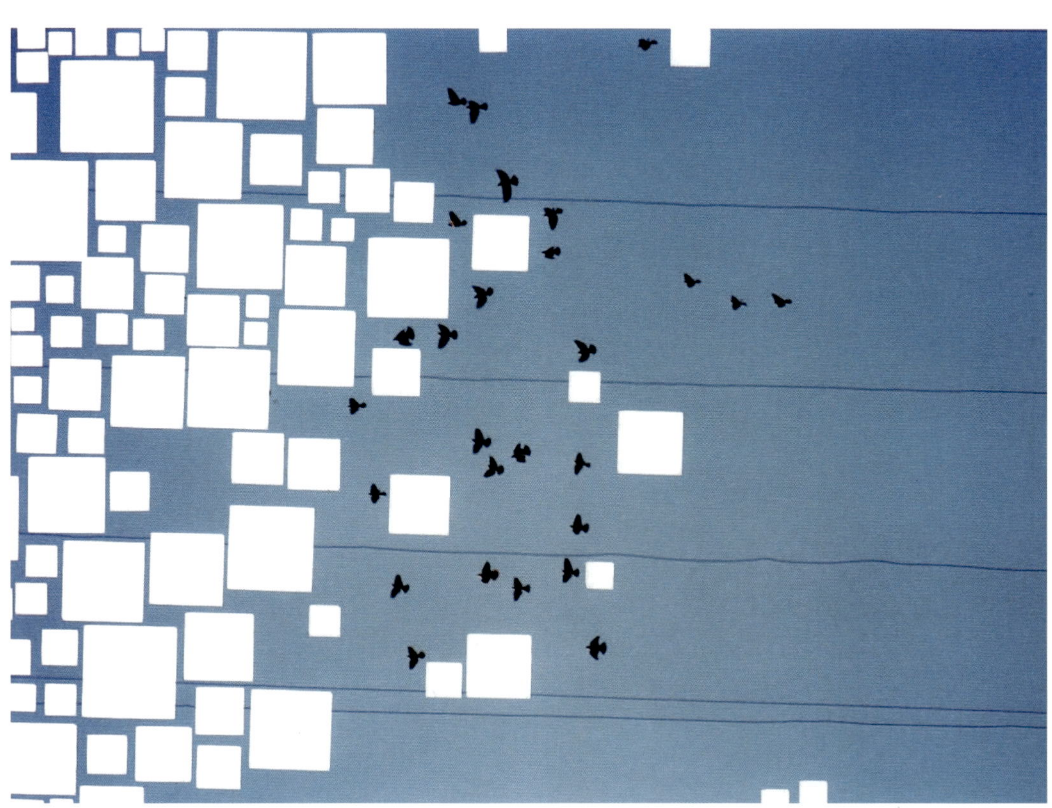

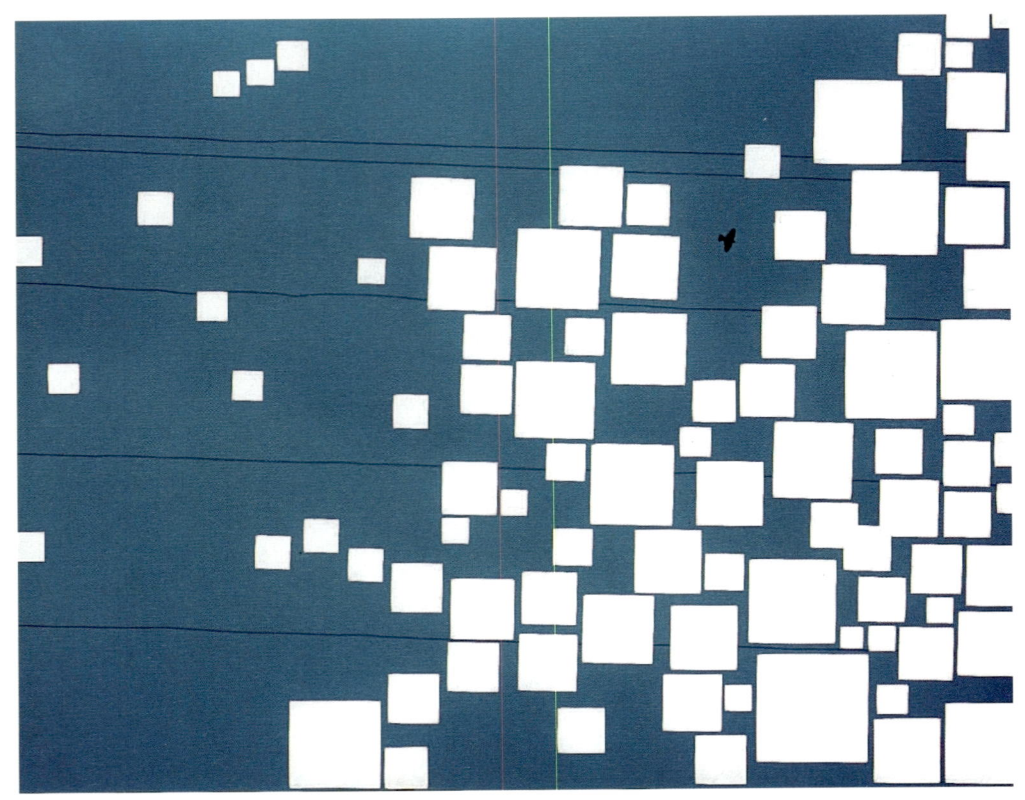

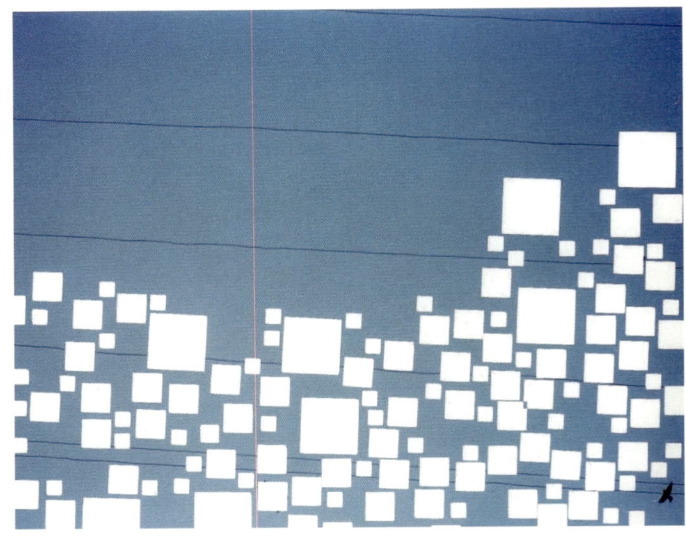

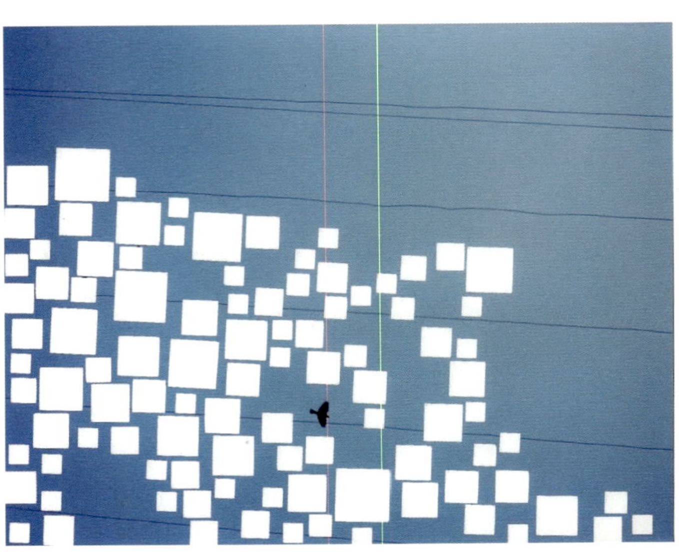

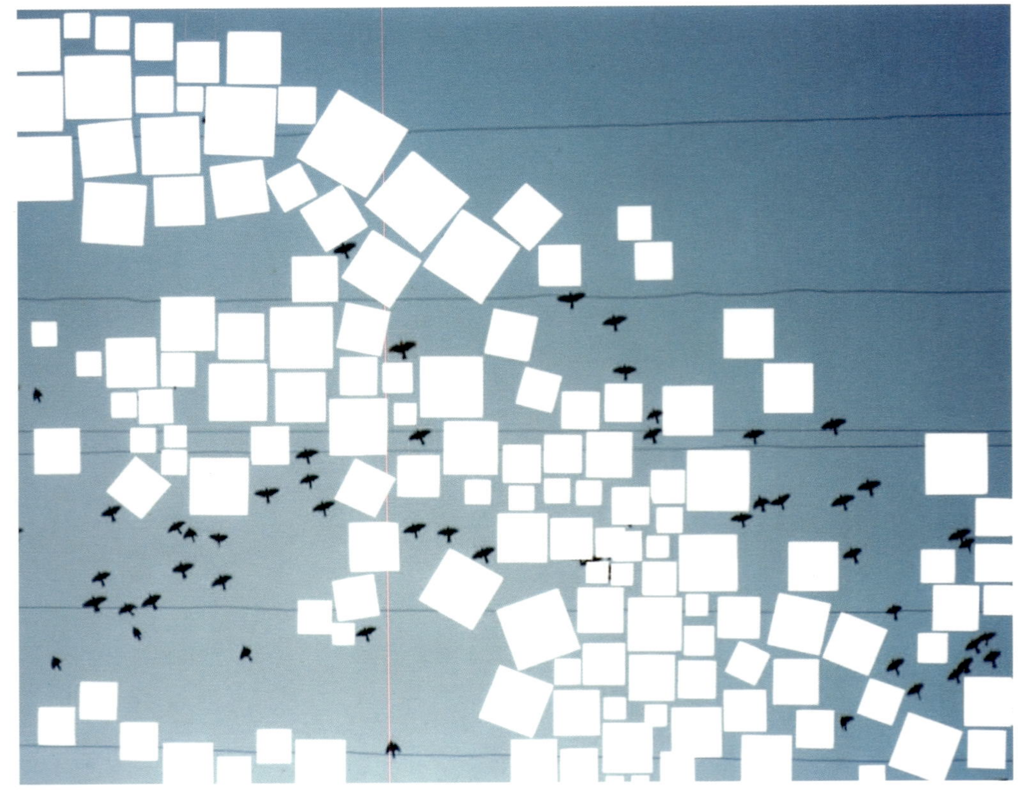

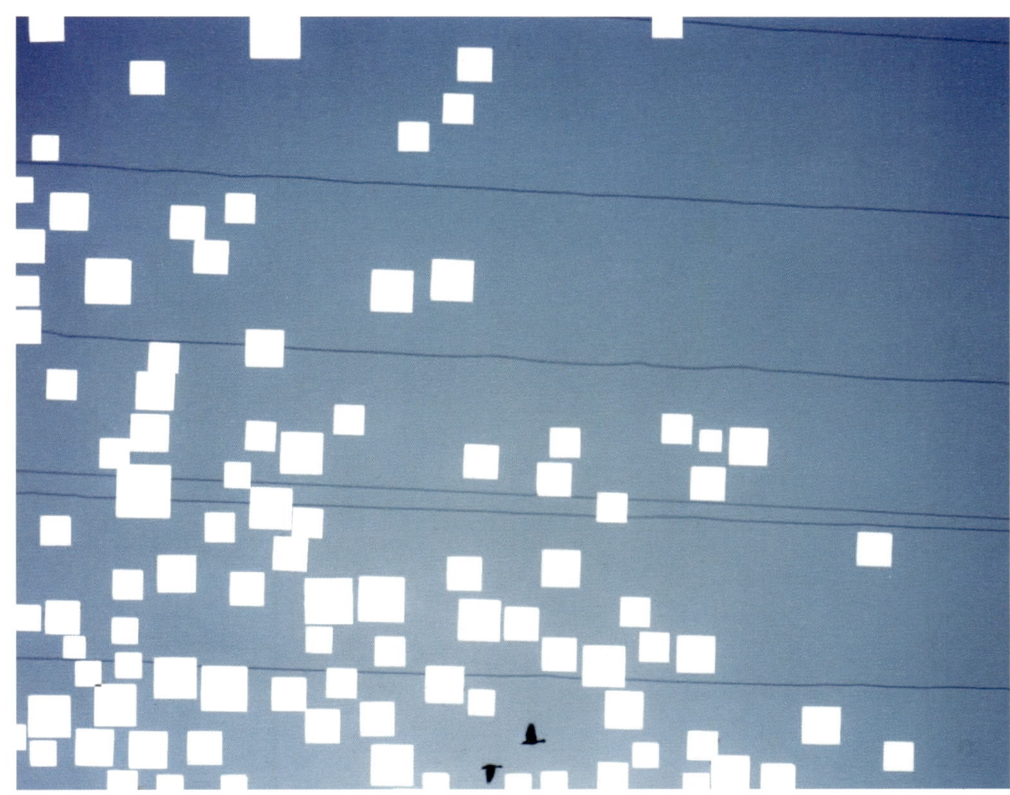
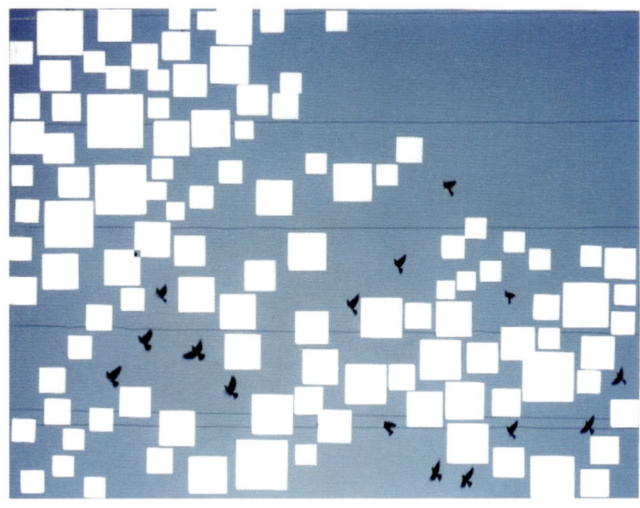
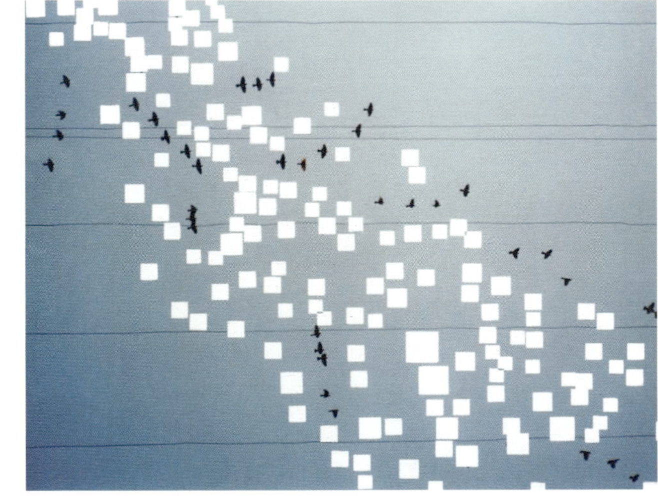

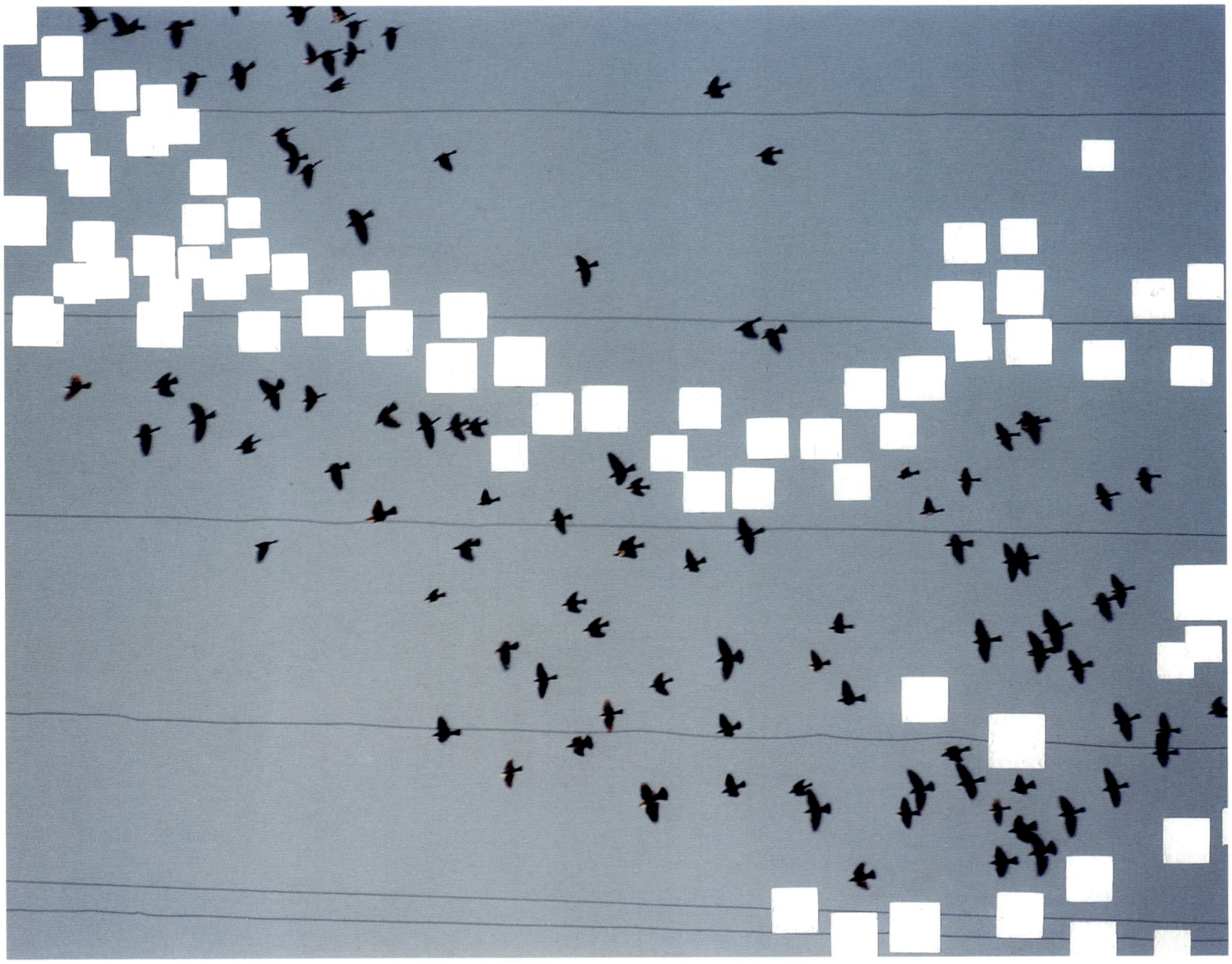

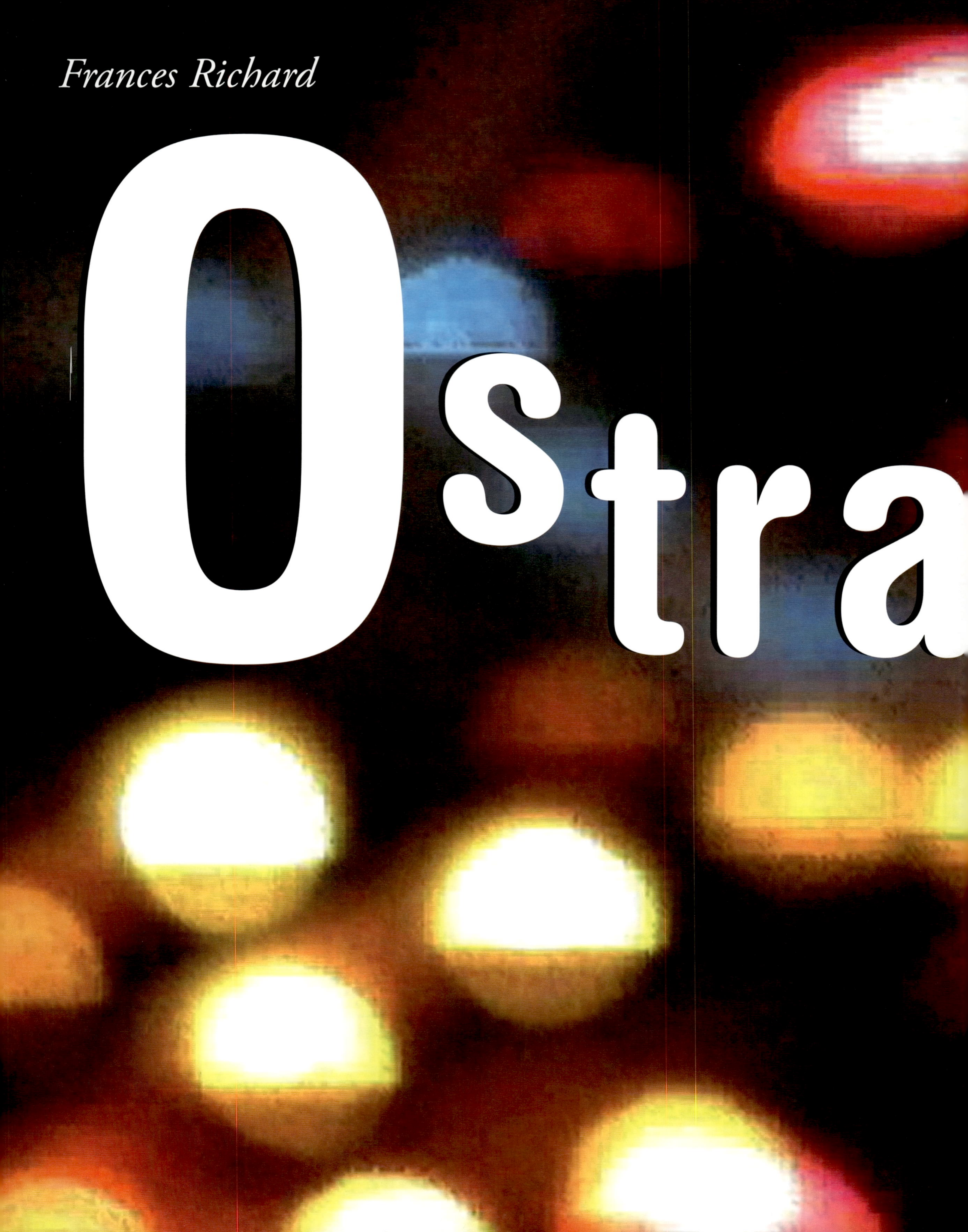
Frances Richard
Ostra

nenie pop

En *A través del espejo* (1871), el País de las Maravillas se despliega como un tablero gigante de ajedrez donde Alicia representa a un peón que intenta coronarse; como en el cuadro *Broadway Boogie Woogie* (1943), donde redes de colores primarios son abstracciones de las manzanas de una ciudad, la topografía de la fantasía es precisa. Una estricta lógica de juego controla las retículas que se repiten. Sólo se permiten ciertos movimientos a un número restringido de participantes, sean el Caballo Blanco y la Reina Roja negociando silogismos alternados o cuadrángulos rojos, amarillos y azules acomodados sobre un campo blanco. Sin embargo, para Lewis Carroll y para Piet Mondrian los sistemas bien ordenados se manejan, contradictoriamente, con energía desordenada.[1] Las fórmulas colocan hilera tras hilera en unidades con ángulos rectos. Pero —subproductos de su propia perfección— mezclan la pulcra dualidad "orden/caos", generando absurdos, enigmas, fluidez, exceso.

Carroll y Mondrian —junto con e.e. cummings,[2] los poetas del Oulipo, John Cage, The Who y Def Leppard, entre otros— son los precursores cuyos caminos seguirá Laureana por elección propia. Las obras de aquéllos son los límites que ella misma se pone, coordenadas X-Y sobre las cuales se van trazando las posibilidades de su arte.

Toledo es traductora, sustituye los códigos, una "impresario" de las estructuras y sus disrupciones. Al citar o mostrar las fuentes elegidas —artistas innovadores que nos resultan conocidos, o maestros del juego cuyas reglas adapta— rinde homenaje y al mismo tiempo reconfigura la lógica que rigió sus trabajo. Si Carroll divide el País de las Maravillas en casillas de ajedrez y empuja la sintaxis inglesa por el agujero del conejo, Toledo vuelve a hacerlo, cifrando meticulosamente el texto y la imagen de los libros de Alicia para resaltar y enajenar las casillas. Donde Mondrian usa retículas para representar el vigor sincopado de Nueva York, Toledo abstrae la abstracción de Mondrian, sustituyendo la pintura por el video y Manhattan por Mexicali. En estas obras de arte de códigos mutados, el prototipo es reconocible pero está reprogramado. El espectador que conoce *Looking Glass* o *Boogie Woogie* siente simultáneamente un nexo familiar y la sorpresa del extrañamiento.

(¿Y los que no conocen las referencias? También son importantes, como los habitantes de Sheffield que aseguran que sí, conocen México: la comida mexicana… Las elecciones de Toledo resultan, sin embargo, eficientes —en parte, porque supone que incluso el Espectador T ha visto una caricatura, calendario o *mousepad* adornado con Alicia y su delantal, o el caos visual y auditivo de *Broadway*. Al Espectador T puede no gustarle "Don't You Want Me" de *Human League*, pero se sabe la letra.)

Wonderland in the story Through the Looking Glass (1871) unfolds as a giant chessboard, with Alice as a pawn questing for a crown. As in the painting Broadway Boogie Woogie (1943), where networks of primary color abstract city blocks, this topography of fantasy is tidy. Tight game-logic controls repeating grids. Only certain moves are allowed for a restricted number of agents, be they White Knight and Red Queen negotiating alternating syllogisms, or red, yellow, and blue quadrangles arrayed on a white field. Contrariwise, however, for Lewis Carroll and Piet Mondrian, regimented systems run on unruly energy.[1] Formulae lay out row on row of right-angled units. But—byproducts of their own perfection—they scramble the neat binary "order/chaos," generating absurdities, enigmas, fluidity, excess

Carroll and Mondrian—along with e.e. cummings,[2] the Oulipo poets, John Cage, The Who, and Def Leppard, among others—are forerunners that Laureana Toledo elects to follow. Their works are limits she sets for herself, X-Y coordinates against which her art graphs its possibilities.

Toledo is a translator, a code-switcher, an impresario of pattern and disruption. In citing or sampling her chosen sources—innovative artists grown familiar, or master gamesters whose rules she adapts—she both pays homage to and reconfigures the logic that produced their work. If Carroll parcels Wonderland in chequers and pushes English syntax down the rabbit hole, then Toledo redoes the same, meticulously ciphering text and image from the Alice books in order to heighten and alienate the parceling. Where Mondrian uses grids to represent the syncopated vigor of New York, Toledo abstracts Mondrian's abstraction, transposing painting to video and Manhattan to Mexicali. In these transcoded art works, the prototype is recognizable but reprogrammed. The viewer who knows Looking Glass or Boogie Woogie feels simultaneously the pull of an historical attachment, and the surprise of its defamiliarization.

(And viewers who don't get the references? They're important too—like the Sheffieldians who admit that, yes, they know Mexico: Mexican food… Toledo's choices are effective, though, in part because even Spectator T has presumably seen a cartoon, calendar, or mouse-pad adorned with Alice in her pinafore, or the visual honk and bustle of Broadway. Spectator T might not like "Don't You Want Me" by Human League. But he knows the words.)

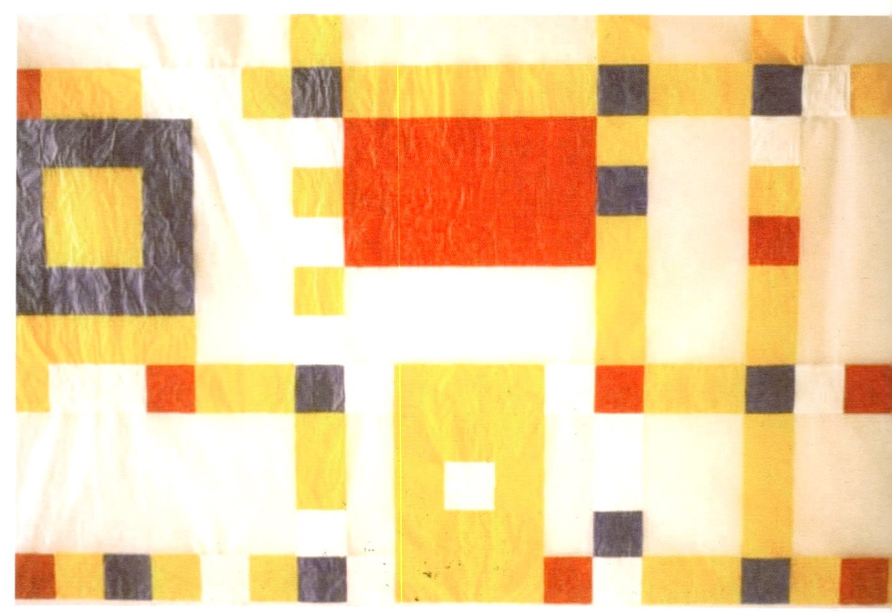

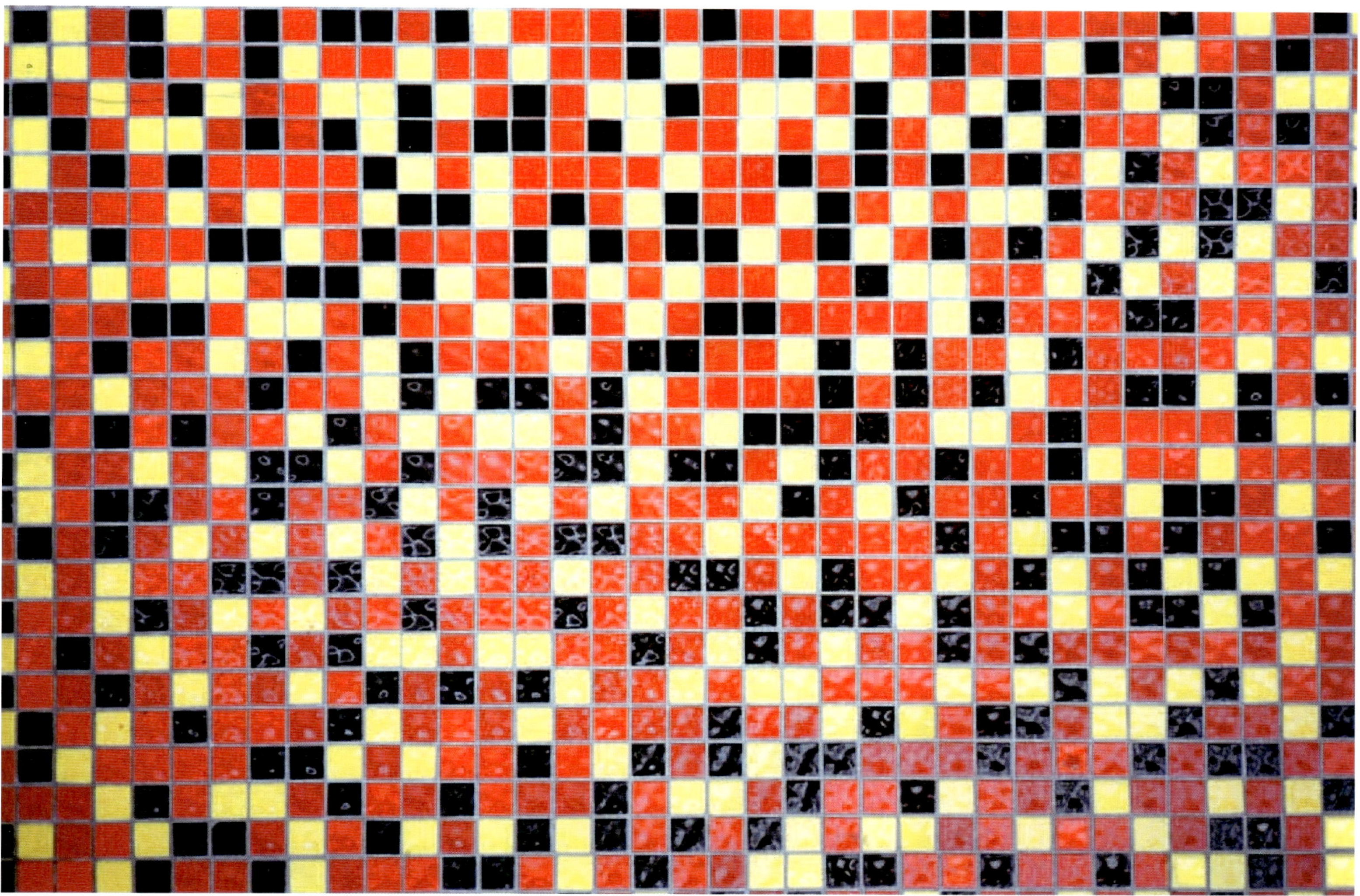

Otra forma de decir todo esto es afirmar que Toledo es una artífice de la nostalgia. Sus performances, videos, esculturas, fotografías y dibujos son permutaciones, recursos algorítmicos, cada uno basado en una totalidad ingeniosa, pero funcional —ya sea el cuadrado bidimensional, el bloque tridimensional, la frase, la vocal, el color, la progresión musical o el lugar— extraído de una obra preexistente que considera valiosa. Toledo pasa esta nota nostálgica a través de un mecanismo de diagramación o pixelamiento; deconstruído sin destruirse, lo mapea en partes, lo vuelve portátil y mutable; sus ritmos se empalman y reconfiguran. El público juega un papel crucial en estas mutaciones, reconoce la fuente sin conservar sus ideas preconcebidas. El material prestado, ahora interrumpido y alienado, no es objeto de burla ni se le vacía. Pero en el trabajo de Toledo las oposiciones originalidad/simulación y sinceridad/ironía brincan de una a casilla otra. El placer honesto y el esfuerzo verdadero florecen en contextos "falsos", o al menos altamente manipulados y encriptados.

Another way to say all this is that Toledo is a technician of nostalgia. Her performances, videos, sculptures, photographs, and drawings are permutations, algorithmic devices, each based on a whimsical but functional integer—be it the two-dimensional square, three-dimensional block, sentence, vowel, color, musical progression, or location—extracted from an historical work she values. This nostalgic quotation is passed by Toledo through a diagramming or pixelating mechanism. Deconstructed without being destroyed, it is charted into parts; made portable and mutable; its rhythms spliced and re-engineered. The audience plays a crucial role in these shifts, which is to acknowledge the source without retaining their assumptions regarding it. Interrupted and made strange, the borrowed material is not mocked or emptied out. But, in Toledo's work, the oppositions originality/simulation and sincerity/irony play hopscotch. Honest pleasure and earnest effort flourish in "fake"—or at least heavily mediated, multiply encrypted—contexts.

---

[1] Ambos trabajaban a intervalos como maestros, Mondrian brevemente en una primaria de Holanda y Carroll (alias Charles Lutwidge Dodgson), durante décadas, como conferencista de matemáticas en Oxford.

[2] El mismo cummings no escribía con minúscula su nombre. Esta convención fue creada para él, con el paso del tiempo, como una suerte de recodificación/homenaje, y así se usará en este ensayo.

[1] Both were employed at times as teachers, Mondrian briefly in a Dutch primary school, and Carroll (alias Charles Lutwidge Dodgson) for decades as lecturer in mathematics at Oxford.

[2] cummings himself did not lower-case the spelling of his name. This convention has been created for him, over time, as a typographical recoding/homage, and it will accordingly be used in this essay.

Un nombre para este proceso de extrañamiento, procedente de la historia del arte, es el término formalista ruso *ostranenie,* descrito en 1916 por Víctor Shklovsky en su ensayo "Arte como técnica". Originalmente un término lingüístico, *ostranenie,* da cuenta del interés de los formalistas por la crítica literaria "científica". Al tratar el lenguaje poético y los patrones de sonido como un sistema estructural, separan al emisor del vehículo y al trabajo de su autor y de su época. La obra se convierte en una máquina de significado, y no en la expresión auténtica y emotiva de un individuo, sino en un organismo que flota libremente, movido por su propio impulso sensorial. Toledo, por ejemplo, construye una máquina de significado de correspondencias entre vocales y colores:

A = negro, E = azul, I = rojo, amarillo= O, blanco = U

Esto le permite modificar textos visuales, literarios y musicales, de forma generosa, sin violencia. Para Toledo, *ostranenie* opera como un retorno consciente, modular, técnico, donde toma sus obras precursoras preferidas y las divide en unidades lo suficientemente pequeñas para poder ser mezcladas y unidas entre sí. La carga de deseos −¡Ah, me gustaba tanto esa canción!− no se cancela, sino que se renueva en la percepción. Shklovsky escribe:

> La costumbre devora a las obras, la ropa, los muebles, la esposa, el miedo a la guerra… Y el arte existe para que uno pueda recuperar la sensación de vida; existe para que uno sienta, para que la piedra tenga cualidad de piedra. El propósito del arte es plasmar la sensación de las cosas como se perciben, y no como se conocen. La técnica del arte es que los objetos se vuelvan 'no-familiares', que las formas sean difíciles; incrementar la dificultad y el tiempo de percepción, porque el proceso de percepción es un fin estético en sí mismo… El propósito del autor es crear la visión que resulta de esa percepción desautomatizada.[3]

Lo que "da a la piedra cualidad de piedra" es una sensación "desautomatizada" para quien la percibe, una percepción desde otro lado. El retorno a algún encuentro puramente físico, pre-lingüístico, con la "cualidad de piedra" no es posible, por supuesto. Toledo nos mueve hacia el otro lado del tiempo, no hacia atrás a la inmediatez inocente, sino hacia adelante, a

An art-historical name for this process of estrangement is the Russian Formalist term ostranenie, described in Viktor Shklovsky's 1916 essay "Art as Technique." Originally theorized in linguistics, ostranenie partakes of the Formalist interest in "scientific" literary criticism. Treating poetic language and sound patterns as structural apparatus, it separates tenor from vehicle, and work from author and period. Instead of an authentic, emotive expression by an individual, the work becomes a meaning-machine, an organism motivated by its own free-floating sensory impulses. Toledo, for example, constructs a meaning-machine of vowel/color correspondences:

A = black, E = blue, I = red, yellow = O, white = U

This allows her to estrange visual, literary, and musical texts, but to do so generously, without violence. Ostranenie for Toledo operates as a conscious, modular, technical return, in which she takes a favorite precursor art-work and breaks it into units small enough to mix and match. Wistful libidinal investment—"Oh, I used to love this song!"—is not canceled, but perceptually refreshed. Shklovsky writes:

> Habitualization devours works, clothes, furniture, one's wife, and the fear of war…. And art exists so that one may recover the sensation of life; it exists to make one feel things, to make the stone stony. The purpose of art is to impart the sensation of things as they are perceived and not as they are known. The technique of art is to make objects "unfamiliar," to make forms difficult, to increase the difficulty and length of perception because the process of perception is an aesthetic end in itself….The author's purpose is to create the vision which results from that deautomatized perception.[3]

What "makes the stone stony" for the percipient is "deautomatized" sensation, perception set askew. But of course it isn't possible to return to some purely physical, prelinguistic encounter with stoniness. Toledo

---

[3] Viktor Shklovsky, "Art as Technique," trad. Lee T. Lemon y Marion J. Reis, en Charles Harrison and Paul Wood, eds., *Art In Theory, 1900-2000: An Anthology of Changing Ideas* (Oxford: Blackwell Publishing, 2003), pp. 279-80. En cursivas en el original.

[3] Viktor Shklovsky, "Art as Technique," trans. Lee T. Lemon and Marion J. Reis, in Charles Harrison and Paul Wood, eds., *Art In Theory, 1900-2000: An Anthology of Changing Ideas* (Oxford: Blackwell Publishing, 2003), pp. 279-80. Italics original.

a grin without a
face(a look
without an i)
be care

ful(touch noth
ing)or
it'll disapp
ear bangl

essly(into sweet
the earth) &
nobody
(including our

selves)
will reme
mber
(for 1 frac

tion of
a mo
ment)where
what how

when
who why
which
(or anything)

un punto donde nuestra respuesta ante un producto cultural ya conven-
cional —un libro, un cuadro, una canción— se abre de nuevo a un estre-
mecimiento corporal. El código hace ondas o tartamudea. Un ritmo de
cuatro cuartos se transforma en un baile visual sinestésico; el Rey Blanco
se asombra al descubrir que Alicia puede ver perfectamente que *Nadie*
viene por el camino, "¡Y, además, desde tan lejos!".[4]

Es así como el público completa la obra de Toledo, ya que somos nosotros quienes sentimos que nuestras ideas preconcebidas se disuelven tras
barajarlas. No es fácil lograrlo: desprenderse del cliché; de la noción de que
la música debe oírse, no verse; que un pronombre negativo denota ausen-
cia, no presencia. Esa es la razón por la cual el arte avanzado resulta con
frecuencia difícil, como señala Shklovsky. La obra de Toledo puede ser
desafiante, incluso confusa (como quien se quejó después del concierto de
The Limit: "¡Pero si sólo tocaron covers…!"). Como dice cummings en un
poema re-sintetizado de Carroll, a su vez procesado por Toledo a través de
su máquina de vocales/colores:

>   una sonrisa sin
>   cara (una mirada
>   sin mí)
>   ten cui
>
>   dado (no toques na
>   da) o
>   desapare
>   cerá (sinunso
>
>   nido) en la dulce
>   tierra)&
>   nadie
>   (nisiquiera nos
>
>   otros)
>   recor
>   dará
>   (por 1 frac
>
>   ción de
>   un mo
>   mento) dónde
>   qué cómo
>
>   cuándo
>   quién porqué
>   cuál
>   (ni nada más)

Cuando la nostalgia llega a su límite, lo que se reordena es el yo, pero
"sinunsonido". Se disfruta.

Otro ejemplo ilustra esta técnica modular para tocar la consciencia, y
confirma que la preferencia de Toledo por el cuadrado o el cubo como su

moves us the other way in time, not backward to innocent immediacy, but
forward to a point where our response to a conventionalized cultural product—a book, a painting, a song—opens up again to a bodily quiver. The
code ripples or stutters. A 4/4 beat parlays into visual, synaesthetic dance;
the White King is amazed to discover that Alice can see Nobody very
clearly coming along the road, "and at that distance, too!"[4]

This is how the audience completes Toledo's work, since it is we who
feel our prerecorded assumptions dissolve in the shuffle. It isn't easy to do
this—to let go of cliché; of the notion that music should be seen, not
heard; that a negative pronoun designates absence, not presence. This is
why advanced art is often difficult, as Shklovsky points out. Toledo's art
can be challenging, even confusing (as for the concert-goer who com-
plained about The Limit's performance: "But they only played covers…!")
As cummings puts it in a poem resynthesized from Carroll, which Toledo
has processed in turn through her vowel/color machine:

>   a grin without a
>   face (a look
>   without an i)
>   be care
>
>   ful (touch noth
>   ing) or
>   it'll disapp
>   ear bangl
>
>   essly) into sweet
>   the earth) &
>   nobody
>   (including our
>
>   selves)
>   will reme
>   mber
>   (for 1 frac
>
>   tion of
>   a mo
>   ment) where
>   what how
>
>   when
>   who why
>   which
>   (or anything)

When nostalgia hits its limit, what is reordered is the self—but "bang-
lessly." It's enjoyable.

One more example instantiates this modular technique for touching
consciousness, and it confirms that Toledo's preference for the square or

---

[4] Lewis Carroll, *Alice's Adventures in Wonderland and Through the Looking Glass* (New York: Collier Books, 1962), p. 258.

[4] Lewis Carroll, *Alice's Adventures in Wonderland and Through the Looking Glass* (New York: Collier Books, 1962), p. 258.

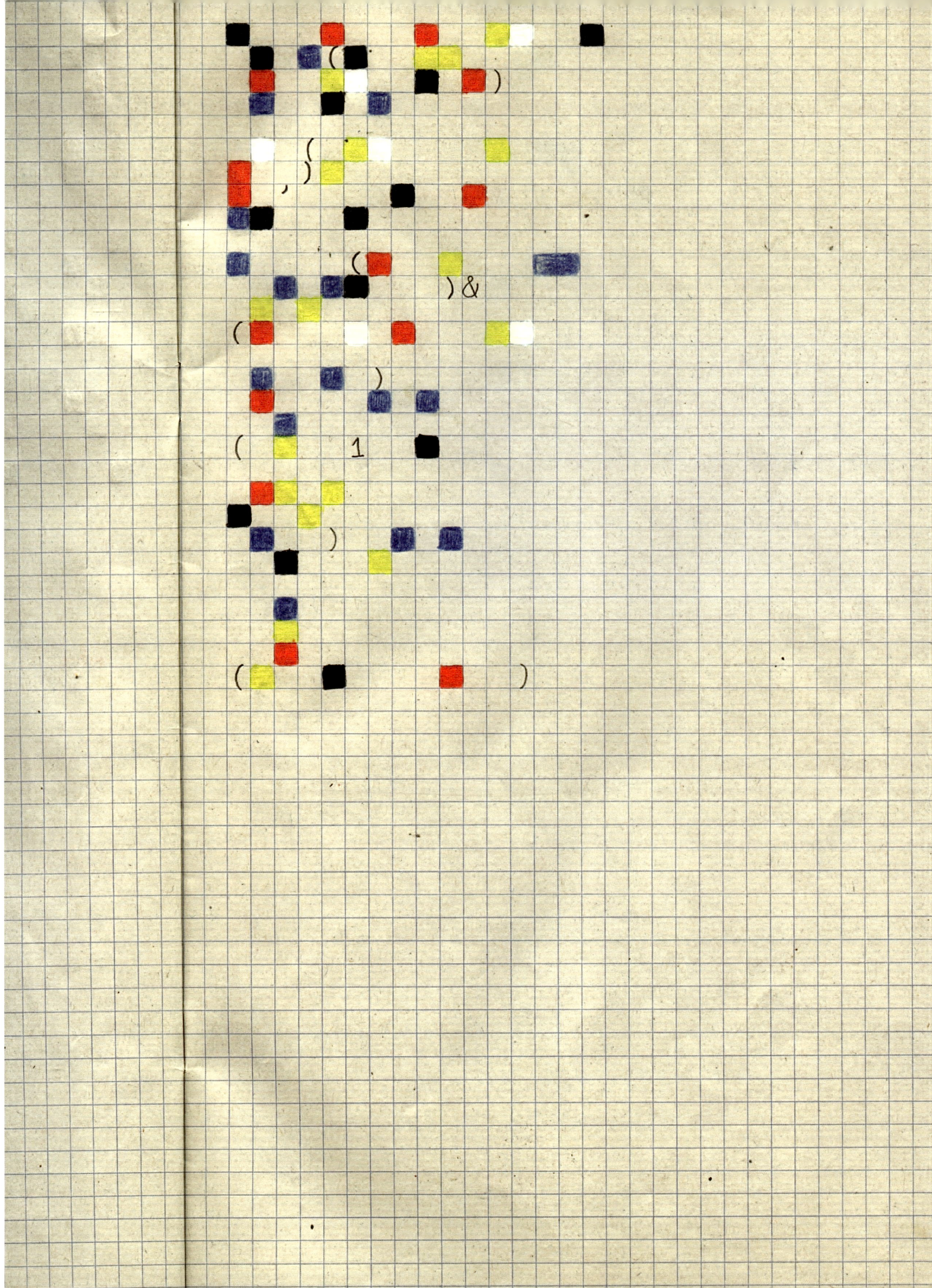

No es fácil desprenderse del cliché; de la noción de que la música debe oírse, no verse

It isn't easy to let go of cliché; of the notion that music should be seen, not heard

unidad de medida no es arbitraria. O más bien —ya que todos los signos son arbitrarios— la elección de Toledo nos recuerda que el componente de cuatro esquinas es un signo constantemente asociado con el modernismo, con los intentos de proyectar la memoria y el sentimiento hacia el mundo de la lógica y la producción en serie. Como observa Rosalind Krauss, "la cuadrícula es completa, incluso alegremente, esquizofrénica".[5]

Consideremos entonces la ópera rock de The Who, *Quadrophenia* (1973). El título se deriva, según dicen los fans, de un supuesto común, si bien incorrecto, de que si "esquizofrenia" quería decir "doble personalidad", "cuadrofenia" dividiría esa división para cuadruplicar al ser. Esta interpretación equívoca fortuita fue llevada por Pete Townshend y Roger Daltrey hacia una referencia al sonido cuadrafónico —un arreglo de cuatro canales que enviaba señales independientes pero simultáneas a cuatro altavoces en un mismo espacio. En algún lugar dentro del vacío flanqueado por el equipo, la sensación completa nos espera.

block as her unit of measure is not arbitrary. Or rather—since all signs are arbitrary—Toledo's choice reminds us that the four-cornered component is a sign consistently associated in Modernism with attempts to project memory and feeling into the realm of logic and seriality. As Rosalind Krauss observes, "the grid is fully, even cheerfully, schizophrenic."[5]

Consider, then, The Who's rock opera Quadrophenia (1973). The title derived, so fans report, from an incorrect but popular assumption that if "schizophrenia" meant "double personality," "quadrophenia" would split the split to square the self. This fortuitous misnomer was crossed by Pete Townshend and Roger Daltrey with a reference to quadraphonic sound, a four-channel array sending simultaneous but independent signals to four speakers in a single space. Somewhere in between, in the blank flanked by equipment, full perception waits.

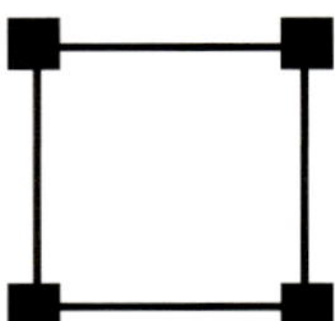

Así, la experiencia *cuadrophénica* marca sus contornos en la zona entre las esquinas. Compare este diagrama al doble par o el grupo Klein, usado por Krauss para localizar la "escultura en el campo extendido". Expandiendo la expansión, podríamos anotar:

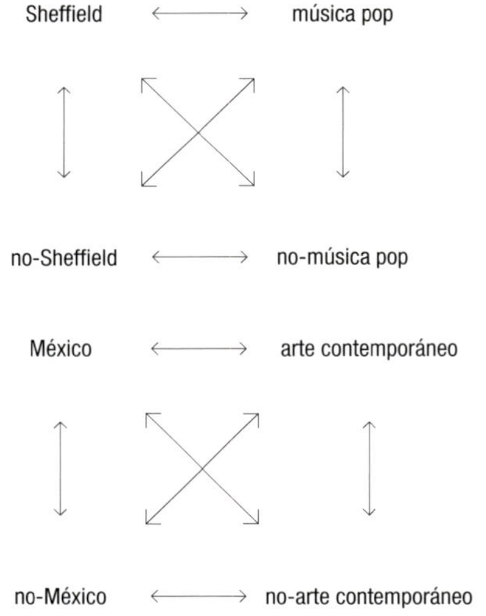

Quadrophenic experience thus maps its contours in the zone between the corners. Compare this model to the double pair or Klein group, which Krauss has used to locate "sculpture in the expanded field." Expanding the expansion, we might note:

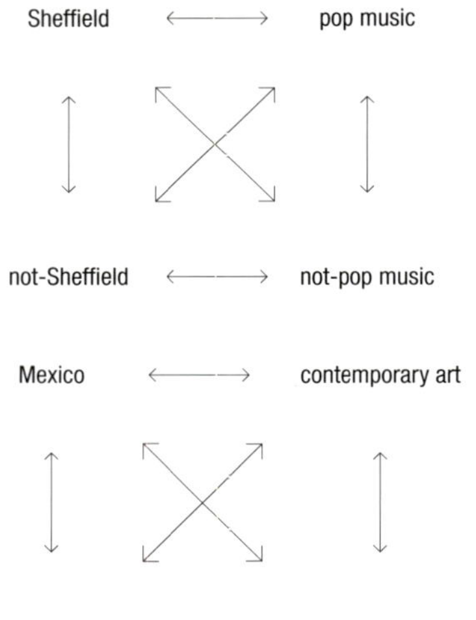

Traducidos a prosa, estos diagramas nos preguntan: ¿cuál es la diferencia entre entonces y ahora, aquí y allá, nosotros y ellos? ¿Cómo distinguimos una "versión" del "cover" de una canción? ¿Qué se siente, disfrutar el espacio central resbaloso en donde Nadie está presente y donde el arte te hace bailar?

Translated into prose, these diagrams ask: What is the difference between then and now, here and there, us and them? How do we distinguish a "cover" from a "version" of a song? What does it feel like to enjoy the slippery middle space where nobody is fully present and art makes you dance?

The Limit fue un club en Sheffield, Inglaterra que abrió el 30 de marzo de 1978 y cerró el 19 de enero de 1991.[6] Se veía (alguien lo recuerda) así:

The Limit was a club in Sheffield, England that opened on 30 March 1978 and closed on 19 January 1991.[6] It looked (someone remembers) like this:

---

[5] Rosalind Krauss, "Grids," *The Originality of the Avant-Garde and Other Modernist Myths* (London and Cambridge, MA: MIT Press, 1985), p. 18.

[6] Ver *http://www.rocknroll.f9.co.uk/pubs/limit.htm*

[5] Rosalind Krauss, "Grids," *The Originality of the Avant-Garde and Other Modernist Myths* (London and Cambridge, MA: MIT Press, 1985), p. 18.

[6] See *http://www.rocknroll.f9.co.uk/pubs/limit.htm*

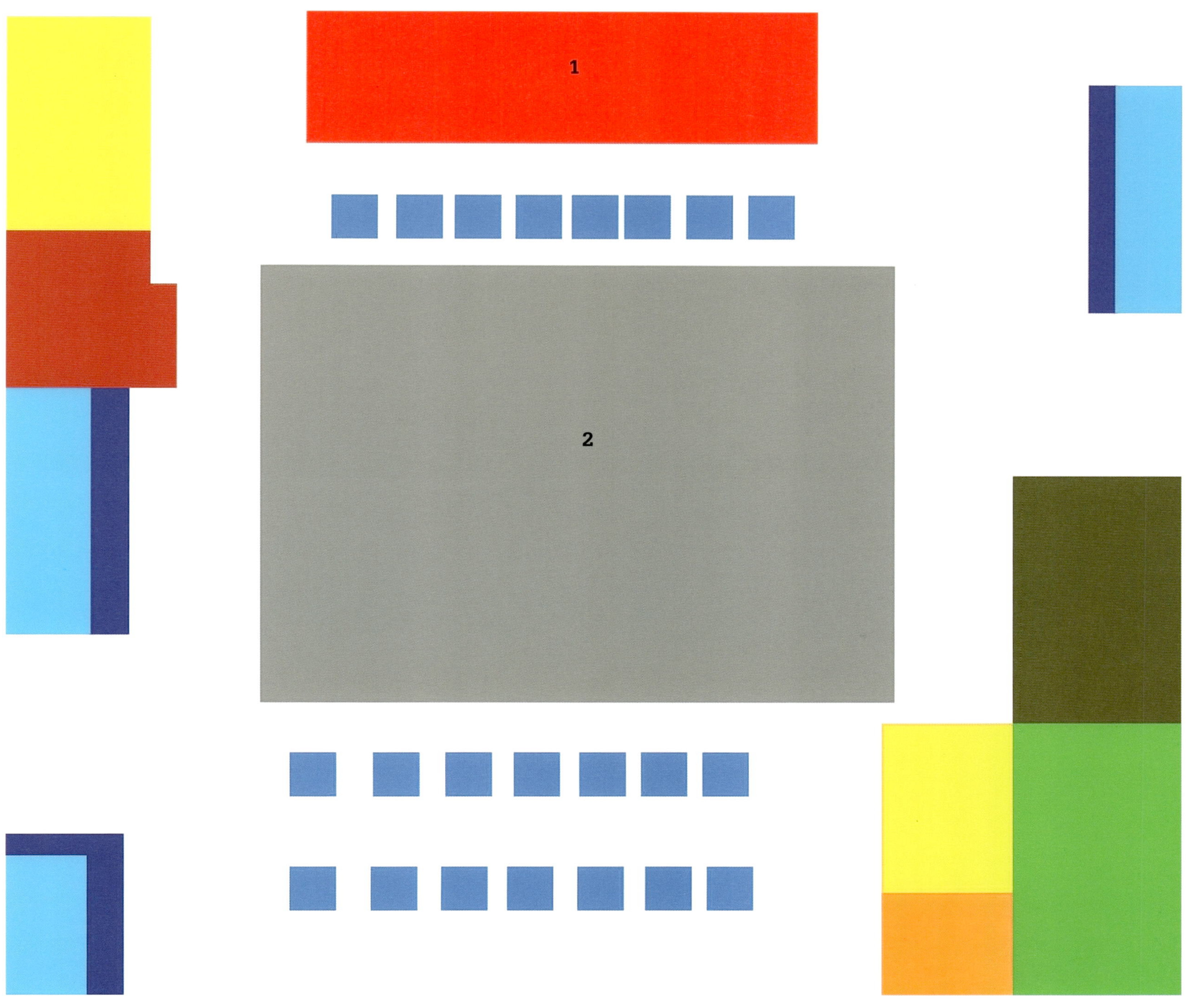

1. escenario/stage
2. pista de baile/dance-floor

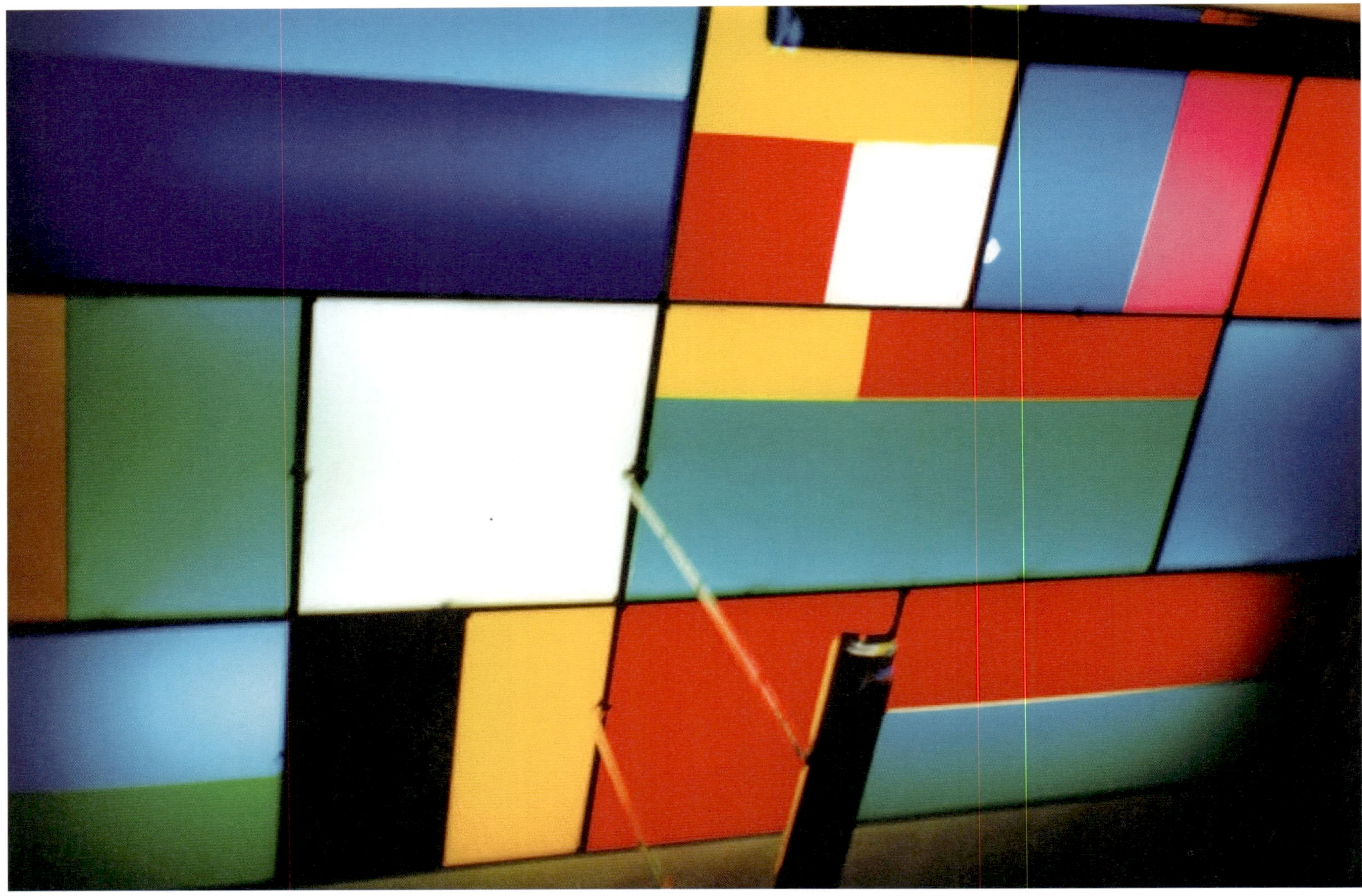

Arriba Above Garibaldi 3, 1998
Derecha Right Quadrophenia I, Quadrophenia IV, 2002
Página siguiente Next page
Izquierda Left Sincronicidad Synchronicity, 2000, *Derecha Right* British, 2001

Como se sugiere en los grupos estructuralistas Klein, el espacio cuadrophénico central está marcado como "Pista de baile". Los jóvenes que iban al lugar, hoy cuarentones, rememoran el lugar en un sitio en Internet hecho con ese propósito, y también ponen atención a los bloques marcados como baños, barras, cabina del DJ y "Caja gótica", o cuarto para relajarse. Los *mensajes* de los fans podrían leerse a la par de las entrevistas a Sergio Acosta, Julián Placencia, Quique Rangel y Diego Suárez (ver pp. 76-90) para completar el paralelogramo testimonial desde dentro de The Limit:

Emma-
la chela todavía estaba a 50 varos en 88/89, en los especiales del lunes en la noche. pero la rebajaban tanto que el sabor a agua de la llave era asqueroso.

Rachael-
por 1980-81. Me acuerdo que a *The Limit* iba de todo: tipos rudos onda *skinhead* con muchos tatuajes, chavos locos, muchos gays y, claro, un montón de *newromantics*. Muchas de las chavas que iban tenían un look tipo Hayzi Fantayzi, con rastas y así.

Mark-
Estuve en el limit por el 85 y era darketo de Kensington, usaba ropa de piel, luego me volví pandroso, luego darketo otra vez, cinco noches por semana me metía a la caja gótica. Ahí conocí a mi primer chava en serio. Luego conocí a mi esposa, que era una de las 'pocas' que bailaban en el escenario. Me acuerdo que una vez traté de subirme a la cabina del DJ para madreármelo porque estaba poniendo pura mierda. Pasé un montón de noches con Nigel, Brent, Ian y otros. Uy… era la pista de baile más pegajosa del planeta… y creo que era el único club en donde les daban comisión a los cadeneros por golpear gente:(

As suggested in the structuralist Klein groups, the quadrophenic center space is marked "Dancefloor." Kids from the club, now in their forties, reminisce about it on a dedicated website, attending also to the corner blocks marked as bathrooms, bars, DJ booth, and "Goth Box" or chill-out room. These posts from fans, then, could be read beside the interviews (see pp. 76-90) with Sergio Acosta, Julián Placencia, Quique Rangel, and Diego Suárez to complete the parallelogram of testimony from within The Limit:

Emma-
The lager was still 50p a pint up til around 88/89 during the Monday night specials. However, it was so watered down you could detect the taste of the infamous toilet tap water in it.

Rachael-
Around 1980-81. From what I remember there was a real mixed crowd at The Limit, hard skinhead types who were heavily tattooed, soul boys, lots of gay boys and of course loads of 'New Romantics.' Lots of the girls who used to go in there had that 'Hayzi Fantayzi' look with dreadlocks etc.

Mark-
I was in The Limit from '85 and was in turn a Kensington Leather Goth, Cloggie and then back to Goth, 5 nights a week in the Gothbox where I met my first long term lass. I later met my wife who was one of the 'few' that danced on the stage. I remember one night trying to scale the DJ box to commit violence upon the DJ because he was playing some real crap. I spent my nights there with Nigel, Brent, Ian et al. God it was the stickiest dancefloor ever seen on this planet... and I believe the only club where the bouncers got a bonus for scrapping:(

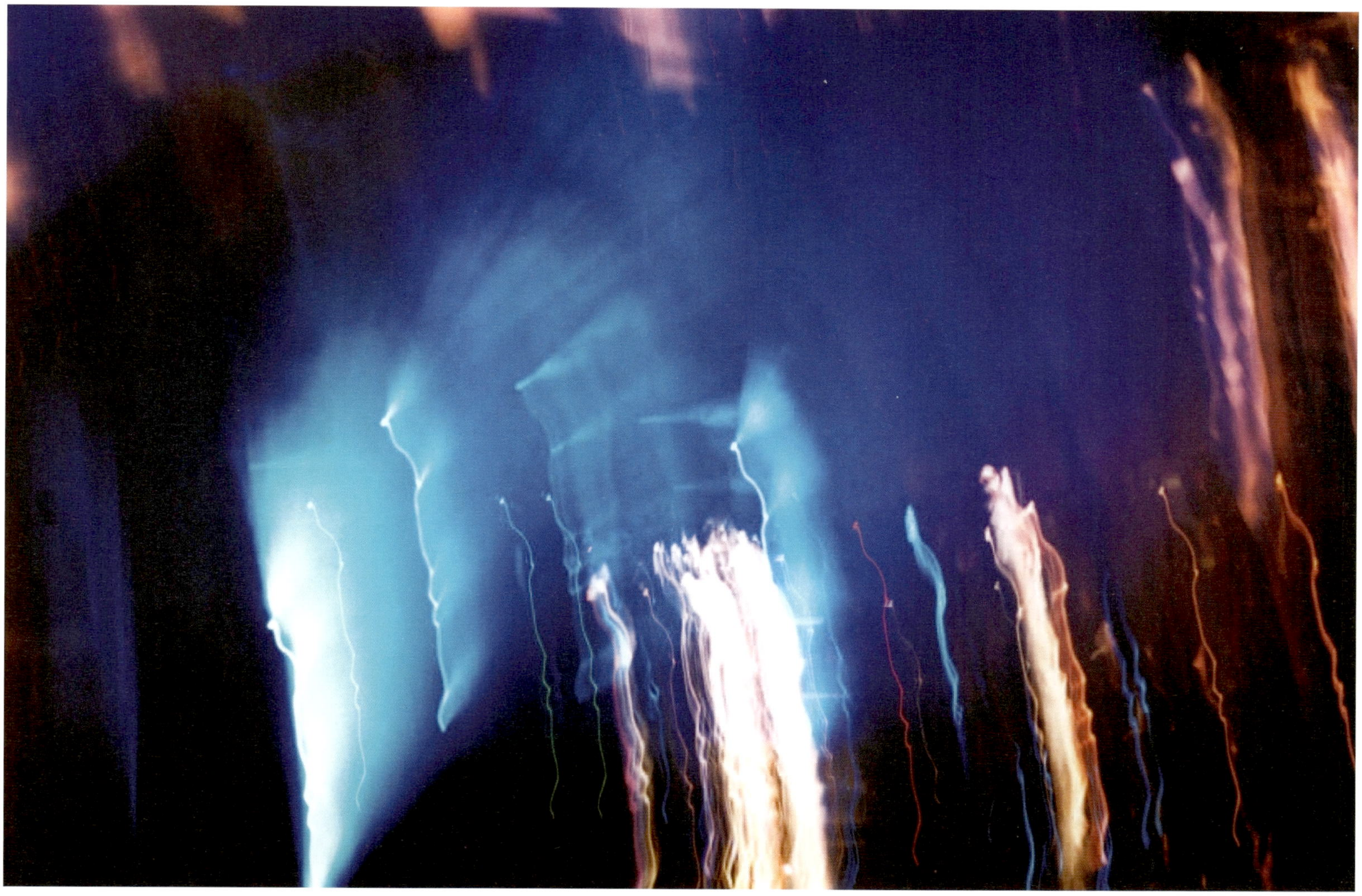

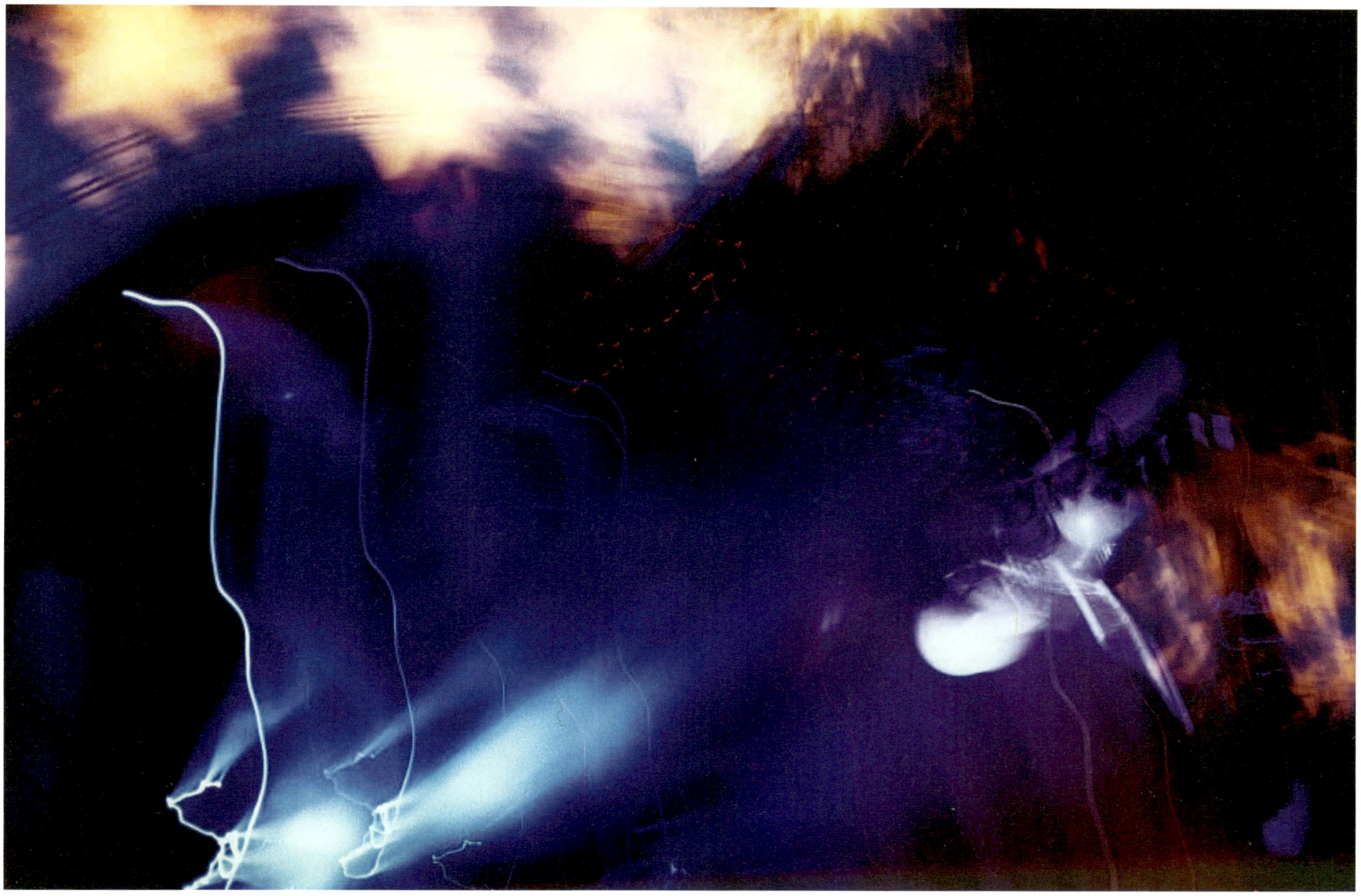

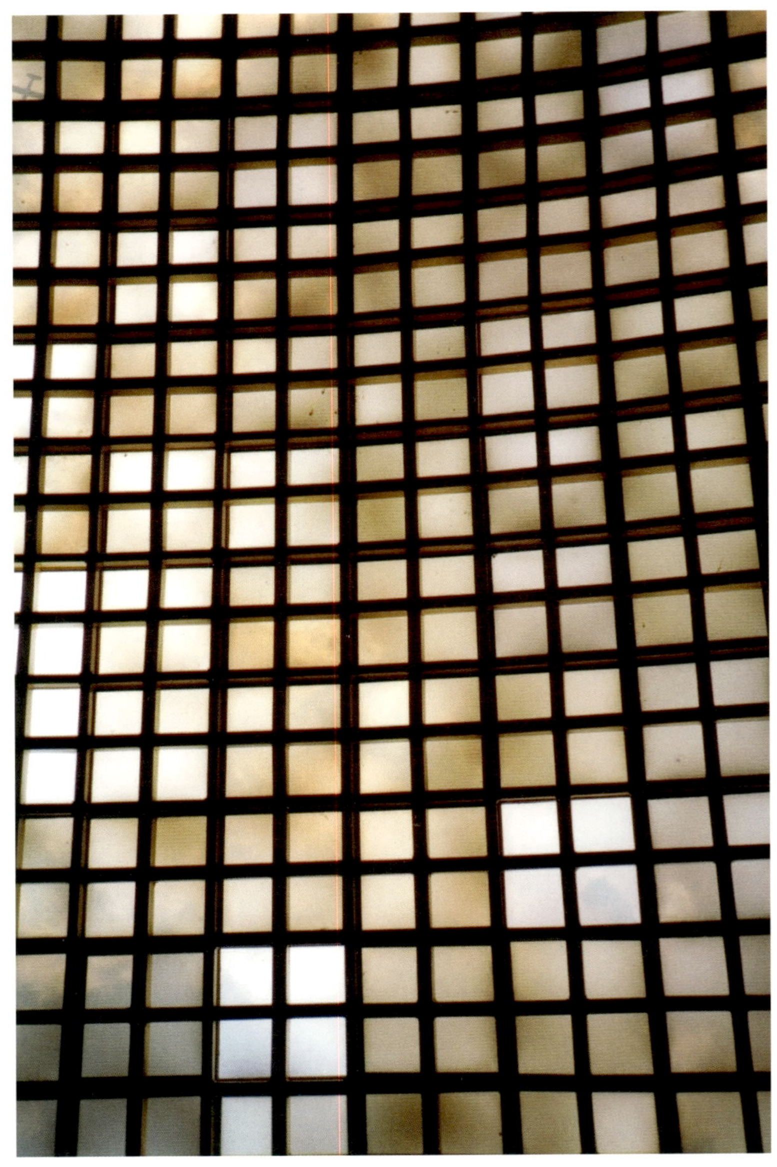 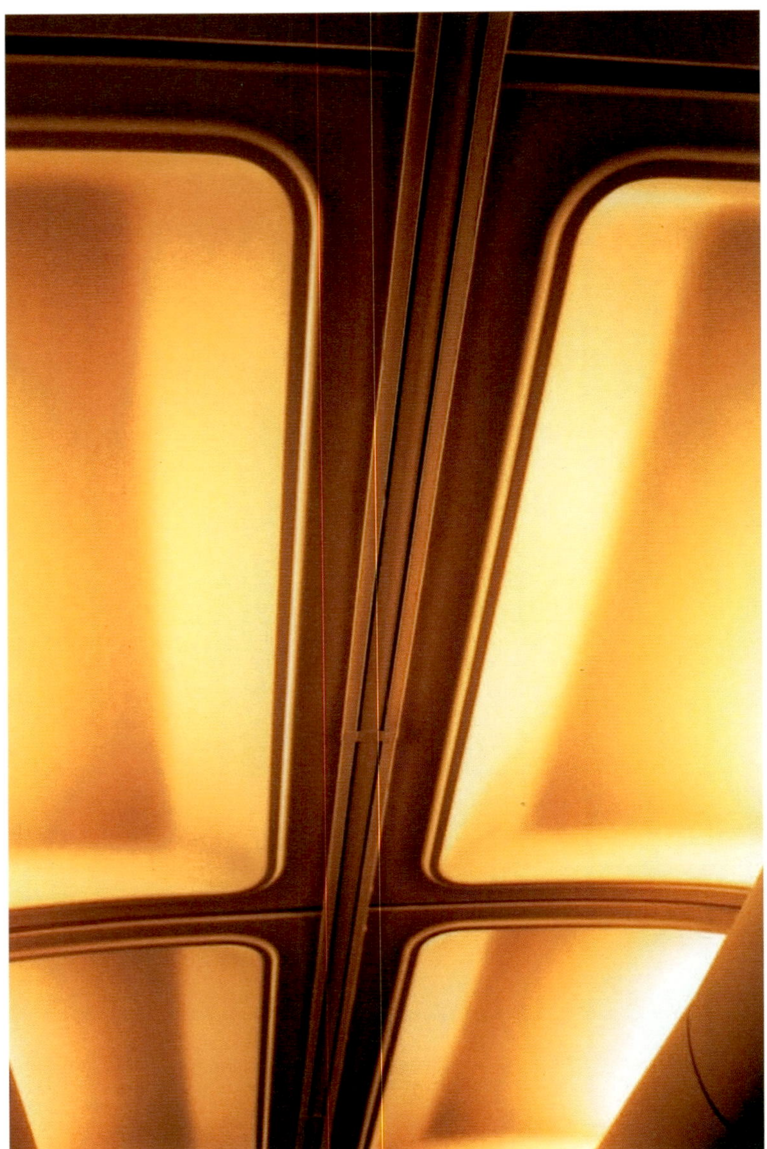

**The Limit es ironía sincera,
una lógica a través del espejo.**

**The Limit is sincere irony;
a logic through the looking-glass.**

Shaun-

Me hiciste recordar muchas cosas. Los grupos que vi incluyen a los güeyes de macc, empapados por los escupitajos? calidad. También vi a robert plant y a pink floyd, que hacían tocadas *underground* usando otros nombres antes de irse a sus giras importantes. También me acuerdo de los espejos en las columnas de la pista de baile. Mi cuate dave hablaba con los espejos, siempre hasta la madre. Tiempos increíbles, ¿volverán?

Imagínese a Pink Floyd tocando con seudónimo, y a dave hablándole a su reflejo. Luego imagínese a una escritora estadounidense cortando y pegando estos *posts*, y al traductor poniéndolas en un español coloquial de México, de finales de los ochenta. Ahora son ustedes quienes están dentro de la caja *cuadrophénica* , doble, flotante.

El Limit de Toledo es una serie de funciones, una fórmula que permite a la punzada de la nostalgia revelarse como un lazo profundo que negociamos cuando reencontramos placeres estéticos del pasado, o intentamos justificar la influencia de los artistas anteriores sobre la sensibilidad del presente. The Limit es ironía sincera, una lógica a través del espejo; un ritmo traducido a través de épocas, estilos, medios, tribus y actitudes, pero manteniendo el mismo ritmo todo el tiempo; un humilde súper-grupo cuyos miembros se vuelven fieles aprendices de grupos que nunca les gustaron. Es pop *ostranenie*, extraño y bailable. ⑤

Shaun-

You brought back some memories. Bands I've seen include the Macc lads, getting soaked with bodily fluids? Quality. Also I've seen Robert Plant and Pink Floyd, who played underground gigs before major tours using different names. Also have very vivid memories of mirrors on the pillars on the dance floor area. My mate Dave talked to himself in them, a regular top piss head. Great times, will they ever come back?

Picture Pink Floyd playing under an alias, and Dave talking to his reflection. Then imagine an American writer cutting and pasting these postings, and a translator rendering them as plausibly colloquial late-eighties Mexican-Spanish. Now it is you who are inside the doubled, floating, *quadrophenic* box.

Toledo's Limit is a series of functions, a formula by which the pang of nostalgia reveals itself as a profound boundary that we negotiate when we re-engage aesthetic pleasures from the past, or attempt to account for the influence of forerunner artists on present sensibilities. The Limit is sincere irony; a logic through the looking-glass; a rhythm translated across period, style, medium, clique, and attitude but pulsing on the beat all the way through; a humble super-group apprenticed faithfully to bands they never liked. It is ostranenie pop, danceable and strange. ⑤

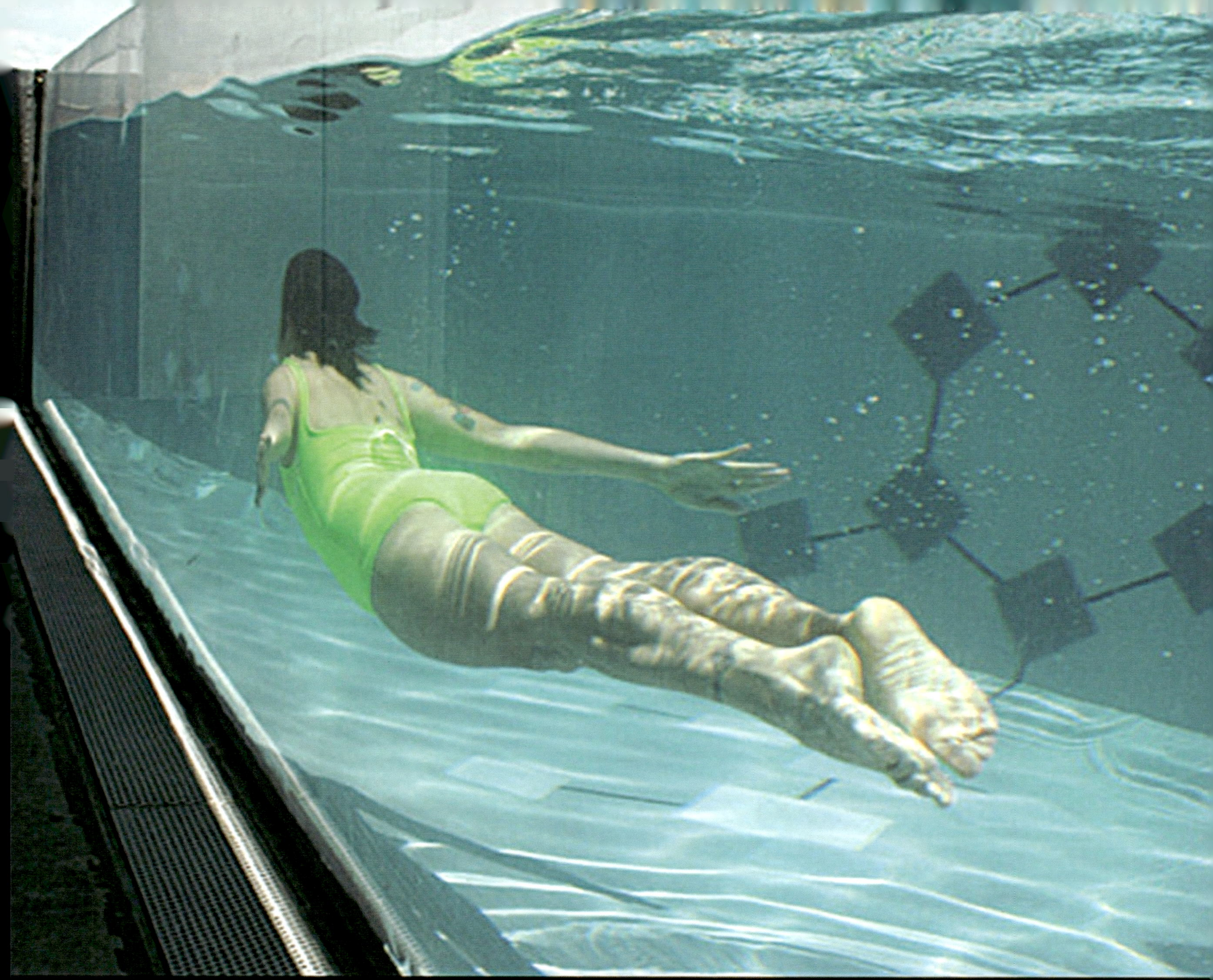

PLAYLIST

LOS RAYOS DE LUZ QUE PASAN A TRAVÉS DE UNA ESTRUCTURA METÁLICA SE FIJAN EN EL PAPEL FOTOGRÁFICO. LA LUZ NUNCA PASA POR UN NEGATIVO. LAS MANOS QUE MOLDEAN ESTA ESTRUCTURA PUEDEN ESTAR DETERMINADAS POR LO QUE SUENA EN UNA LISTA DE CANCIONES. O NO.

LIGHT RAYS PASS THROUGH A METALLIC STRUCTURE AND EXPOSE THE PHOTOGRAPHIC PAPER WITHOUT THE USE OF A NEGATIVE. THE MOVEMENTS OF THE HANDS THAT MADE THIS STRUCTURE MIGHT—OR, THEN AGAIN, MIGHT NOT—HAVE BEEN INSPIRED BY THE SONGS ON A PLAYLIST.

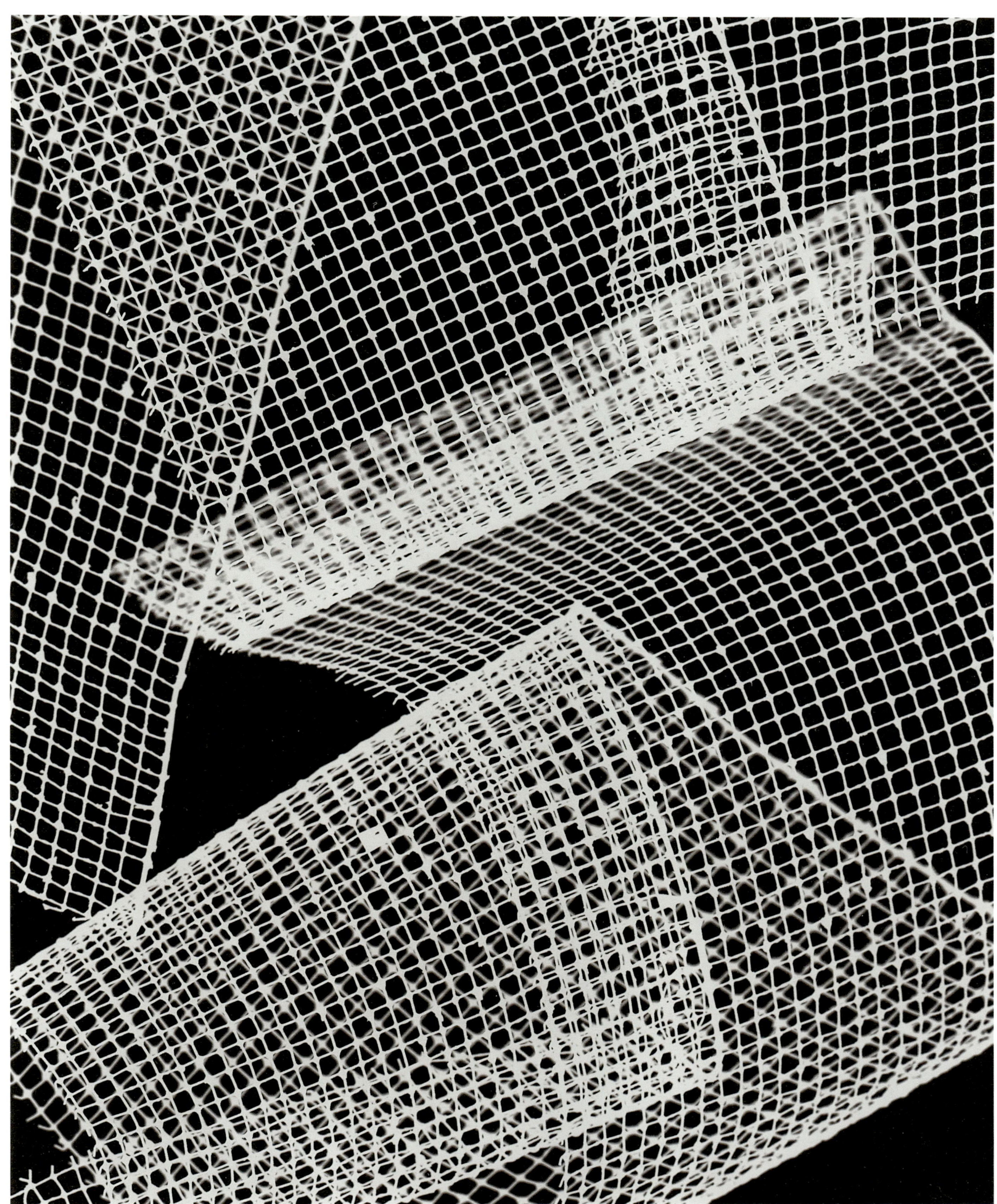

DELÉCTRICO / Babasónicos

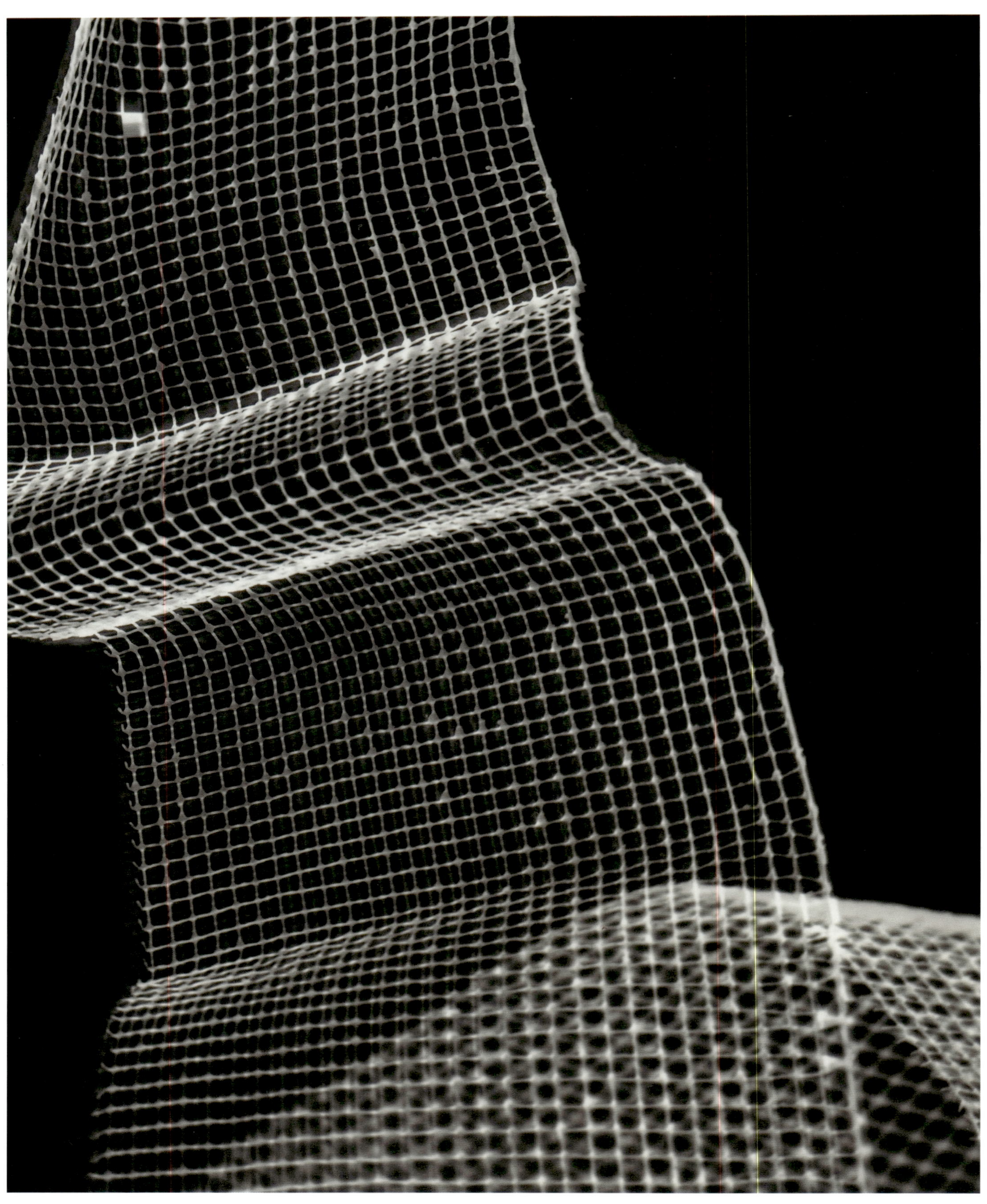

SUPERMERCADO / Maldita Vecindad

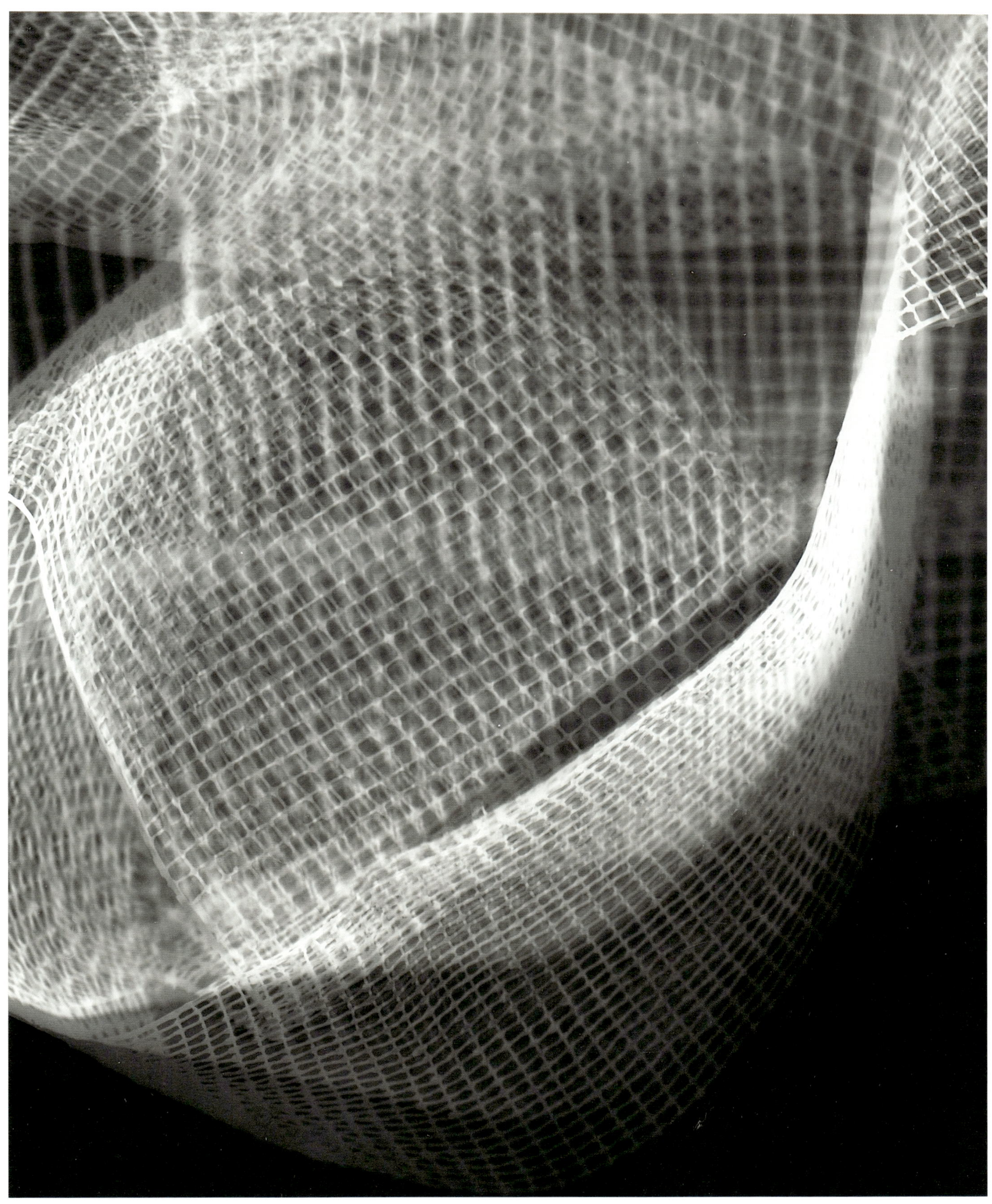

TOM SAWYER / *Rush*

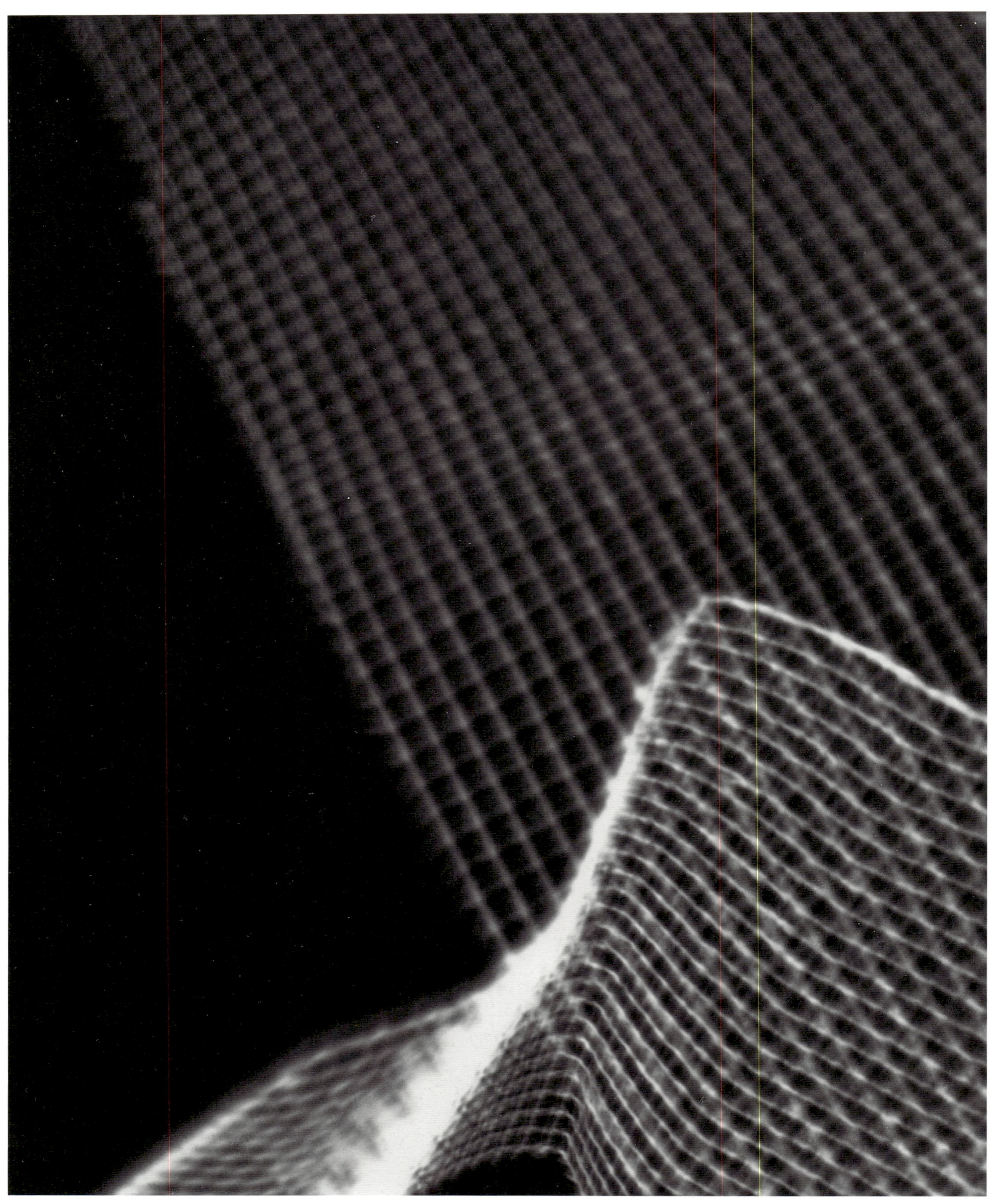

SHOULD I STAY OR SHOULD I GO? / The Clash

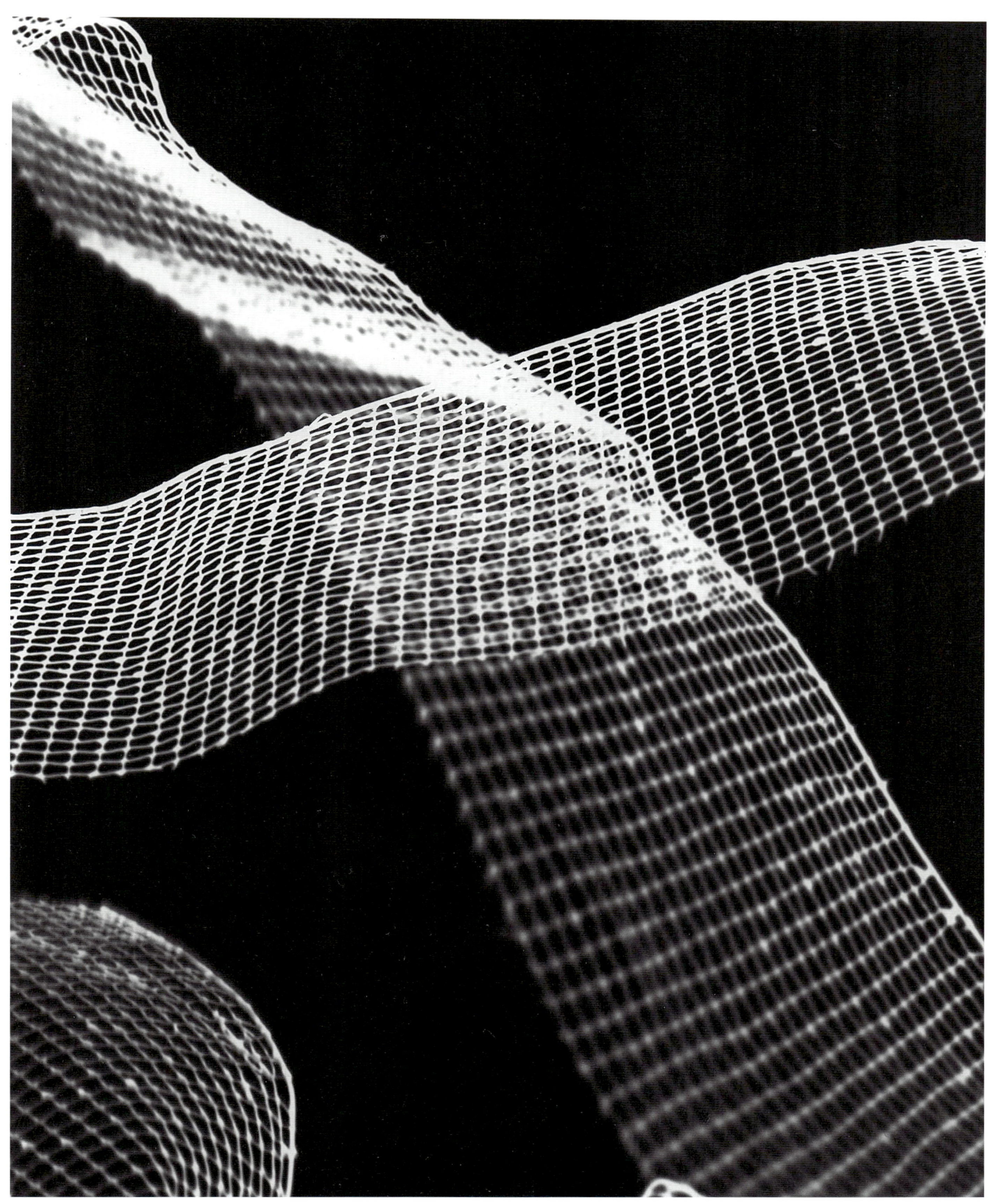

WATERLOO SUNSET / The Kinks

Cuauhtémoc Medina

PATRONES MIGRATORIOS
(O CÓMO MIRAR AL SESGO CUANDO NO HAY NADA DETRÁS DEL ESPEJO)

MIGRATION PATTERNS
(OR, HOW TO GLANCE SLANTWISE WHEN THERE IS NOTHING BEHIND THE MIRROR)

LA VIDA Y SUS DOBLECES

Hay una hermosa duplicidad en el juego sin la cual este no traería ni conocimiento, ni alivio, ni goce, ni encanto, sin la que el juego no podría marcar otro tiempo y otro sujeto que prometen un atisbo de lo liberado. Hablo de la forma en que la mascarada o representación que todo juego involucra adquiere su poder de convicción al dejar a ojos vistas las costuras del disfraz, mostrando entre los dispositivos del (auto)engaño los elementos de lo cotidiano, destacando la ficción por su evidente fabricación, señalando en cada pliegue de la fantasía la banalidad dejada a un lado. En contraposición, no saber que se juega, no entender la prodigiosa impostura de apariencias, en eso consiste caer de lleno en la adicción por la ilusión total, lo que Theodor Adorno llamaba "fantasmagoria": el borramiento de toda "huella de producción" que acompaña la vergüenza que siente la obra de arte de revelar que es un mero artefacto.[1] Esta es una distinción vital, por emocionante que resulta su olvido momentáneo.

Jugar es apelar a una ficción vivida que no implica subvertir a fondo el principio de realidad e identidad. Nada tiene que ver con el terror de la alucinación o la psicosis, no se patentiza en la desorientación general de los sentidos, sino que conserva una condición reflexiva, que define lo aparente en torno a lo re-significado.

Es precisamente por lo explícito de la impostura o lo definido de sus reglas, que el juego tiene un efecto de liberación, pues como señaló Johan Huizinga en el *Homo Ludens* plantea el sentimiento de tensión y alegría de "ser de otro modo" pero firmemente localizado *en* la vida corriente:

El juego no es la vida "corriente" o la vida "propiamente dicha".

Más bien consiste en escaparse de ella a *una* esfera temporera de

LIFE AND ITS DUPLICITIES

There is a beautiful deceit about games, without which they could afford us no knowledge, no release, no fun and no enchantment; without which a game would be helpless to snap us into some different time and subjectivity able to bestow a glimpse of liberation. I refer to the way the masquerade or performance implicit in every game acquires its power to convince by exposing the seams of the disguise, foregrounding humdrum elements amid the devices of (self-) deception, highlighting the make-believe in its obvious fabrication, pointing in every fold of fantasy to the banality it affects to ignore. By the same token, to be unaware that one is playing, to be blind to the prodigious imposture of appearances, makes of us addicts to illusion pure and simple, or to what Theodor Adorno termed "phantasmagoria": the erasure effacement of every "trace of production" in the work of art's shamefaced bid to conceal that it is merely an artefact.[1] This distinction is crucial, however exciting it may be to overlook it now and then.

To play games is to engage in living out a fiction that does not imply the wholesale subversion of the principles of reality and identity. It bears no relation to the terrors of hallucination or psychosis, it does not deal in the disorientation of the senses; this kind of play sooner encourages the retention of a thoughtful self-awareness, alive to defining the apparent in the light of the re-signified. The liberating effects of play are a function of the very explicitness of its pretences and the stability of its rules. As Johan Huizinga points out in *Homo Ludens*, games allow us the tense, pleasurable thrill of "being otherwise" while remaining safely moored in ordinary life:

[1] Theodor W. Adorno, *Teoría Estética*. Ed. Rolf Tiedemann con la colab. de Gretel Adorno, Susan Buck-Morss y Klaus Schultz, Trad. Jorge Navarro, Madrid, Aka, 2004 (Obra completa, 7), p. 141

[1] Theodor W. Adorno, *Aesthetic Theory*. Ed. Gretel Adorno and Rolf Tiedemann, tr. Robert Hullot-Kentor, London, The Athlone Press, 1997, p. 102

actividad que posee su tendencia propia. Y el infante sabe que hace "como si…", que todo es "pura broma. (…) Este "algo" que no pertenece a la vida "corriente" se halla fuera del proceso de la satisfacción directa de necesidades y deseos, y hasta interrumpe este proceso. Se intercala en él como actividad provisional o temporera . (…) como un *intermezzo* en la vida cotidiana, como ocupación en tiempo de recreo y para recreo.[2]

En efecto, hablamos de una interrupción localizada "en" la vida cotidiana, incrustado en el sentido, montado en el tiempo y lo ordinario. Donde el fingimiento involucra la desmesura de lo voluntario: "Haz de cuenta que yo fuera la reina", dice Alicia a su gato. "¿Y qué tal si hacemos como que te cortamos la cabeza?"

Es ese terreno del juego donde la variedad de disparos del trabajo de Laureana Toledo encuentra su punto de convergencia: el juego no es un "centro" definitorio, sino el rasgo común de una variedad de estrategias que se sobreponen lo mismo a la ingenuidad de la imagen fotográfica, que a la tramposa apariencia del lenguaje y los estilos pictóricos, que a la ilusión de la memoria y la fama. El "como si" del juego y la mascarada son, efectivamente, el gozne de obras que, de por sí, plantean por lo general una negociación de cuando menos dos o tres planos de imaginación, articulación o estímulo. Es por eso que acercarse al trabajo de Laureana Toledo requiere asumir la inoperancia de la estetización de la unidad, frontalidad, inmediatez y rotundidad, para optar en cambio por formas de placer hechas de refracciones, traducciones y condensaciones. Oscilando entre la ficción y la literalidad, la imagen y el código, el negativo y la copia, la obra de Toledo no es el pasaje a otra realidad, ni la construcción de un signo, o la proclamación de un estilo definitivo, sino la invitación a una serie de pasajes, trasliteraciones y excursos.

AL LADO DE LA IMAGEN

La primera ruta que requiere ser mencionada es la experiencia de Laureana como fotógrafa, y no sólo porque Toledo tuvo la fotografía como punto de partida, sino porque fue en tensión con la imagen que planteó la construcción de una red de fragmentos y destellos. Toledo ha utilizado la cámara como un cedazo de lo frágil y accesorio, no como un medio para producir un registro de momentos decisivos o escenas alegóricas y de impacto, sino por el contrario como un medio para fijar vibraciones y simulacros. La cámara como dispositivo que registra delgadas rebanadas de temporalidad. Toledo suele ocupar la cámara para captar vistas en tránsito, sombras y reflejos: el correr del agua y las parvadas de los pájaros, los destellos de los charcos en el pavimento, las casas y habitaciones donde transcurrió su existencia, la luz de la tarde golpeando sobre los muebles. Pulsaciones de luz de color que, como en *Fe* (1998) simulan un evento cósmico a partir de los destellos de la luz citadina. Son esos gestos los que presiden aun hoy mucho del trabajo fotográfico de Toledo, por ejemplo en la serie *Luz interior* (2002) que aspira a hacer la crónica en detalle de los juegos de luz solar en un interior arquitectónico o las manchas repetitivas y sanguinas que los consumidores de *paan* en la India dejan en las paredes al escupir (*Paan*, 2006).

Lo característico de esas tomas ha sido su relativa indiferencia. Toledo acometía sus escenas sin pretender generar la expectativa de la excepcionalidad: el ojo de la cámara registra momentos de la vida, pero estos no pretenden ser la vida misma, al rechazar la función metafórica y simbólica que el efecto de lo fotografiado suele proclamar. Esa antimonumentalidad derivada del carácter serial y acumulativo de los momentos fotográficos se hizo explícita en el año 1999 cuando, en un acto simbólico de inmolación visual, en una especie de *potlach* de material fotosensible, Toledo acumuló el conjunto de su trabajo de fotógrafa desde 1992, más de 4500 diapositivas, en un cuadrado a nivel del suelo. Cuadro de cuadros, instancia de instantes, la obra era un rito de pasaje en que la fotógrafa asumía que su trabajo había aceptado transitar hacia un territorio lingüístico donde la mudez de la toma fotográfica era ya demasiado parca y transparente. La pieza señaló el tránsito de una práctica a la reflexión sobre el código no sin situar, en la vía de los hechos, en un acto de desperdicio de momentos fijados por miles de tomas, a las imágenes bajo una luz nueva, la de una radical equivalencia.

(…) play is not "ordinary" or "real" life. It is rather a stepping out of "real" life into a temporary sphere of activity with a disposition all of its own. Every child knows perfectly well that he is "only pretending", or that it was "only for fun". (…) Not being "ordinary" life stands outside the immediate satisfaction of wants and appetites, indeed it interrupts the appetitive process. It interpolates itself as a temporary activity satisfying in itself and ending there. (…) as an intermezzo, an *interlude* in our daily lives..[2]

Indeed, we speak of an interruption located "in" everyday life, embedded in meaning, mounted in real time under common conditions, a play-acting that licences any excess of wilfulness: "Let's pretend I'm the Red Queen," as Alice might say to her kitten. "And what if we pretend we're going to chop off your head?"

The many and dissimilar moves made by the work of Laureana Toledo converge here, in the territory of the game. But games-playing is not a defining "hub", so much as the common feature of a range of strategies that encompass everything from the naivety of photographic images to the tricksy surfaces of language and pictorial style, or the mirages of memory or celebrity. The "as if" of games and make-believe constitutes the pivot of a set of works that operate by engaging us on at least two or three levels of imagination, articulation or stimulus. To get the just measure of Laureana Toledo's work, then, we must first discard the aesthetics of unity, frontality, immediacy and coherence, trading these for the pleasures of multiple refractions, translations and condensations. Moving between the fictional and the literal, the image and the code, the negative and the copy, Toledo's work is not a conduit into another reality, nor the construction of a sign, nor the proclamation of a definitive style; it lures us instead into a web of passageways, transliterations and excursi.

NEXT TO THE IMAGE

The first route we should mention is Laureana's experience as a photographer, and not only because this was the field in which she started out; more importantly, it was in tension with these photographs that she embarked upon her tissue of fragments and glimmers. Toledo has used the camera as a vibrating screen for everything fragile and secondary. Rather than a medium with which to record decisive moments, allegorical constructs or arresting scenes, it became a medium for picking up frequencies and simulacra: a device for registering thin swathes of temporality. Toledo put her camera in the way of transitory vistas, shadows and reflections: watery currents and billowing bird flocks, the sparkle of roadway puddles, the houses and rooms through which her own life flowed, evening light striking against the furniture. Pulsations of coloured light dressed up in the glimmers of the city to simulate cosmic events, as in *Faith* (1998). Such gestures continue to underlie much of Toledo's contemporary photographic activity. One example is the series *Inner Light* (2004), which undertakes a meticulous chronicle of the play of sunlight in the interior of a building; another is *Paan* (2006), detailing the repetitive crimson streaks on a wall made by the spittle of betel-leaf chewers in India.

These sequences were characterized by their dispassionate tone. Toledo homed in on her subjects without stirring up expectations of anything out of the ordinary: the camera's eye recorded snatches of life which laid no claim to encapsulating life itself, in that they rejected the metaphorical and symbolic trappings which the distinction of being photographed habitually brings with it. This anti-monumentality—derived from the serial, cumulative nature of these photographic instants—became explicit in 1999, when in a symbolic act of visual immolation, a kind of potlatch of photosensitive material, Toledo piled up the entire body of her photographic oeuvre since 1992, amounting to over 4.500 slides, on a square drawn on the floor. Like a picture made of pictures, an instance of instants, this work equalled a rite of passage in which the artist faced up to the fact that her work had gradually stepped onto the linguistic terrain, where the silence of the photographic image was finally too spare and too transparent. The piece (*Fixed Points*, 1992-1999) marked Toledo's transition from a phase of practice to a new period concerned with issues of codification, and simultaneously — in deeds rather than words, through the ceremonial relinquishment of the moments held in thousands of shots—placed the images in a new light, the light of a radical equivalence.

---

[2] Johan Huizinga, *Homo ludens*. Trad. Eugenio Imaz. Madrid, Alianza Editorial, 1972, p. 21-22.

[2] Johan Huizinga. *Homo Ludens. A study of the play element in culture.* Beacon Press, Boston. Pp 8,9.

Esa nueva condición donde Toledo empezó a percibir los eventos archivados por la fotografía, como signos y elementos intercambiables, se puso en escena en la serie de fotografías intervenidas que Toledo tituló *Patrones migratorios* (1999-2009). Tomando parvadas de aves contra un cielo plomizo Toledo empezó a levantar la capa de material fotosensible, a fin de sustituir algunos de los pájaros por cuadrados blancos. La migración de aves se convertía en la ocasión de una composición geométrica, corrientes de cuadros blancos navegando por sobre el plano continuo de la pintura abstracta. El evento mismo dejaba de tener importancia salvo como medio de producción de un determinado ritmo visual.

Esas intervenciones fotográficas dejaban un trazo por efecto de una sustracción, procedimiento que Toledo retomaría por ejemplo, al aislar las vías del tren de tomas que definían una perspectiva en el paisaje, para dejar un dibujo lineal horadado por la superficie del papel sensible. Las fotografías que Toledo así intervenía eran por lo demás ejemplos de lo que Philippe Dubois definió como la "ortogonalidad fundamental" que el espectador observa en la fotografía: "el gesto del encuadre (o del rectángulo)" que se reitera en todos los momentos del proceso fotográfico, desde el visor de la cámara reflex, hasta los papeles de impresión y los enmarcados.[3] Será precisamente ese rectángulo repetido de la toma el que guiará la migración de Toledo de la fabricación de imágenes a la superposición de códigos.

EL COLOR DE LA SOBREESCRITURA

Hacia el año 1999, Toledo puso la cámara a un lado, y se adentró en la experiencia de otra clase de transcripción que le permitiría oscilar de la imagen al color y a la palabra. Ese paso era, en buena medida, un vistazo retrospectivo a uno de los temas fundacionales del arte moderno. Toledo se sintió atraída por los muy diversos argumentos que, en distintos momentos del modernismo estético compararon los colores, el lenguaje y las escalas musicales, ya por imaginar que podría accederse un todo sinestético donde la sensación de uno de los sentidos provocaría una reverberación en otra escala de la percepción, o simplemente como constatación de la equivalencia de los distintos sistemas de expresión. Particularmente significativo para ella fue la forma en que Arthur Rimbaud planteó en su soneto *Voyelles* (1871) un juego de equivalencias entre las vocales y los colores[4]. Siguiendo ese ejemplo, Toledo postuló la identidad entre las cinco vocales del alfabeto y una serie de tonos ordenados en

This new dispensation, under which Toledo began to treat the events preserved in photographs as interchangeable signs and elements, was first activated in the series of manipulated photographs entitled *Migration Patterns* (1999-2009). After snapping flocks of birds against a leaden sky, Toledo began to lift off the paper's photosensitive coating and to replace some of the birds with small white squares. The migrating flock was thereby turned into a geometric composition, streams of white squares sailing over the continuous plane of an abstract painting. The actual event became irrelevant beyond furnishing the means of production for a specific visual rhythm.

These photographic interventions left a trace as a result of substraction, a procedure to which Toledo would return, for instance when she isolated the railway tracks that defined a perspective in a landscape, to leave a linear drawing scored upon the surface of the light-sensitive support. The pictures thus manipulated by the artist also exemplify what Philippe Dubois defined as the "fundamental orthogonality" which confronts the viewer of a photograph: "the gesture of placing a frame (a rectangle)" which repeats itself at every stage of the photographic process, from the shape of the viewfinder in a reflex camera, to that of the prints and the mounted end-product.[3] It was precisely this insistent rectangle that guided Toledo in her migration from the manufacture of images to the superimposition of codes.

THE COLOUR OF THE SUPERSCRIPT

Towards the year 1999, Toledo put her camera aside and embarked upon experiments with a different kind of transcription that would enable her to move between image, colour and language. To some extent this step involved a retrospective survey of one of the foundational themes of modern art. Toledo was intrigued by the highly diverse grounds on which successive epochs of aesthetic modernism had discerned analogies between colours, words and musical notation, whether in pursuit of some synaesthetic totality in which the stimulation of one of the senses sets off reverberations in another perceptive domain, or simply as a substantiation of the equivalence between various systems of expression. She was especially struck by the way in which Arthur Rimbaud's sonnet *Voyelles* (1871) imagined a concordance between vowels and colours.[4] As a variation on Rimbaud, Toledo posited a correlation between the five vowels of the alphabet and a tonal progression as follows: black, blue, red, yellow, white.

[3] Philippe Dubois, *El acto fotográfico. De la Representación a la Recepción.* Barcelona, Paidós, 1986, p. 183.

[4] "A negra, E blanca, Y rojo, U verde, O azul: vocales,//contaré algún día vuestros nacimientos latentes", Arthur Rimbaud: "Vocales", en: Obra poética completa. Trad. De Eduardo Moga y Miguel Casado, Barcelona, DVD ediciones, 2007, p. 163.

[3] Philippe Dubois, *The Photographic Act.* Barcelona, Paidós, 1986, p. 183.

[4] "A black, E white, I red, U green, O blue: vowels, //I shall tell, one day, of your mysterious origins". "Vowels", in *Arthur Rimbaud. Collected Poems,* translated by Oliver Bernard, Penguin Classics, 1962.

orden progresivo: negro, azul, rojo, amarillo y blanco. La relación de equivalencia entre el habla y la visión no era, a diferencia de la de Rimbaud, intuitiva, sino una escala continua de la oscuridad a la claridad. Sin que Toledo lo supiera, su escala era similar a la progresión colorística de la antigüedad clásica que concebía los colores como tonalidades del blanco al negro. De cualquier modo, los siguientes años Toledo utilizaría ese código para crear una serie de objetos intermedios que postulaban una cierta relación entre la abstracción pictórica y la evocación de lo escrito. Quizá una manera de hablar de esos objetos es que postulaban una suerte de literatura de segundo rango. Más precisamente, operaban sobre la base de una sobreescritura.

Toledo desplegó la hipótesis de sus traducciones visuales en una variedad de formatos e intenciones, que tuvieron siempre por característica una cierta inestabilidad y unicidad. Para empezar, transcribió por entero *Alicia en el país de las maravillas* (2000). Las ilustraciones originales del libro calcadas en papel traslucido quedaban enmarcadas en un mosaico de colores que sustituía al texto, como para evocar la secuencia de sensaciones del lenguaje. En paralelo, Toledo utilizó su código de colores para trazar composiciones abstractas que recordaban los ejercicios pedagógicos del constructivismo, para rendir homenaje a una diversidad de poetas, artistas y músicos de rock, creando una producción subsidiaria no tanto a sus obras como a la resonancia utópica que sus nombres convocan. Los "textos", claro está, permanecían más o menos crípticos al espectador, sin más presencia que un código incompleto. Aplicando su sistema para hacerse, por ejemplo, un tatuaje en el brazo, Toledo generaba un doble efecto: de formalismo en el espectador ocasional, y de misterio en quien estaba al tanto de la traductibilidad de sus composiciones sujetas todas a un rigor geométrico particularmente parsimonioso.

La delicadeza material de sus trabajos, como su localización entre la herencia de la abstracción europea modernista y la fascinación por la escritura que supone, acercan a Laureana Toledo al territorio que exploró Mira Schendel: la producción de una escritura del cuerpo y de objetos gráficos. En efecto, la exploración de Toledo se ofrecía como una continuación de la rama lírica del proyecto constructivista . Sin embargo, el procedimiento de traducción que Toledo empleaba sugiere también su proximidad con una vertiente de la experimentación que concibió también las relaciones entre la aleatoriedad de los estímulos sensibles y la tarea de desbordar el silencio del arte moderno. En sentido estricto, la principal característica del procedimiento de sobreescritura que Laureana Toledo empleó en los primeros años del nuevo siglo fue concebir el producto

The key to these new pairings between speech and sight was not, as with the poet, an intuitive one, but rather based on a continuous scale from dark to light. Toledo was unaware at the time that her scale echoed the concept of chromatic progression that prevailed in classical antiquity, when colours were conceived as tonalities ranging from white to black. Be that as it may, over the following years Toledo used this code to create a series of intermediary objects that relied on the assumption of a certain relationship between pictorial abstraction and the evocation of the printed word. One way to speak of these objects would be to say that they proposed a kind of subsidiary literature. More exactly, they functioned by means of an over-writing, or superscript.

Toledo deployed her theory of visual translation in a variety of formats and with a range of intentions, though never departing from her brand of instability and uniqueness. To begin with, she transcribed into this code every word of Alice in Wonderland *(Alicia en el país de las maravillas*, 2000). The original illustrations, reproduced on tracing-paper, appeared framed by a multicoloured mosaic that substituted for the text, as though indirectly harking back to the successive feelings conveyed by the narrative. In parallel, Toledo applied her colour code to designing abstract compositions (reminiscent of the didactic exercises beloved of constructivism) in homage to a collection of poets, artists and rock musicians, thus creating spin-offs that were sub-products, not so much of the subjects' own achievements, as of the utopian resonance of their names. The actual "texts", of course, remained mostly undecipherable for the spectator, who had only a partial code to go on. Applying the same system to the design of a tattoo on her arm, Toledo was generating a dual effect: what looks like a formal exercise to a stranger's casual eye, fills anyone who knows of the translatability of these patterns with dismayed incomprehension faced with a form that, like all her compositions, is notable for the austere rigour of its geometry.

The material delicacy of Toledo's pieces, together with their situation poised between the legacy of European modernist abstraction and the fascination with writing that derives from it, bring Toledo close to the territory explored by Mira Schendel: the production of a writing of the body and of graphic objects. Toledo's researches can certainly be regarded as a development of the lyrical branch of the constructivist project. However, the translation procedure she chose also signalled her affinity with one facet of the experimental movement that likewise addressed the relations between the randomness of sensory stimuli and the task of challenging the muteness of modern art. Strictly speaking, the salient characteristic of

visual como un efecto colateral de un proceso de significación oculto. La imagen era arbitraria en la medida que servía como transcripción de un texto que tampoco era un vehículo de significado. El placer producido dependía de la alusión a esos diversos horizontes simbólicos, sin hacer radicar a la obra en ninguno de esos registros.

Una buena manera de considerar este puente entre lenguajes y silencios es verlo como una instancia de lo que en sus investigaciones de fines de los años 50 sobre las condiciones metodológicas de la aplicación del azar al arte, George Brecht definió como las técnicas del "procedimiento irrelevante". En un ensayo que se ha vuelto ya un clásico, *Chance imagery*, escrito en 1957, Brecht se dio a revisar la historia de las formas de automatismo y arbitrariedad que las vanguardias habían aplicado a la creación artística, en la búsqueda de escapar a los límites impuestos por la subjetividad e inclinaciones del artista. Tras poner en cuestión la verdadera naturaleza arbitraria del azar como había sido practicado por los surrealistas, dada la probabilidad de que el inconsciente determinara el resultado de lo que aparentaba ser un ejercicio involuntario, Brecht examinó las posibilidades de una variedad de técnicas, desde el uso de dados a monedas a tablas científicas de números aleatorios (los llamados "RAND numbers"), para concluir que el principio que gobernaba todos esos métodos era el de hacer que el artista siguiera devotamente una guía que nada tenía que ver con sus expectativas finales sobre la obra. En otras palabras, los métodos estudiados por Brecht dependían de concebir a la obra como el resultado de un proceso que corría paralelo a la deliberación y el deseo. El objeto artístico sería, por consiguiente, el resultado de un "proceso irrelevante":

> En general, escribe George Brecht, el prejuicio [bias] en la selección de los elementos de una imagen-aleatoria puede evocarse usando un método de selección de esos elementos que sea independiente de las características de interés en los elementos mismos. El método debe preferentemente arrojar un patrón de selección irregular e imprevisto.[5]

Sin embargo, lo característico de las imágenes aleatorias de Toledo es que no sólo están sujetas a un cierto control estilístico, sino que operan al dejar entrever la sugerencia de una traducción al filtrar entre sus elementos un juego de significantes. El juego que proponen es el de una oscilación entre la imagen final y su matriz semi-oculta: el efecto de contemplar plásticamente la estructura de un crucigrama. Este caleidoscopio intertextual puede a su vez servir para provocar la tensión de significación en el objeto visual y la sugerencia de una fuente de sentido que permanece oculta. Así Toledo empleó su código para producir una serie de imágenes y objetos de luz que sugerían otro horizonte de traducciones en relación con la equiparación entre texto, visualidad y música. Por un lado, en colaboración con el músico Quique Rangel, tradujo dos poemas de cummings (*Dos*, 2000) en una combinación multisensorial de proyecciones y música concreta, introduciendo ruido visual y auditivo como equivalente de las consonantes. También con Rangel, en el año 2001 registró en video luces de colores de un parque de diversiones fronterizo, sugiriendo una especie de concierto de jazz hipotético (*Mexicali Boogie Woogie*, 2001-2002) en un homenaje a la fase final de la pintura de Mondrian. Finalmente, en *Dada* (2002) Laureana Toledo produjo una plataforma cuadriculada hecha de plexiglas al modo de una pista baile de discoteca en tres unidades que se activaba como fuente de destellos de colores siguiendo los dictados de la *Quadrophenia* de The Who, a la vez que homenajeaba las técnicas de guturación prelingüística de los dadaístas. El resultado de todas esas transacciones es un entretejido de referencias e historias que vinculan simbólicamente la textura de la cultura moderna.

El arte de Laureana Toledo es pues un ver a través: no hay aquí ni imágenes definitivas ni redondas, sentidos últimos o terminales, o conclusión, sino una producción de espacios de circulación entre textos y signos. De ahí, probablemente, la mezcla de aridez y densidad estética, pues la simplicidad e inmediatez de sus procedimientos conduce a la experiencia de un objeto que se despliega en torno a sentidos que rebasan todo intento de figuración. La noción que flota en torno a la producción de una artista como Toledo es precisamente la negativa a atribuirle a la producción de imágenes y objetos de la modernidad un valor de transparencia y precisión comunicativa. Todo lo contrario, cada imagen que sugiere una trama modernista aparece como un espacio atravesado por sentidos y afectos

the superscript technique employed by Laureana Toledo during the first years of the new century consisted in its conception of the visual product as a collateral effect of a process of concealment of meaning. The image was an arbitrary one, insofar as it was the mere transcription of a text that was not the vehicle of meaning either. The pleasure prompted by the works arose from their allusion to such diverse symbolic horizons, while not being tied down to any one register in particular.

A good way of approaching this bridge between languages and silences is to regard it as an instance of what George Brecht, in the course of his late-1950s inquiry into the methodological conditions for introducing randomness into art, defined as the techniques of "irrelevant procedure". In *Chance Imagery*—an essay written in 1957 that has since become a classic—Brecht reviewed the history of every form of automatism and arbitrariness applied to artistic creation by the avant-gardes in their efforts to bypass the limitations imposed by any individual artist's subjective disposition. After casting doubt upon the actual degree of randomness achieved by the games of chance devised by the surrealists, given that the outcome of seemingly involuntary exercises would in all likelihood be determined by the unconscious, Brecht examined the possibilities of a wide variety of techniques, from the use of dice and coins to the consultation of scientific tables of random ("RAND") numbers, only to conclude that the over-arching principle governing all of these methods was this: the artist must scrupulously follow guidelines that have no bearing whatsoever upon his ultimate expectations for his work. In other words, every method that Brecht investigated relied upon a conception of the work as the outcome of a process that ran parallel to one's conscious thoughts or wishes. The artistic object would thus be the fruit of an "irrelevant process". Brecht writes:

> In general, bias in the selection of elements for a chance-image can be avoided by using a method of selection of those elements which is independent of the characteristics of interest in the elements themselves. The method should preferably give an irregular and unforeseen pattern of selection.[5]

That said, Toledo's chance-images are nonetheless subject to a degree of stylistic oversight. What is more, they work by hinting at the possibility of translation through the play of signifiers interwoven into their elements. The proposed game involves an oscillation between the final image and its semi-obscured source—something akin to considering a crossword puzzle in terms of its visual layout. Such an intertextual kaleidoscope can in turn serve to introduce a tension between the signifying visual object and the implied source of its meaning, which remains veiled. Toledo thus expanded her code to create a series of images and light-based objects, which put a further twist on the translation concept based on new correspondences between text, visuality and music. First, in collaboration with the musician Quique Rangel, she transposed two poems by e.e. cummings (*Two*, 2000) into a multisensory combination of screenings and concrete music, introducing visual and aural noise to stand in for the consonants. In 2003, still with Rangel, she recorded onto a videola the coloured lights of an amusement park on the Mexican border, turning it into a kind of hypothetical jazz concert (*Mexicali Boogie Woogie*, 2001-2002) as a tribute to the final phase of Mondrian's painting. Lastly, for *Dada* (2002), Laureana Toledo produced a checkered platform made of plexiglass, like a disco dance floor, composed of three modules that lit up and flashed with colour in obedience to the score of The Who's *Quadrophenia*; a piece that simultaneously paid its respects to the dadaists' forays into pre-linguistic grunts and growls. What emerges from all these transactions is a crisscross of references and historical anecdotes which have symbolically cemented the texture of modern culture.

The art of Laureana Toledo is, therefore, essentially a looking-through: it offers no definitive, rounded images, no ultimate or conclusive meanings, no closure, but rather opens up spaces for the traffic between texts and signs. Hence no doubt its peculiar mix of aridity and aesthetic density, in that the simplicity and directness of her procedures ensue in the experience of an object deployed across the senses, senses that lie beyond the best endeavours of figuration. If there is a governing idea that emerges from the work of an artist like Toledo, it is the refusal to ascribe values of transparency or communicative precision to the production of images and objects under modernity. On the contrary, each image with its modernist grids configures a space

[5] George Brecht, *Chance Imagery*. (1957) New York, A Great Bear Pamphlet, 1966, p. 25 (Edición en Línea: *http://www.ubu.com/historical/gb/brecht_chance.pdf*).

[5] George Brecht, *Chance Imagery*. (1957) New York, A Great Bear Pamphlet, 1966, p. 23 (online edition: *http://www.ubu.com/historical/gb/brecht_chance.pdf*).

que completan o desbordan el registro visual. De ahí la necesidad de sustituir textos definidos y únicos por un tejido más abierto, trabajosamente suscrito a una codificación a fin de tornarlo en gran medida ilegible. Pues como en el caso de la serie de modelos y cajas de luz hechas con cubos de azúcar de la serie *Galápagos* (2005) que transcriben en la forma de arquitecturas geométricas los nombres de las islas del archipiélago ecuatoriano ("Isabela", "Fernandina", "Santiago") el resultado de estos *rebus* visuales es un enigma que como los laberintos antiguos, opera a la vez como una celebración del patrón y el orden y una trampa existencial.

En el video *Dos puntos* (2002), Toledo muestra una escena consistente en un eterno oleaje rojo, que se expande en un monitor localizado en un cuarto pintado también de rojo. Cada cierto tiempo, sin embargo, en el video parpadean apenas secuencias que intentan ser subliminales, tomadas del álbum familiar de la artista, todas ellas viradas a un azul intenso que, dada la oposición colorística, son casi imposibles de descifrar. Más allá del canto de colores/vocales que contiene, hay aquí la alusión a una tensión entre las señas y anécdotas de identidad que el álbum familiar encierra y la aplicación distante e impersonal de una metodología. De hecho, la nota constante del rojo era en el código de Toledo una alusión al yo en inglés: un "I" casi whitmaniano expandiéndose en una sola guturación.

Esa porosidad se manifiesta materialmente en obras como *Dodó* (2002) el móvil construido con cinco capas de secciones rectangulares de acrílico rojo, que retoma una ilustración de John Tenniel para la *Alicia* de Lewis Carroll, para descomponerla en un efecto op y escultórico[6]. La obra opera como una especie de anamorfismo tridimensional, pues sólo en posición frontal es que los pixeles del móvil consiguen formar la figura del pájaro legendario. Ni relieve ni escultura, el objeto nos obliga perpetuamente a reconstruir una especie de camera obscura: el aparato perspectivo sobre el que hemos fundado la visualidad occidental. Hay que ver en el aparecer y desaparecer de esta imagen al desplazarse un apunte técnico sobre la obra de Toledo en general, que como en el caso de su dodó, opera como una especie de bisagra entre campos semánticos, lista a sugerir una cierta configuración pero sin aceptar radicar en ninguno de esos terrenos del todo. Dejando sólo vistazos y guiños del territorio cultural y personal que estas obras e imágenes atraviesan.

Una parte significativa de la obra de Toledo, desde su narrativa fotográfica *Migration patterns* (2000) que compila imágenes oblicuas de las casas que la artista ha habitado desde niña, hasta su serie de fotografías de edificios neoyorkinos arbitrariamente asignados a determinados *Nombres propios* (2005), a los modelos arquitectónicos derivados de la *Composición con rojo, azul y amarillo* (2004-2006) se plantea una dicotomía similar: una trama abstracta consigue literalmente *encajar* lo personal, lo fugitivo, lo íntimo. Un entorno formulado en torno al espacio administrativo de la cuadrícula y las ortogonales puede filtrar la discontinuidad de la historia emocional.

shot through by sensory perceptions and emotions that complete or overflow the visual register. It becomes necessary, then, to replace specific, univocal texts with a somewhat looser fabric, painstakingly recoded with a view to rendering it for the most part illegible. Just as in *Galápagos* (2005)—a series of models and light boxes made of sugar cubes that transcribed the names of the Ecuatorian archipelago ("Isabela", "Fernandina", "Santiago") into an idiom of geometric constructions—the upshot of these visual rebuses consists of an enigma in the manner of ancient labyrinths, at once a celebration of order and pattern, and an existential trap.

In the video entitled *Colon (:)* (2002), Toledo shows us the ceaseless rolling of red-tinted waves on a monitor positioned in a room that has likewise been painted red. At regular intervals, however, the screen blinks with quasi-subliminal sequences taken from the artist's family album, this time coloured a vivid blue that in opposition to the red makes them virtually impossible to decipher. Over and above the chant of these colour-vowels, a tension was set up between the identitarian tokens and intimacies of a family album and the remote, impersonal application of a methodology. Furthermore, the ever-present note of the colour red corresponds, in Toledo's code, to the self in English: an almost Whitmanesque "I" that swells into a single, sustained guturation.

This porosity is materially manifest in works such as *Dodo* (2002), a mobile made from five layers of red acrylic rectangles, which takes one of John Tenniel's illustrations for Lewis Carroll's *Alice* and breaks it down to create an Op-artish, sculptural effect.[6] The work performs as a sort of three-dimensional anamorphism, in that the pixels of the mobile only come together in the form of the famous dodo when viewed from the front. Constituting neither a relief nor a sculpture, the object urges us into the perpetual reconstruction of a species of camera obscura—the device for tracing perspectives upon which Western visuality was founded. The way the image slides into and out of shape as we move around it provides a summation of the ensemble of Toledo's work, which, much like her Dodo, operates as a hinge between semantic fields, ready to suggest a given configuration but refusing to belong to any one of these fields alone; affording scarcely more than glimpses, mere hints of the cultural and personal terrains traversed by these images and works.

A significant proportion of Toledo's work—including the photographic narrative *Migration patterns* (2000) that compiles oblique shots of her various homes since childhood; the series of photographs of New York buildings arbitrarily paired with first names for *Common Names* (2005), or the architectural models distilled from *Composition with red, blue and yellow* (2004-2006)—addresses a similar dichotomy, in which an abstract grid succeeds in literally *boxing up* wisps of private, evanescent, intimate material. A space formulated in keeping with the administrative strictures of the grid and the quadrilateral can nonetheless allow the discontinuities of an emotional history to percolate through.

---

[6] La artista tiene de hecho un tatuaje con esa imagen, que para ella implica siempre una nota absurda suficientemente absurda como para fijarla sobre su piel para siempre.

[6] The artist is tattooed with this same image, considering it sufficiently absurd to merit a permanent place on her skin.

BONUS TRACK

BONUS TRACK

Hay una lógica en el arribo de Laureana Toledo al dispositivo del *cover* en su proyecto *The Limit* (2005-2008) en Sheffield. Aprovechando la confusión derivada del relativo regionalismo de los círculos de la cultura popular, Toledo indujo un complejo juego de transparencias y espejos, donde no sólo invitaba a un grupo de rockeros a hacer "como si" no fueran famosos, sino que ofrecía al público de Sheffield la experiencia de un reciclaje oblicuo de su territorialidad en la historia del pop.

El juego, en efecto, mostraba al *cover* como marcando un espacio límite: el borde donde la transcripción y transformación de un texto supuestamente original conduce a su reemplazo, donde el espectador acaba por situar su placer entre los planos de la sospecha de un "original" escamoteado y la experiencia derivativa pero intensa de lo presente. Es ahí, en ese territorio de interrogación, detención y respeto, donde la obra de Toledo quiere siempre colocarnos. Entre planos intermitentemente surgiendo y cancelándose, y en el curso de una temporalidad que también oscila indecisa entre la emoción, la evocación, la reflexión y la intrascendencia.

Esa es precisamente una no-articulación (en la medida en que convoca elementos y escenarios sin enlazarlos de manera fija) en torno a la que gira la obra de Toledo: un viaje de ida y vuelta a un contenido vacío, que sin embargo permite atisbos a una multitud de lugares y signos. Un vacío no estetizado, y que sin embargo resulta necesario en la medida en que es parte de la aventura de la significación. Pues como dice la artista, ¿qué es un globo sin aire dentro?

Claro está, esta estructura alude a la complejidad de vincular contemporaneidad y vida, la extraña operación de distribuir sensaciones en un territorio cambiante, desechable, pasteurizado, homogeneizado, pero no alérgico a los efectos y afectos de la modernidad. Intervenciones que en lugar de buscar un cierre de sentido, parecen increpar a su espectador para provocar un espacio de cuestionamiento.

—¿Cómo podría un cuadro de Mondrian, con sus severas y apolíneas divisiones de líneas negras y colores primarios, traducirse en la planta estándar de una casa habitación?

—¿Es ese proceso de traducción una realización utópica, una degradación comercial y práctica o una constatación de la indiferencia?

—¿Cómo hemos llegado a enlazar nuestras pasiones y deseos con la progresión de la música enlatada y reciclada?

O si se quiere ponerlo de un modo más catastrófico, histérico y banal:

¿Cómo alcanza hondura lo estándar?

Laureana Toledo's recent incursion into the world of rock music cover performances, with her project in Sheffield *The Limit* (2005-2008), is a logical extension of her concerns. Taking advantage of the relative parochialism of pop-culture circuits, Toledo set off a complex play of transparencies and mirrors by inviting a group of a famous Mexican rock group musicians to "pretend" to be unknown, in order to treat the Sheffield audience to an oblique recycling of its territoriality within pop history.

This game dealt with song covers as the markers of a borderline along which the transcription and transformation of a supposedly original text entails its substitution, compelling the audience to derive pleasure from the overlap between the suspicion of a traduced "original" and the subsidiary, but intense, experience of the live performance. This is exactly the place to which Toledo's work always seeks to lead us: a place of wondering, of pause, of respect, amid planes that intermittently appear and vanish, and on a temporal scale that similarly hesitates between emotion, evocation, reflection and banality.

Inasmuch as she convenes elements and scenarios without yoking them in any dogmatic or prescribed way, Toledo's art can be defined as one of non-articulation: a to-ing and fro-ing around an empty content, which nonetheless facilitates momentary sightings of countless places and signs. The emptiness is not aestheticized, yet it proves indispensable to the adventure of meaning. In the artist's own words: What good is a balloon with no air inside it?

Needless to say, this structure alludes to the complex business of linking contemporaneity with life, the queer enterprise of scattering sensations across a territory that may be mutable, disposable, pasteurized and homogenized, but is not allergic for all that to the effects and affects of modernity. Toledo's interventions, far from aspiring to lock down meaning, seem to upbraid the viewer, the better to air a space of inquiry:

—How might a Mondrian painting, with its hard, Apollonian compartments of primary colours separated by black lines, be transposed into the standard ground plan of a family house?

—Is this process of transposition or translation a utopian venture, a pragmatic, commercial debasement, or a statement of undifferentiation?

—How have we managed to charge the proliferation of canned, recycled music with our deepest passions and desires?

Or, to put it more catastrophically, hysterically and tritely:

—How does the average become profound?

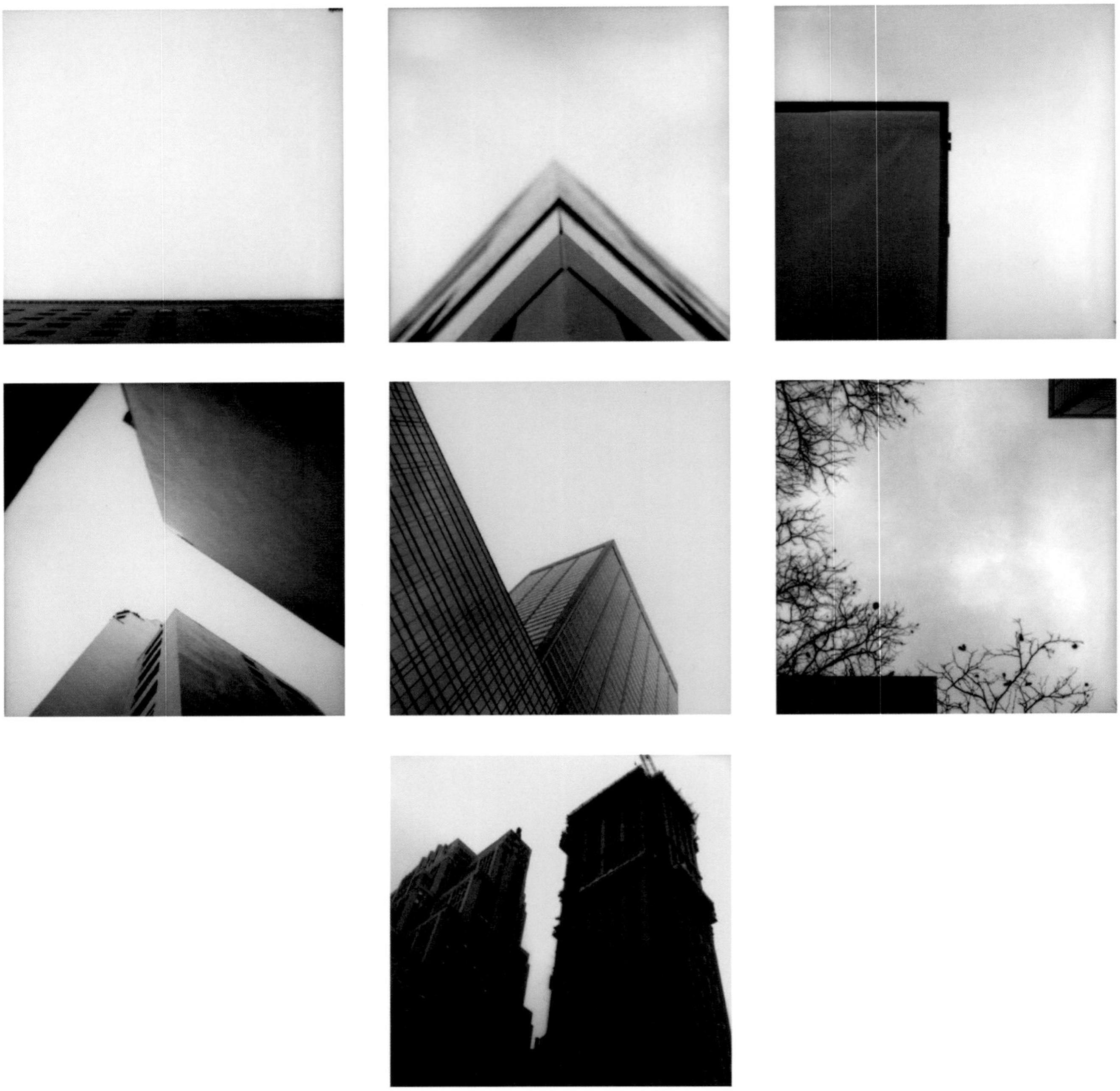

Laureana Toledo   Nombres propios

2007 | Serie de 7 heliograbados | 60 x 50 cm c/u | Edición de 30 ejemplares

www.lacajanegra.com

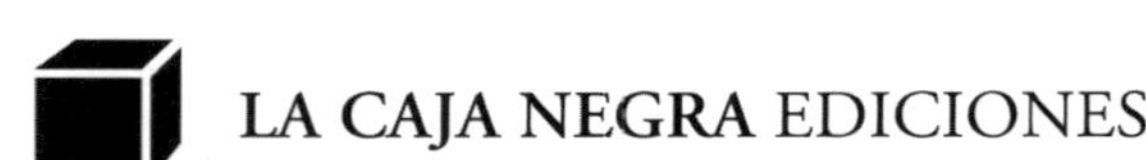

EN SUS PROPIAS PALABRAS, LOS MIEMBROS DE ESTE PECULIAR GRUPO DE COVERS, NOS HABLAN DE LO QUE HACEN CUANDO NO ESTÁN OCUPADOS CON CANCIONES DE BANDAS PROVENIENTES DE SHEFFIELD.

IN THEIR OWN WORDS, THE MEMBERS OF THIS PECULIAR COVER GROUP TELL US WHAT THEY DO WHEN THEY'RE NOT BUSY WITH SONGS FROM BANDS ORIGINALLY FROM SHEFFIELD.

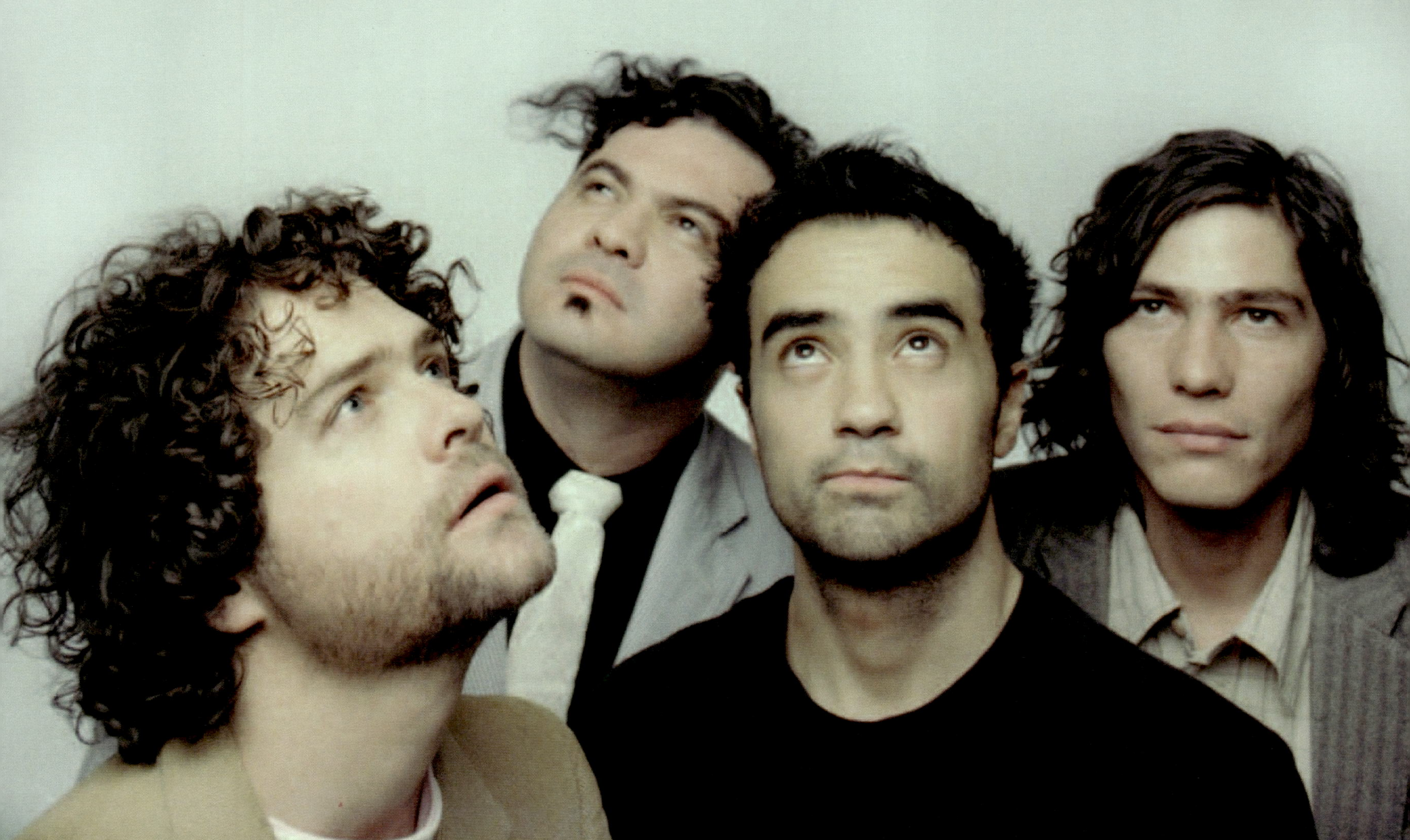

QUIQUE RANGEL

Quique Rangel (1969, Minatitlán, Veracruz) reparte su tiempo entre el diseño gráfico dirigiendo Estudio Refugio, su pasión por la bicicleta transitando en una ciudad junto a 3 millones de vehículos, el coleccionismo de cajetillas de cigarros (142 hasta ahora) y como miembro de Café Tacvba desde hace 18 años, así como de los grupos The Limit, grupo que desearía haber tenido a los 16, y de Los Odio donde su promedio de participación es de 2 conciertos al año.

Quique Rangel (1969, Minatitlán, Veracruz). He divides his time between graphic design as the leader of Estudio Refugio, his passion for bike riding in a city of 3 million vehicles, his collection of packs of cigarettes (142 and counting) and as a member of Café Tacvba —for 18 years now— as well as with The Limit— a band he wishes he had been in when he was 16 and Los Odio, with whom he plays approximately two concerts per year.

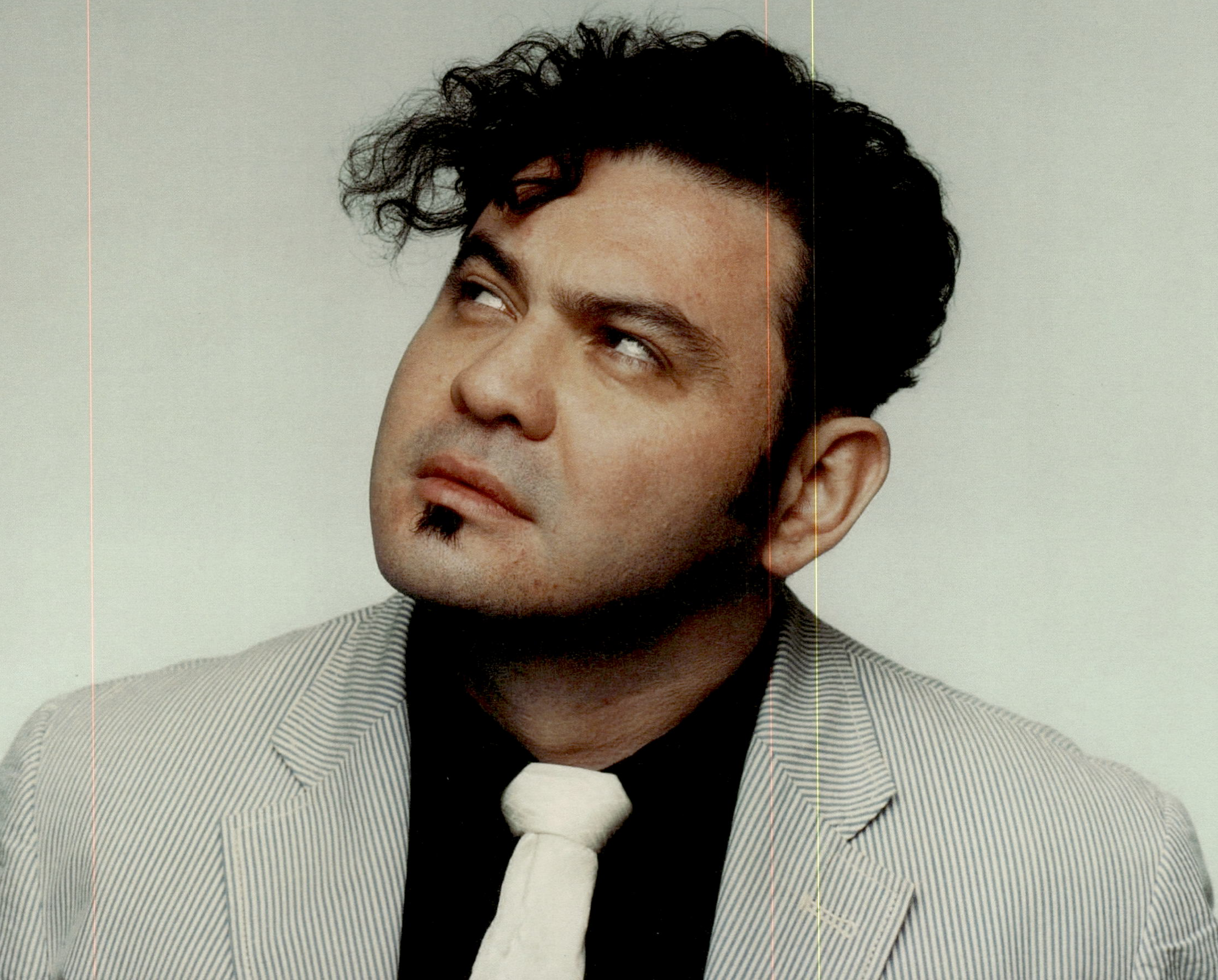

Yo recuerdo siempre haber querido ser músico, fui a clases de música desde muy pequeño y mi primer intento de banda lo tuve a los 11 años cuando iba en 5º de primaria y quería ser baterista, al poco tiempo descubrí que para tocar batería se requería de cierta destreza que evidentemente yo no tenía. En esos días estaba en el coro de la escuela y pensé: "seguro que esto no lo hago tan mal", así que empecé a cantar influenciado por Axl Rose que era lo que más escuchaba. Así empezó mi carrera como cantante, después empecé a tocar el piano que había en mi casa y a escribir canciones. Tuve muchas bandas y me costó mucho trabajo encontrar lo que realmente quería hacer y sobre todo encontrar con quién lo quería hacer; por fin llegó Bengala y aquí me tienen cantando con The Limit. Gracias a todas las bandas y músicos que no me dejaron otra alternativa

Since I can remember I always wanted to be a musician. I took music classes since I was a little kid. My first attempt to form a band was at 11. I was in 5th grade and wanted to be a drummer. Soon after I discovered that drums required a level of skill I lacked. By then I was also part of the choir at school, so I thought, "maybe I'm not so bad at this", so I started to sing, influenced by Axl Rose, 'cause I listened to him all the time. Then I started playing a piano that was at home and also to write songs. That's how my singer career started. I formed lots of bands; it was really hard to find what I really wanted to do, and especially with whom I wanted to do it. Finally I found Bengala, and now I'm here singing with The Limit. Thanks to all the bands and musicians that left me with no other choice.

DIEGO SUÁREZ

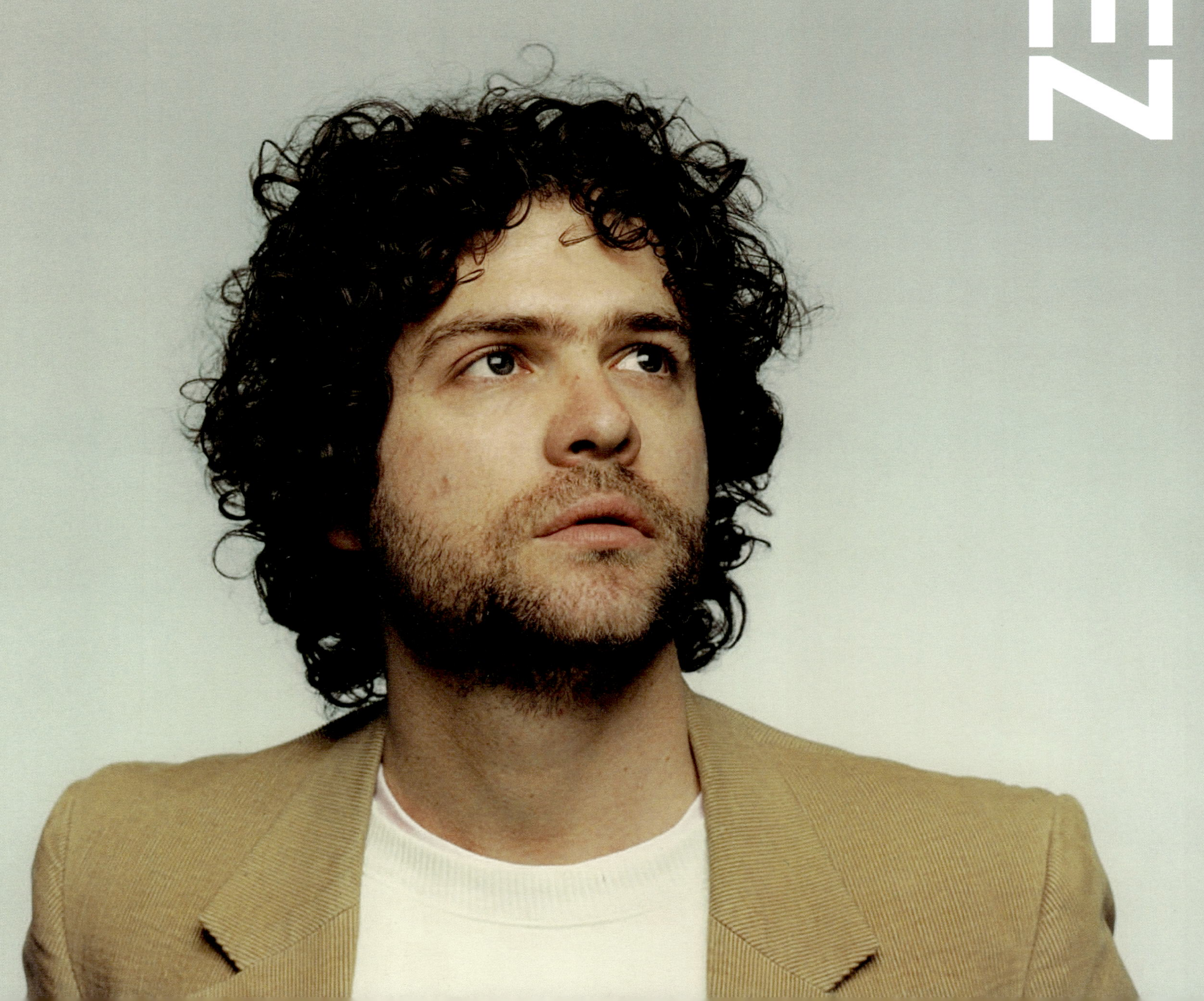

SERGIO ACOSTA

A la música me metí sin darme cuenta. Recuerdo a los 5 años, con amigos más grandes jugar a poner un acetato de los Beatles y adivinar qué canción era... muchos años después me llevé a León, mi vocalista, de *reven* al D.F. y en una mañana de cruda, cuando lo vi agarrar una guitarra y cantar una canción, con toda certeza le dije: "vamos a hacer un grupo, ¿no?"... por supuesto que yo no sabía tocar nada. Eso fue hace 18 años y esa propuesta se convirtió en Zoé, mi banda, mi proyecto, mi dolor, mi amor... A The Limit me metieron bajo los efectos de una sopa vietnamita. Cuando desperté estaba en Sheffield, Inglaterra, devolviéndole el favor a esa nación que tantos días de felicidad y melancolía me ha dado. Sin música no existo.

I got into music without noticing it. I remember when I was 5, me and some older friends goofed around playing a record of The Beatles and trying to guess the song… years later I took Leon, my singer, to party in Mexico City and one morning we were really hungover, and I saw him grabbing a guitar and told him, completely convinced, 'let's form a band!'… of course I didn't play any instrument, that was 18 years ago, and that proposal became Zoé, my band, my project, my pain, my love… I got into The Limit under the influence of a Vietnamese soup. When I woke up I was in Sheffield, England, repaying something to the country that has given me so many moments of happiness and melancholy. Without music, I do not exist.

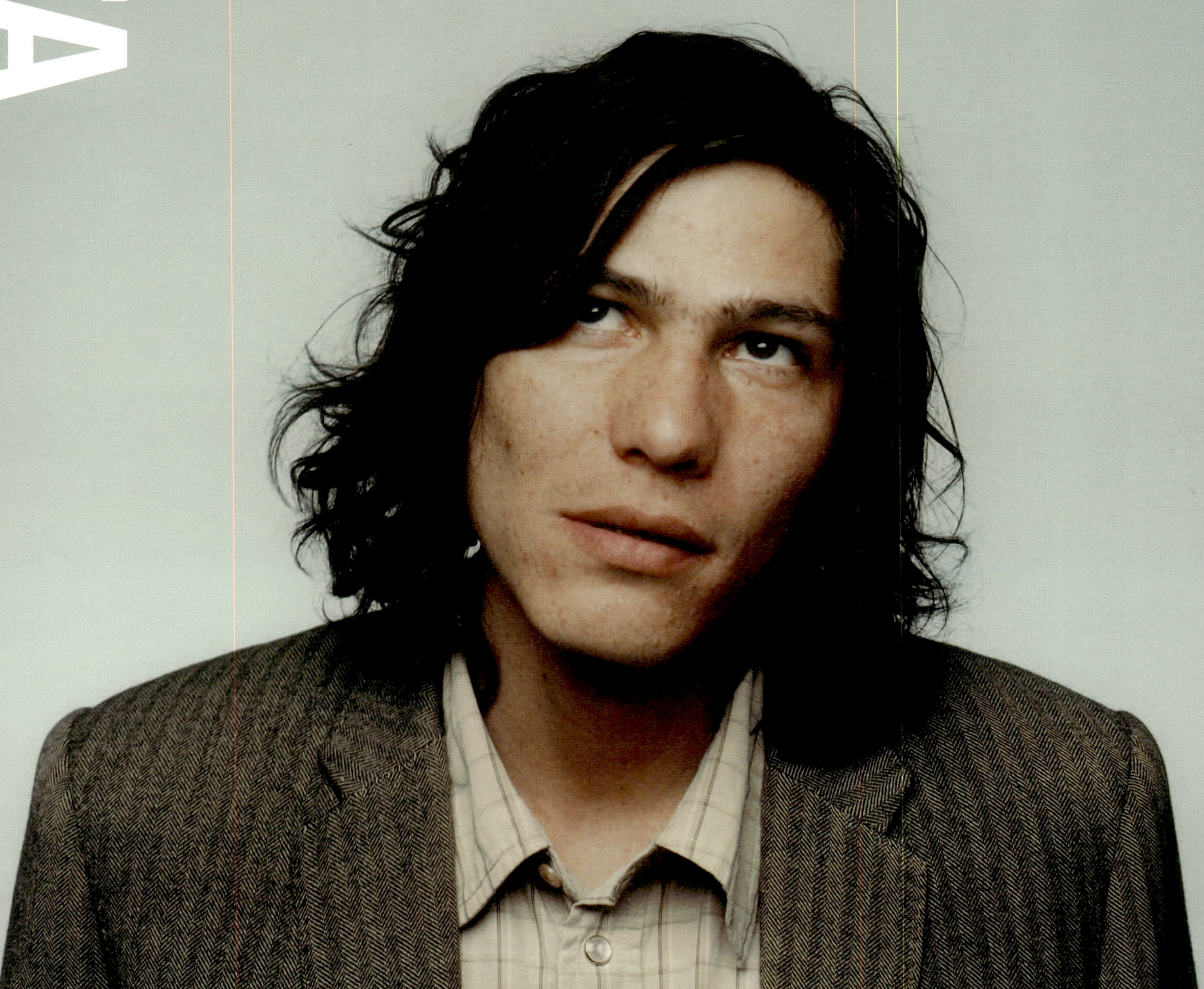

Soy baterista desde los 14, y deejay desde los 18. Caí lentamente en las tecno-garras de la música electrónica, de las cuales cada vez me suelto más, resultando en una constante experimentación entre el rock y el tecno. Ahora ingeniero en audio, y conspirador en contra de una aburrida industria musical, formo parte de DiscoRuido, un proyecto que muchos dicen "no es una banda" —lo cual me gusta bastante.

I've been a drummer since I was 14, and DJ since I was 18. I fell slowly into the techno-claws of electronic music, and I try really hard to cut lose from them, which in turn results in constant experimentation combining rock and techno. Now I am audio engineer and conspirator against the boredom of the music industry, I'm part of DiscoRuido, a project about which a lot of people say 'that is not a band'—which I actually like a lot.

JULIÁN PLACENCIA

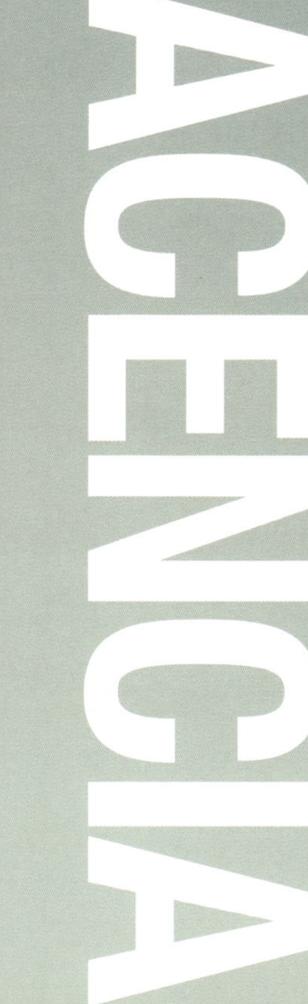

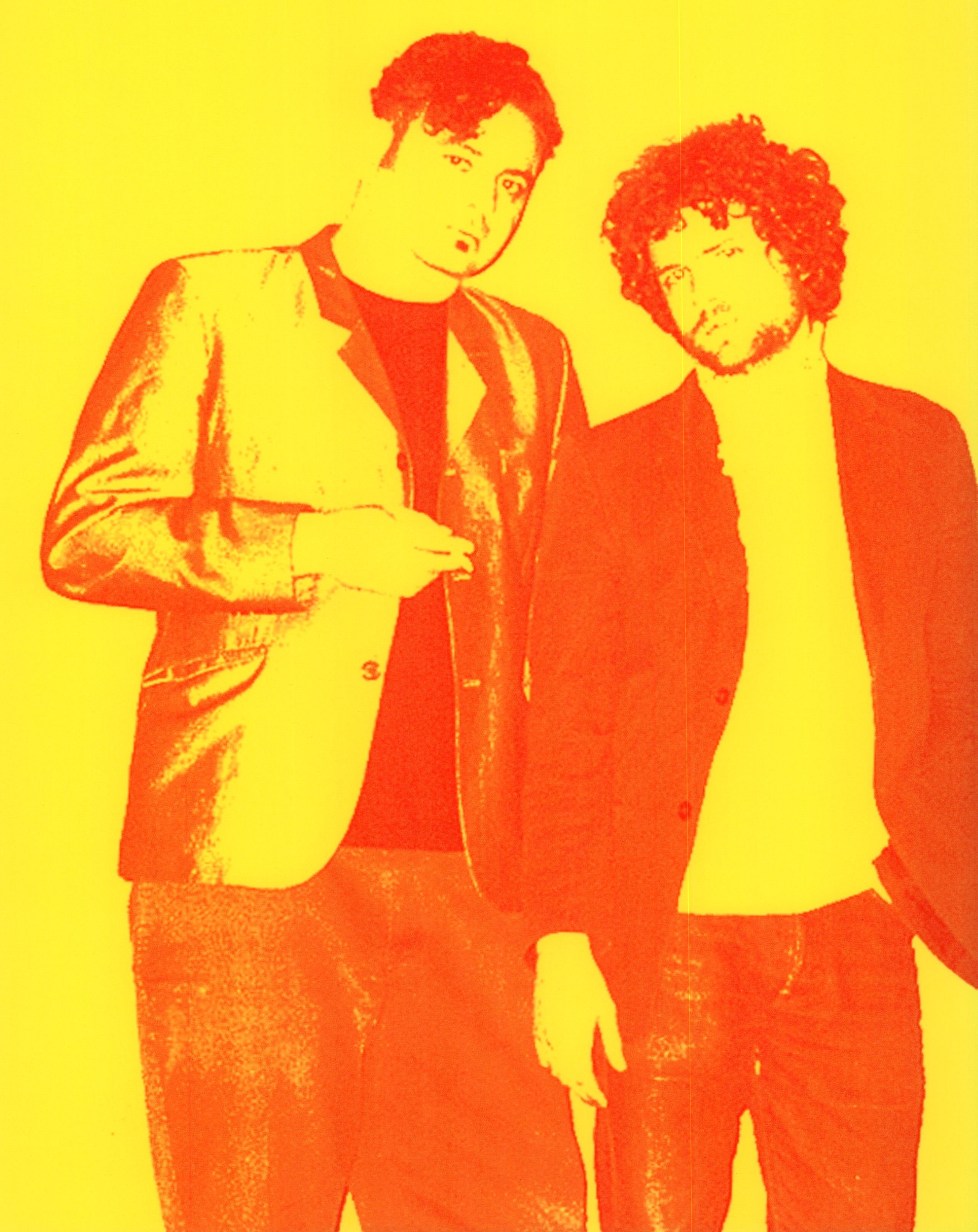
Rulo

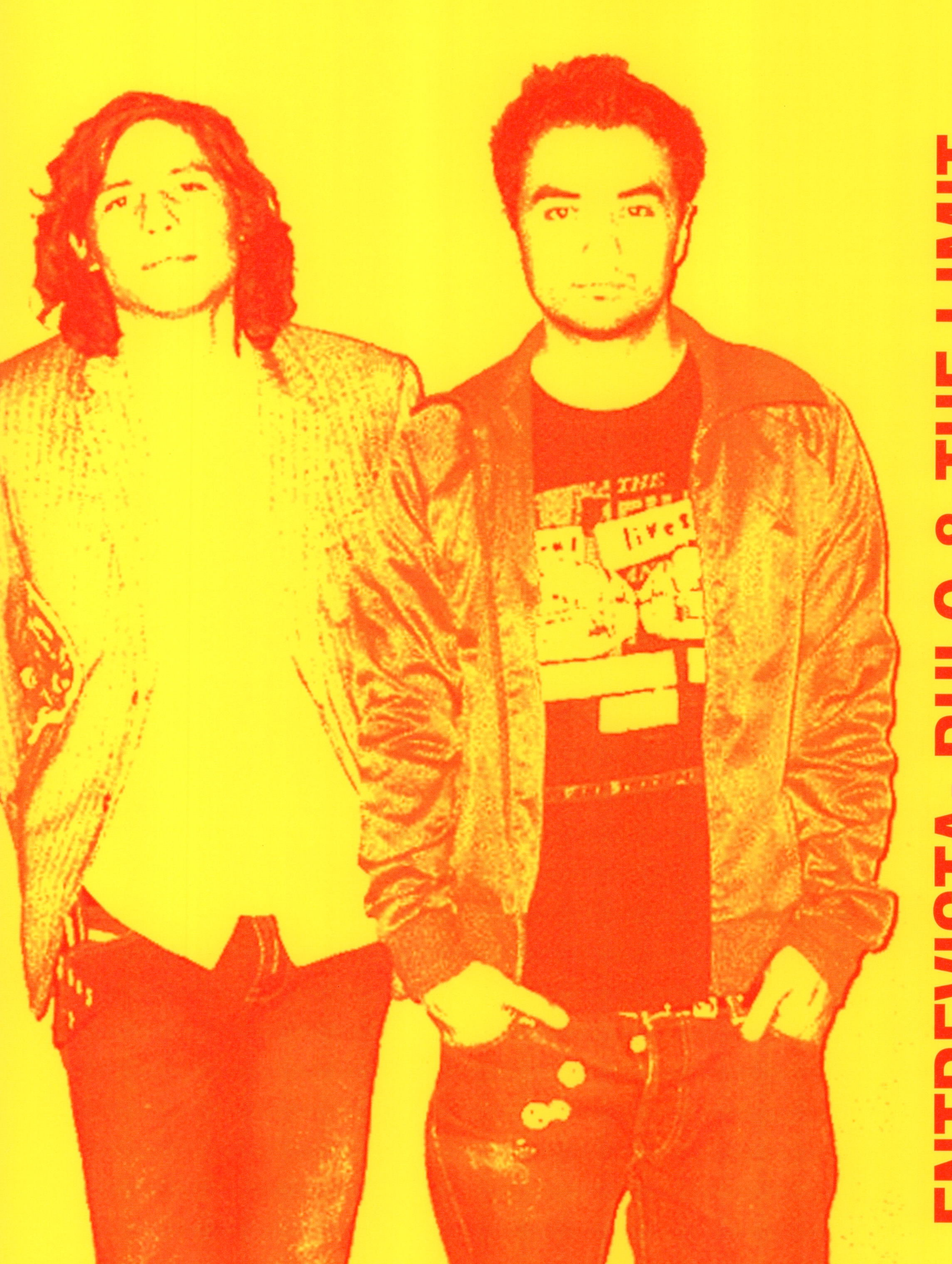
ENTREVISTA: RULO & THE LIMIT
INTERVIEW: RULO & THE LIMIT

Rulo: ¿Cómo empieza The Limit? ¿Qué los une, cómo se conocen?

Quique: Todo empezó con la invitación que le hacen a Laureana de un evento de arte en Sheffield. Se hace la invitación a mucha gente, basada en el tema del evento: el Espectador T. La premisa es que hay varios espectadores del arte: uno que es incondicional, está enterado y le encanta el arte contemporáneo; otro que puede estar enterado o no y el Espectador T, que es al que le caga el arte. Entonces los artistas tenían que proponer una pieza para este espectador. Laureana se pone a investigar y se da cuenta de que Sheffield, en algunos momentos de la historia contemporánea de Inglaterra ha generado movimientos o grupos que han sido parte aguas, y es así como empieza a generar el proyecto de tomar algunas canciones emblemáticas de ciertos grupos y hacer un grupo de covers.

Rulo: Pero bueno, ¿cómo se integra el grupo? ¿Por qué ustedes? Habiendo tantos músicos que conocen, ¿cuál es el criterio para escogerlos?

Sergio: (risas) El criterio de Laureana. Yo creo que invitó a quien le dio la gana.

Diego: Yo fui el último en ser convocado.

Sergio: A mí se hizo muy interesante porque yo nunca había tocado covers en mi vida.

Rulo: ¿Nunca tuviste un grupo de covers de bar, ni cuando empezabas? ¿En tus otros grupos, nunca sacaron alguna canción en los ensayos?

Sergio: No, el único cover que alguna vez tocamos con Zoé fue *Taxman* y nada más salió así, en una tocada… Pero ya fue en el contexto de un grupo de música original. De chavo no, nunca tuve un grupo de covers, ni empecé así.

Rulo: ¿Y tú? (A Diego)

Diego: No, yo tampoco. Jamás había hecho covers. Y creo que lo que hicimos ahora no fueron covers, sino versiones. Porque muchos grupos tenían *sintes*, por ejemplo, y más bien nos acoplamos a lo que teníamos en la banda, que era batería, guitarra, bajo y un *sinte* que apenas…

Rulo: ¿Y por qué se decidió que esa fuera la formación del grupo? ¿Fue a partir de los integrantes? ¿O los integrantes se escogieron pensando en que fuera una formación básica? ¿Por qué no decidieron un grupo de ska cantando canciones de Sheffield, o un grupo de lo que sea? ¿Qué es lo primero, decidir la formación o decidir los integrantes?

Quique: Creo que primero los integrantes. Qué toca cada quién y tratar de resolverlo con nuestras limitantes y capacidades. Y es por eso que resultaron ser versiones, no covers tal cual, aunque algunas sí nos quedaron bastante bien.

Rulo: Bueno… el otro día tuvimos una discusión sobre covers y versiones que es bizantina, ¿no? En fin… ¿Cómo escogen el repertorio? Sí, grupos de Sheffield, pero Def Leppard tiene veinte "top 20 hits".

Diego: Y aquí funcionaron más o menos bien, pero allá no funcionó nada…

Quique: Nada… Def Leppard fue una sorpresa. La gente se quedó sorprendida, preguntando… y este, ¿qué grupo es?

Diego: Allá lo que más admiran, lo que más quieren es a Pulp.

Sergio: Definitivamente. Y a Human League también. Se sentía vivo el espíritu de Human League en Sheffield por las calles. De hecho yo llegué a ver un graffiti, o bares que anunciaban noches de música, y Human League siempre estaba dentro de los primeros.

Rulo: Bueno, los grupos que escogieron, todos de algún modo han cambiado la música inglesa. Incluso Def Leppard, cuando salió era una propuesta muy innovadora: "The New Wave of British Heavy Metal", que incluía a Judas Priest, a Saxxon, y eran muy vanguardistas en su momento.

Sergio: Eso también era interesante. La condicionante de tocar grupos de esa ciudad te obliga a tocar grupos que no todos te encantan necesariamente, o la música que te gustaría tocar. Por ejemplo, para mí, Def Leppard fue lo que menos disfruté y lo que más trabajo me costó tocar porque no es la música que más me gusta a mí, ni el tipo de

Quique: It all began when Laureana was invited to an art festival in Sheffield. A lot of people were invited, based on the event's theme: Spectator T. The idea was that there are several kinds of art spectators: an unconditional one who's well informed and loves contemporary art; another who's more or less interested, and then Spectator T, who hates art. So artists had to propose a piece for this kind of spectator. Laureana began doing some research and realized that Sheffield had been the origin of innovative movements and bands at different times in the contemporary history of England. That's when she decided to do a project with certain groups' best-known songs and start a cover band.

Rulo: Okay, but how did the group get together? Why you? You know so many musicians, how did you decide whom to invite?

Sergio: (laughter) Laureana decided. I think she invited whomever she felt like.

Diego: I was the last one to be invited.

Sergio: I found it interesting because I'd never played covers in my life.

Rulo: You never had a band that played covers in a bar? Not even when you started out? Your other groups never played covers at the band's rehearsals?

Sergio: No, the only cover that Zoe played once was "Taxman" and it just came out that way, in a jam. But that was in the context of a band that made its own music. As a kid I never had a cover band, that's not how I started out.

Rulo: (to Diego) What about you?

Diego: Nope, me neither. I'd never played covers. And I actually don't consider what we played to be covers, but versions.

Quique: That's interesting.

Diego: Because a lot of bands had synths, for instance, and we just made do with what we had in hand, which is a guitar, a bass and a synth that barely worked.

Rulo: And why did you decide on these musical elements? Was it based on the members? Or were the members chosen to form a basic band? Why didn't you choose to make a ska band to play Sheffield songs or some other kind of band? What comes first— determining the band's musical elements or deciding on its members?

Quique: I think the members came first. Who played what and trying to figure it all out with our limitations and skills. And that's exactly why our songs ended up as versions instead of covers, although some of them turned out pretty damn good.

Rulo: The other day we had a hairsplitting discussion about covers and versions, didn't we? How did you decide on the repertoire? Right, Sheffield bands, but Def Leppard has twenty top-ten hits.

Diego: And they were worked pretty well here, but none of them worked over there.

Quique: Not a bit. Def Leppard came as a big surprise. People were really surprised, asking, "What band is that?"

Diego: The band they admire most over there, the one they love best, is Pulp.

Sergio: Definitely. And Human League, too. The spirit of Human League feels alive in the streets of Sheffield. Actually, I saw graffiti and nightclubs announcing music nights, and Human League was always at the top of the list.

Rulo: All of the bands you chose have changed English music in some way, including Def Leppard, which was very innovative when it first came out. The New Wave of British Heavy Metal, which included Judas Priest, Saxxon. They were really groundbreaking at the time.

Sergio: That was interesting, too. The precondition of playing songs by (Sheffield) bands meant we had to play music by bands we don't necessarily like—or it isn't the kind music we necessarily want to play. For me for instance, Def Leppard was what I least enjoyed and it

guitarra que yo puedo aportar… de hecho me costó trabajo porque no es para nada mi onda. Pero por lo mismo se me hizo muy interesante como un ejercicio.

Rulo: … ver que tan buen guitarrista soy, o hasta donde llega mi rango como músico.

Sergio: … sí, y darle una reinterpretación, que es lo que estaba padre de las personas a las que juntó Laureana… ¿qué iba a surgir si meto a estos cuatro músicos en un cuarto, no? Eso fue también muy interesante. Para mí tocar con otros músicos, yo que llevo toda la vida tocando con mi grupo y casi no he convivido con otros músicos, ni hecho música con otra gente… tocar con Quique, con Diego, con Julián… es como sacarte un poco de tu pecera.

Rulo: Claro, pero lo encararon como un hobbie…

Diego: Sí, fue muy divertido. Obviamente era chamba y lo hicimos lo más profesional posible. Nos juntamos a ensayar mucho, dos semanas todos los días… intensísimo.

Rulo: Y técnicamente, ¿fue difícil sacar las canciones?

Diego: A mí Def Leppard sí. Casi me quedo sin voz. No sé cómo cantaba ese güey así…

Quique: Yo por ejemplo, empecé a apreciar a Def Leppard después de haberlo olvidado… porque tienen un juego de guitarras impresionante. Y hubo que decidir qué era lo que iba a hacer Sergio, cuál de los *riffs* iba a hacer. Guitarras dobles, imposible hacerlo, ¿no? Y sí hubo una enseñanza, porque son canciones y arreglos muy interesantes.

Diego: Sí, aprendimos muchísimo. Yo por lo menos de las letras de Pulp, la manera de cantar de Jarvis. Sí me gusta mucho Pulp, pero como que nunca le había puesto tanta atención. Y tratar de interpretar lo teatral de Jarvis… es como un narrador de teatro.

Sergio: De hecho el primer día que Diego tenía la letra escrita, todos estábamos impresionados, porque eran páginas y páginas de la letra de una sola canción…

Diego: Pero era tan increíble la historia que me las acabé aprendiendo de memoria. Yo creo que fueron las únicas dos que sí me aprendí de memoria, porque te llevaba tan bien la historia, de principio a fin que era imposible olvidar la letra.

Rulo: ¿Y había una conciencia de hacer hits? Todas las rolas que hicieron son hits…

Todos: Sí

Diego: Las más representativas de cada banda.

Rulo: …y es que sí podría parecer que son un grupo de covers tal cual, porque un grupo de covers toca rolas que todo el mundo conoce. A lo mejor ustedes podrían haber tocado un lado B de Human League que les hubiera encantado… que eso nunca lo hace un grupo de covers de bar. Se fueron por las canciones que el público conoce y canta.

Sergio: Yo creo que fue importante por la naturaleza de la pieza, porque si hubiéramos llegado con esas rarezas, la gente no hubiera sabido qué clase de grupo éramos. Yo creo que era importante que fueran rolas que la gente reconociera, identificara, y que en base a eso tuvieran una reacción y observaran nuestra interpretación. Porque eran canciones que conocían y entonces podían decir, a ver qué hacen estos cuates con estas rolas.

Rulo: Las rolas son muy diferentes entre sí. Def Leppard y Human League, aunque existieron en el mismo momento en el tiempo y en la misma ciudad suenan muy diferentes. ¿Ustedes creen que lograron homogeneizar las canciones para que sonaran a The Limit?

Diego: Sí, yo creo que sí. Como te digo, tomando los recursos que teníamos. Por ejemplo, la de Human League no tenía guitarras, Sergio se inventa una guitarra y la hace sonar a The Limit. Las de Def Leppard igual, tal vez Quique se avienta el *riff* de la guitarra y doblaba la guitarra de Sergio, cosa que Def Leppard no hacía. Así que con las limitantes que teníamos le fuimos dando un carácter especial.

Rulo: ¿Y cuál de las canciones creen que se apega más a la versión original?

was also the hardest for me to play, because it's not the kind of music I like or the type of guitar I can play. Actually, it was hard for me because it's just not down my alley. But it was interesting as an exercise exactly for that reason.

Rulo: To see what a great guitarist I am, or what kind of range I can play.

Sergio: Sure. And re-interpreting it, which was great about the people Laureana got together. What's going to happen if I put these four musicians in the same room, right? And that was also really interesting. For me, it was playing with other musicians, when I've only been playing with my own band all my life. I've hardly hung out with other musicians, or made music with other people. Playing with Quique, Diego, and Julian—it's like spending time outside the fishbowl.

Rulo: Of course, but it started off as a hobby.

Diego: Yeah, it was lots of fun. Obviously, it was work, too and we did it as professionally as we could. We rehearsed a lot, everyday, for two weeks. It was really intense.

Rulo: Was it technically difficult to get the songs right?

Diego: Def Leppard was for me. I almost lost my voice. I don't know how that guy sang the way he did.

Quique: I began to appreciate Def Leppard after having forgotten about them because they have impressive guitar interplay and we had to decide what Sergio was going to do. Which riffs he was going to do. Two guitars at the same time—impossible to do, right? And we learned a lot, because they have really interesting songs and arrangements.

Diego: I learned a lot from Pulp lyrics—how Jarvis sings. I liked Pulp a lot, but I'd never really paid much attention to the lyrics. And now I had to try and interpret Jarvis's theatricality. (He's) like a theatre's narrator.

Sergio: Actually, the first day Diego brought in the lyrics we were all impressed because there were pages and pages of them.

Diego: But the story was so incredible that I ended up learning them by heart. I think they're the only two that I memorized because they told the story so well, from beginning to end, that it was impossible to forget the lyrics.

Rulo: Were you consciously performing hits? All of the songs you did are hits.

Everyone: Yeah.

Diego: The most representative of each band.

Rulo: It could have seemed that you were simply a cover band because you played songs everyone knows. Maybe you could have played a B-side of Human League that you really like, which a regular cover band will never do. You played songs that the audience knows… and sings.

Sergio: I think it was important because of the project's nature. If we'd played unusual things like that, no one would have known what kind of band we were. I think it was important that we played songs that people could recognize and identify, so they could react and judge our performance based on that. These were songs that they knew so they could say, "let's see what these guys do with these songs."

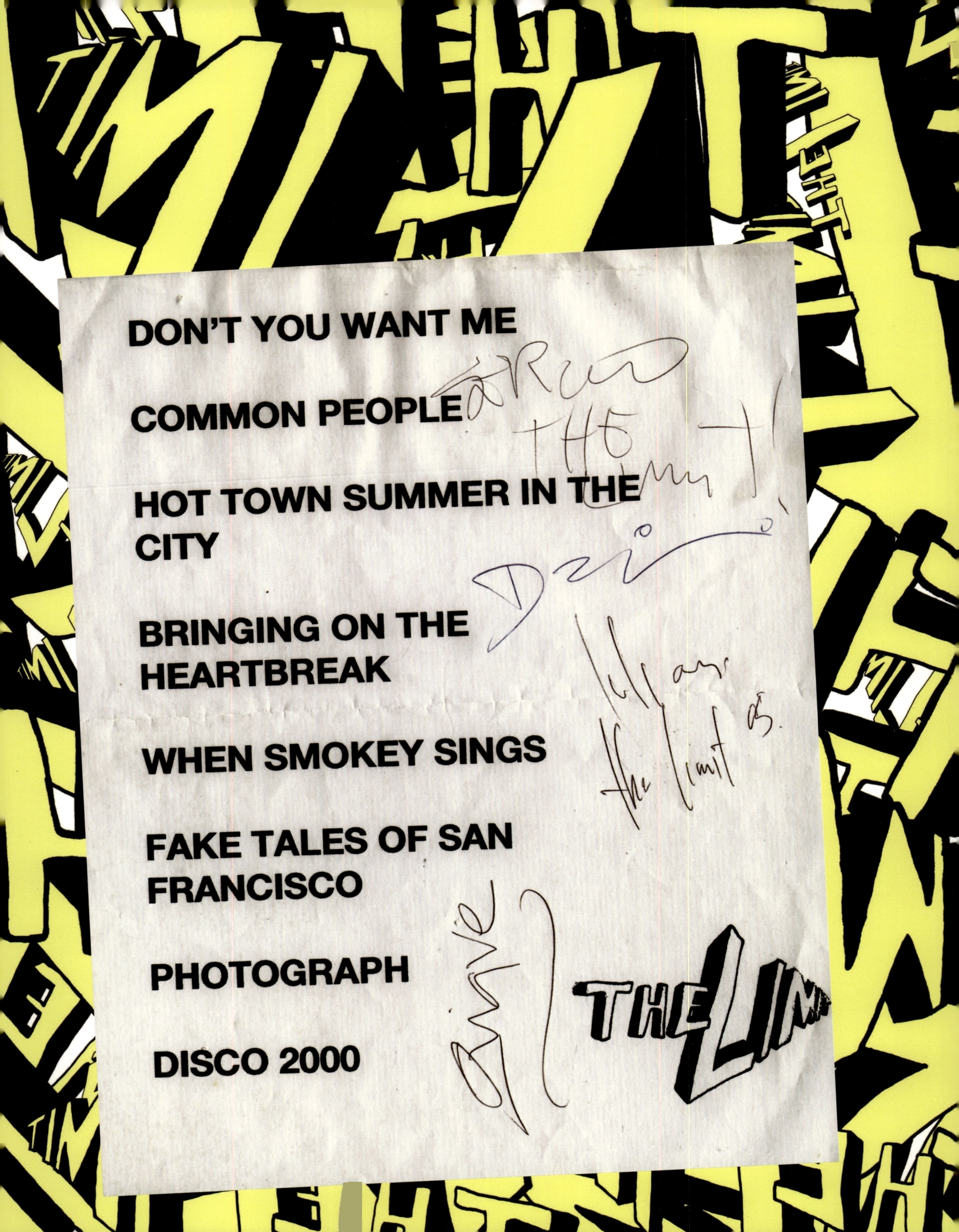

DON'T YOU WANT ME
COMMON PEOPLE
HOT TOWN SUMMER IN THE CITY
BRINGING ON THE HEARTBREAK
WHEN SMOKEY SINGS
FAKE TALES OF SAN FRANCISCO
PHOTOGRAPH
DISCO 2000
THE LIMIT

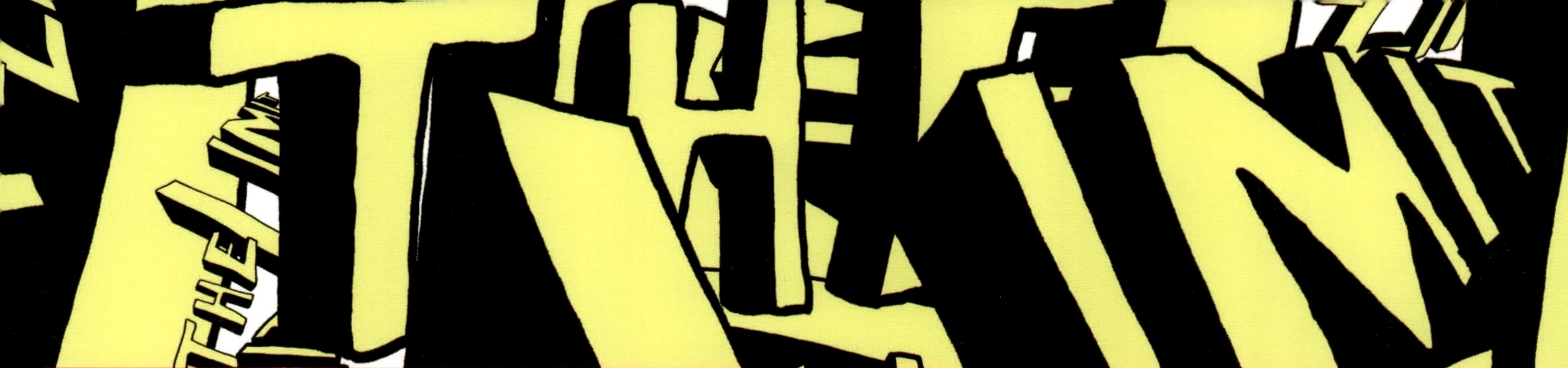

Quique: La de los Arctic Monkeys.

Diego: Y la de Joe Cocker también.

Sergio: Sí, creo que la de Arctic Monkeys es la más fiel.

Diego: También porque es la más actual.

Rulo: ¿Podría ser como si los Arctic Monkeys tocaran la historia de Sheffield?

Sergio: Sobre todo porque era la única rola que tenía la formación igual a la nuestra, entonces sí fue más natural. Los mismos elementos, los mismos instrumentos.

Rulo: El tema de los Arctic Monkeys... A mí me sorprendió esa elección en su repertorio, porque fue una decisión que tomaron justo antes de que estallaran los Arctic Monkeys, ¿no?, un par de meses antes...

Diego: Esa fue Laureana.

Sergio: En algún momento Laureana dijo que Kasabian era de Sheffield, y todos felices porque esa banda nos encantaba, y nos hacía ilusión tocar algo de ellos. Y cuando nos dimos cuenta de que no eran de ahí nos quedaron las ganas de incluir algo más fresco. Y un día Laureana me dijo "encontré un grupo de Sheffield nuevo que está muy bueno". Yo ni los conocía y estuvo chingón.

Rulo: Julián, pasando a ti: tú eres baterista pero estabas inactivo desde hace un rato, ¿no?

Julián: Inactivo como baterista, pero haciendo producción de otro tipo de música.

Rulo: Me imagino que a ti es a quien más trabajo le costó empezar a tocar con un grupo, y así...

Julián: Más que nada porque yo nunca había tocado con un grupo que no tuviera aunque fuera un poquito de música electrónica. Yo toda la vida estudié batería con un maestro y de ahí yo llevaba la batería a otra música, a otro tipo de cosas. Siempre con secuencias. Nunca había tocado con un grupo de rock así.

Rulo: ¿No les costó trabajo tocar con Julián? (risas) ¿No iba rezagado en los ensayos?

Sergio: Yo creo que tal vez no es que no tenga experiencia sino exposición. Pero experiencia, sí. El que más experiencia tiene es aquí el maestro Enrique (Quique), pero los otros tres creo que llevamos varios años con diferentes posibilidades.

Rulo: ¿Y quién asumió el papel de director musical del grupo?

Quique: A mí me lo enjaretaron... (risas)

Diego: Cada quien hizo su parte pero él llevaba la batuta. También, el que tenía todo sacado el primer ensayo eras tú, yo no me sabía una rola. Quique ya se sabía todas las líneas de bajo, y entonces de ahí fue muy fácil empezar, con el bajo y la batería Sergio y yo nos acoplamos bien.

Rulo: Viene su primer concierto en el Tandem Pub, en la ciudad de México, en el que había mucha gente conocida. Creo que trataron de hacer algo de bajo perfil y acabaron haciendo todo un evento. ¿Estaban nerviosos?

Quique: Sí.

Diego: Sí, cómo no. Yo estaba muy nervioso. Nunca había cantado en inglés. Estuvo padre. Yo sabía que iba a caer mucha gente. Porque no es tan grande el lugar, y todos tenemos muchos amigos. Sabía que iba a estar hasta la madre y creo que por eso estaba nerviosón.

Sergio: Había curiosidad de parte de la gente.

Rulo: ¿Y cómo se sintieron en el escenario? Me imagino que los nervios eran previos. ¿Y ya que estaban tocando?

Diego: Muy bien, ¿no?

Sergio: Divertido

Quique: Yo lo disfruté mucho

Diego: Yo disfruté desde el primer ensayo hasta el día en que regresamos de Londres. Muy divertido.

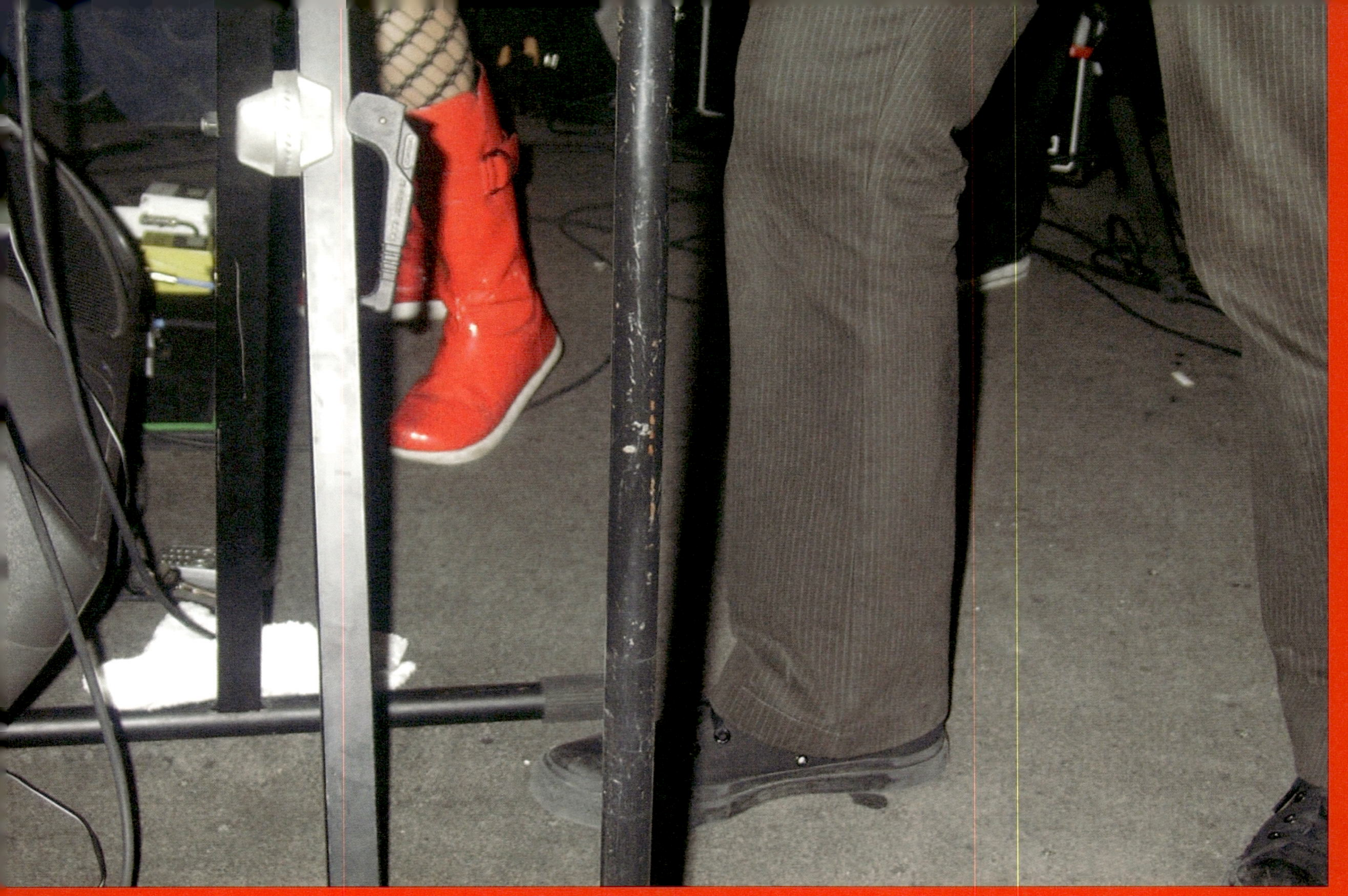

Rulo: ¿Qué conclusión sacaron después del primer concierto?
Quique: Pues que sonaba a un grupo (risas). Sí, es que en el ensayo estás tratando de ver qué es lo que esta haciendo el de junto. Y eso se te tiene que olvidar a la hora que estás allá arriba. Si no, no es un grupo, sino otro ensayo, arriba de un escenario.
Rulo: Ninguno de sus grupos sonaba bien después de dos semanas, ¿no? risas)
Diego: No, claro. Pero también eso es lo que tienen los covers: con un grupo nuevo hay que empezar desde hacer las canciones, arreglarlas. Creo que es mucho más difícil. Con los covers nada más tienes que sacar tu parte y hacerla bien y seguro que sale bien.
Sergio: Y aun así podríamos haber estado ensayando mucho más y estar puliendo arreglos nuevos o ideas. Pero también era lo interesante del proyecto, que tenía un *deadline*, un límite…
Diego: *The Limit*
Sergio: … "tenemos tantos días de ensayo y luego tenemos esta tocada y luego nos vamos"- y era trabajar con eso. Las primeras pláticas que tuvimos fueron sobre eso, de hacer un grupo así: llegar con poquito equipo y con todas las limitantes y no tratar de sofisticarlo o profesionalizarlo demasiado porque iba a perder un poco de chiste y de espontaneidad, entonces fue hacerlo con poquitas cosas, con lo que teníamos.
Rulo: Entonces todo fue una experiencia nueva para todos. Desde voltear a ver a otros músicos, bajarle a sus requerimientos de equipo habituales. ¿Les recordó un poco a cuando empezaban a tocar?
Quique Totalmente
Sergio: Absolutamente
Diego: Sí, a mí me recordó a mi situación actual…
(Risas)
Julián: Cuando fuimos a tocar allá era en lo que más pensaba. Que era un *back to basics* para Quique y Sergio. Estaban cargando sus guitarras, y tenían que ponerle algodoncitos a las manijas para no lastimarse.
Diego: Llegamos a Sheffield al primer toquín y Sergio había pedido un (amplificador) *Twin Reverbe* y tú (a Quique) un *Ampeg*, ¿no? Lo que piden siempre.

Rulo: How did you feel on stage? I can imagine being nervous before the show. What about when you were playing?
Diego: Pretty good, right?
Sergio: Fun.
Quique: I had a great time.
Diego: I had fun from the first rehearsal to the day we got back from London. It was great.
Rulo: What did you conclude after the first concert?
Quique: Well, that it actually sounded like a band (laughter). Yeah, it's just that at rehearsals you're focusing on what the others are doing. And you have to forget about that when you're finally up there. If you don't, then it's not a band, but just another rehearsal, up there, on stage.
Rulo: None of your own bands sounded good after only a couple of weeks, right? (Laughter)
Diego: No, of course not. But that's the thing about covers. With a new band you have to create the songs, arrange them. That's a lot harder. But with a cover you just have to do your part and do it well and things will turn out.
Sergio: Still, we could have rehearsed a lot more and polished the new arrangements or ideas. But that was what was interesting about the project, that it had a deadline, a limit…
Diego: The Limit!
Sergio: "You have so many days to rehearse and then you have a gig and then you leave", we had to work with that. The first talks we had were about that, about forming a band that way. Starting with not much equipment and all of these limitations, and not trying to get too sophisticated or too professional, because then you miss the point, or lose the spontaneity. So, we had to work with what we had.
Rulo: So it was all a new experience for everyone: from looking at other musicians to being less demanding in terms of the equipment you'd normally require. Did it remind you of when you started out?
Quique: Totally.
Sergio: Absolutely.
Diego: Yeah, it reminded me of my current situation. (Laughter)

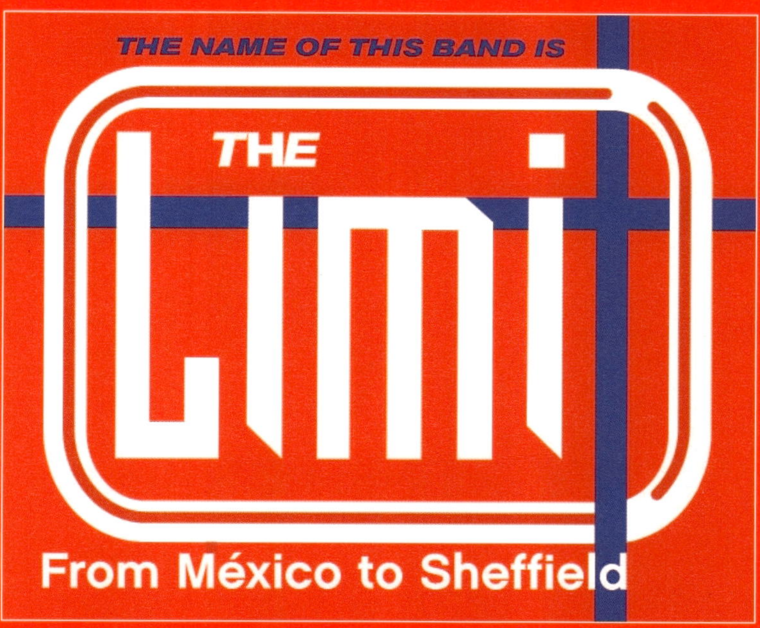

Quique: Sí, nuestros requerimientos normales. Y aparecieron unos amplificadores que nomás no…
Laureana: Sergio había rezado para que no le dieran un (ampli) *Peavey* (risas), y justo fue el que le pusieron.
Quique: Y curiosamente sonaba muy bien
Sergio: Se armó.
Diego: La guitarra sonaba muy bien. El bajo también.
Rulo: Está interesante. Sobre todo para ustedes dos (a Quique y Sergio) es una prueba de que a pesar de toda la infraestructura que los rodea y los *hits* de sus grupos, son músicos y pueden sacar canciones y pueden habituarse a unas circunstancias que no son las habituales.
Quique: Definitivamente
Rulo: Como ejercicio está chingón. A lo mejor no tenían conciencia de eso, ¿no? A ver qué pasa si algún día hago otro grupo…
Sergio: Sí, no estaba contemplado en el panorama inmediato, pero estuvo muy bueno.
Rulo: Supongo que reafirma cosas. Que finalmente el músico eres tú y tu instrumento. Si te desnudan de toda la infraestructura que tienes, al final queda eso. Y fue toda una prueba.
Sergio: Definitivamente
Julián: También para Diego en el sentido de que él no canta en inglés, por ejemplo. Es otra exposición.
Diego: Fue un reto para todos
Rulo: (A Julián) Y también para ti.
Julián: Sí, llevaba como dos o tres años sin tocar la batería sin un *clic* atrás, o siguiendo otro tipo de música. No rock. También fue una de las cosas que hicieron de esto una experiencia más intensa. El hecho de hacer este grupo nada más para esto, o sea, te estás juntando con gente que es tanto tu amigo, como tu influencia, que hacen cosas que te gustan. Pero es nada más para dos tocadas.
Sergio: El grupo tenía fecha de caducidad.
Julián: Entonces yo valuaba cada momento— los ensayos. "vamos a sacar lo más que pueda de esto, porque si esto sale como lo planeamos, sólo dura dos tocadas".
Rulo: Entonces viene el viaje. ¿Cómo reciben los organizadores del evento a un grupo de rock mexicano?
Quique: Lo reciben como una muy buena idea pero creo que en su cabeza tuvieran…
Diego: Un parámetro.
Quique: Sí. La referencia que tienen de un grupo mexicano de covers tocando canciones de Sheffield. Creo que esa frase tuvo diferentes interpretaciones en las cabezas de los organizadores. Por la referencia de México como un lugar turístico, distante, no tienen ninguna referencia musical de ahí, no conocen nada de lo que nuestros grupos puedan haber hecho.

Julián: When we were there, that was what I thought about. It was back to basics for Quique and Sergio. They were carrying their guitars and they had to put cotton swabs on the handles so they wouldn't hurt their hands.
Diego: We got to Sheffield to the first gig and Sergio had asked for a *Twin Reverb* (amp) and you (addressing Quique) for an *Ampeg*, right? What they always ask for.
Quique: Yeah, what we normally use. And they brought us some amps that just didn't…
Laureana: Sergio had prayed they wouldn't give him a *Peavey* (laughter) and that's exactly what he got.
Quique: Actually, it sounded really good.
Sergio: We managed to make it work.
Diego: The guitar sounded really good. The bass did too.
Rulo: That's interesting. Particularly for the two of you (to Quique and Sergio) -it was a test, because despite of all the infrastructure that surrounds you and the hits your bands have had, you're musicians and you can play the songs and get used to pretty much anything.
Quique: Definitely.
Rulo: It was cool as an exercise. Maybe you weren't aware of that, or were you? "Let's see what happens if one day I put another band together…"
Sergio: Yes, it wasn't something we had considered in the short term, but it turned out really well.
Rulo: I suppose it confirms things. That ultimately it's just about you and your instrument. That if the entire infrastructure you have is taken away, that's what you're left with. It was like a tryout.
Sergio: Definitely.
Julián: It was also a test for Diego in a way, because he had never sung in English before. It's another kind of exposure.
Diego: It was a challenge for everyone.
Rulo: (To Julian) And also for you.
Julián: Yeah. I hadn't played drums without a back tempo, or following some other kind of music, for about two or three years. Certainly not rock. It was one of those things that made the experience more intense: forming a band just for that. In other words, you're getting together with people who are your friends, and who've also influenced you, and doing things you like, but only for two gigs.
Sergio: The group had an expiry date.
Julián: I appreciated every moment—the rehearsals, let's get as much as we can out of this, because if it turns out like we planned, it's only going to be for two gigs.
Rulo: So then, we have the trip, what did the organizers of the event in Sheffield imagine a Mexican rock group would be like?
Quique: They thought it was a good idea but I don't think they had…
Diego: …a perspective.

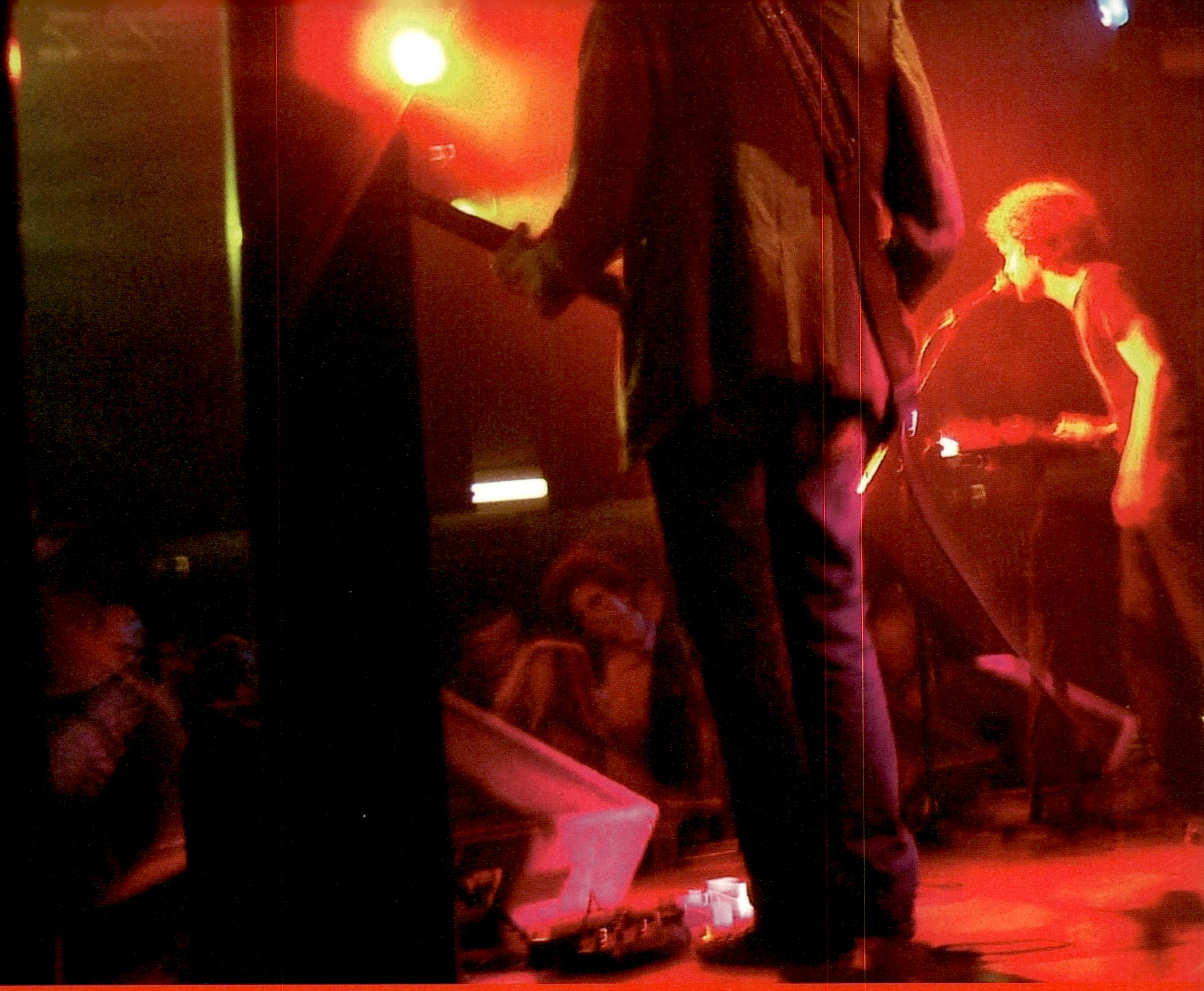

Rulo: No saben que fondean los comerciales del gobierno con la música de "Don't you want me"… (Risas)

Quique: Sí, estaban muy a la expectativa.

Rulo: Bueno, esa es la organización. ¿Y el público? ¿Cómo es el primer toquín de The Limit?

Quique: Fue justo el día de las inauguraciones de los demás eventos. No tenían ni idea de qué esperar.

Rulo: ¿Y cómo es Sheffield? ¿Qué les pareció cuando llegaron?

Quique: Bueno, tienes una idea de lo que es Londres. Pero llegas a Sheffield y te das cuenta de que Londres es una cosa y de que una ciudad del interior de Inglaterra es otra cosa.

Rulo: ¿Y en algún momento dicen: Las canciones que estamos tocando y que sacamos y que han viajado kilómetros salieron de aquí?

Diego: Sí, nos sorprendió. Aunque me imagino que ha de ser tan aburrido Sheffield que por eso hay buenas bandas. No hay nada más que hacer.

Sergio: Para mí sí cumplió la imagen que tenía de la Inglaterra más gris, más industrial.

Rulo: Pero sí es contrastante con las otras ciudades. Por ejemplo, los Arctic Monkeys sí representan a un post adolescente de la clase obrera, pero Human League que en su momento es tan de vanguardia, o tan futurista, tal vez parece venir de otro lugar que

Quique: Yeah. A point of reference for a Mexican band doing covers of Sheffield songs. I think the organizers had many different interpretations of what we meant by that. Because of the way they see Mexico as a tourist destination, so far away, without any kind of musical reference from here, they have no idea what our bands have done.

Rulo: Or that the background music for some government ads is "Don't You Want Me…" (Laughter)

Quique: Yeah, they had no idea of what to expect.

Rulo: Okay, so those were the organizers. What about the audience?

Quique: They had no clue what to expect either.

Rulo: What's Sheffield like? What did it look like?

Quique: Well, you have an idea about what London is like. But then you get to Sheffield and you realize that London is one thing and that a city in the British Midlands is something else.

Rulo: At any point did you ask yourselves: The songs we're playing and that have travelled around the world were written here?

Diego: Yeah, we were surprised. Although I imagine that the reason there are so many good bands from Sheffield is because it's so boring. There's nothing else to do.

Sergio: For me it confirmed the idea of a greyer, more industrial England.

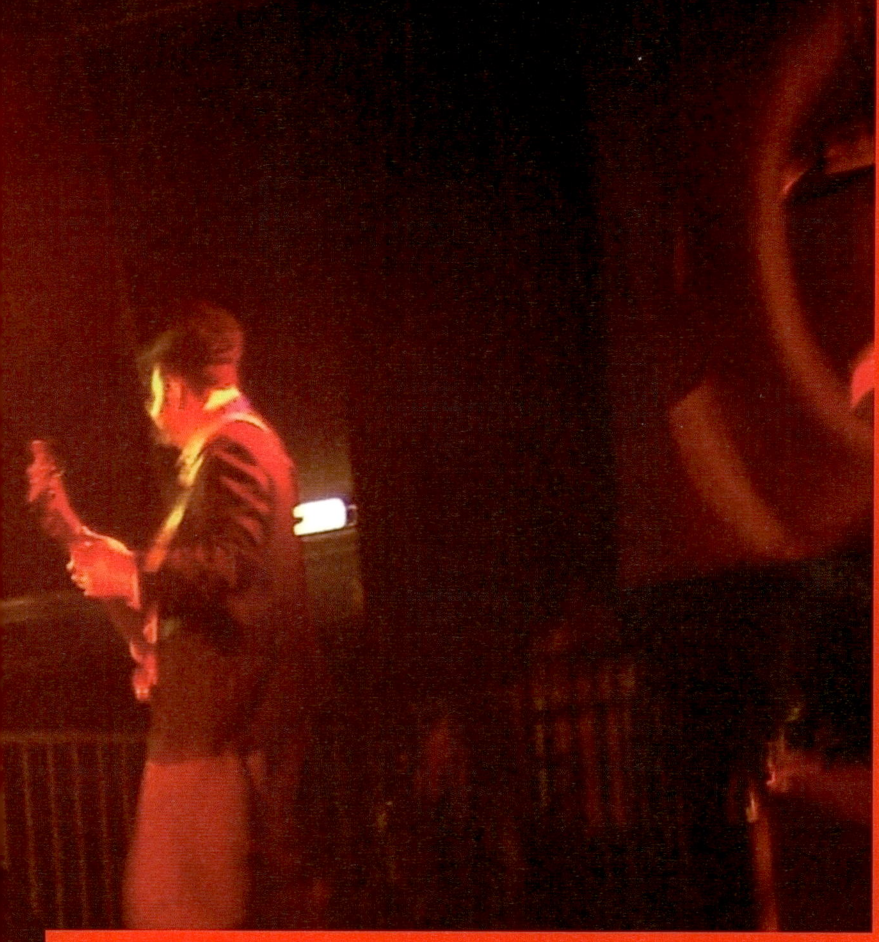

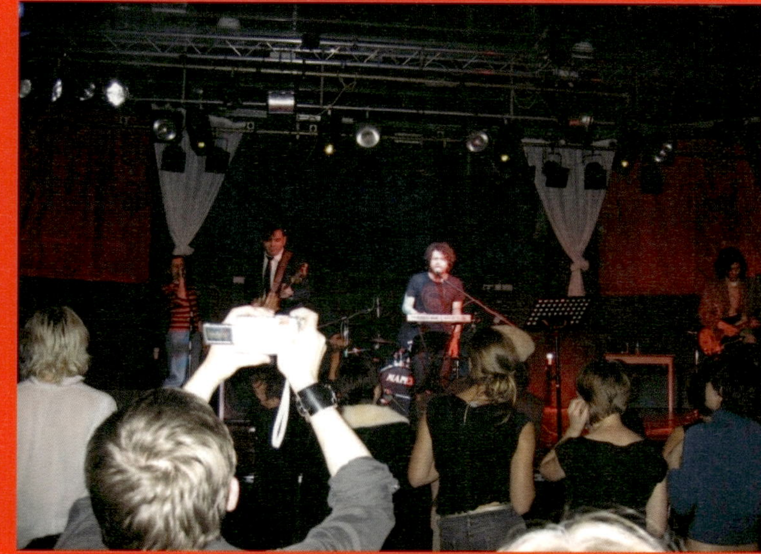

no fuera Sheffield.

Sergio: A mí me sorprendió más que Joe Cocker saliera de ahí que Human League. Porque de alguna manera Joe Cocker es una música más *soul* o con otra vibra un poco menos "inglesa". Como que los ingleses han sacado más cosas referentes a vidas más grises o más industriales. Sí estaba más acostumbrado a eso. Yo de chavito cuando lo oía en mi casa pensaba que era negro. Sí me sorprendió más eso.

Rulo: Entonces ahora sí, retomando el tema del primer concierto…

Quique: Sí, el público que venía de las inauguraciones del evento (Spectator T), gente interesada en las piezas. De hecho no tuvimos oportunidad de ver nada de la exposición porque estábamos resolviendo problemas técnicos como esto de los amplificadores. ¡Sin *staff*!.

Rulo: Ustedes cuatro…

Diego: Con Cristian (Manzutto) y Diego (Berruecos).

Quique: Cristian que es ingeniero de sonido y que pudo viajar con nosotros resolvió el sonido en la sala, y no sólo poder pedir estas cosas en tu idioma, sino que aparte documentó en grabación lo que tocamos ahí. Y al final todo se planteó para que esta tocada fuera la fiesta de apertura del evento.

Rulo: Entonces ustedes estaban en su camerino, estaba llegando la gente…

Quique: No había camerino. Estábamos al lado del escenario.

Rulo: ¿La gente sabía que iba a haber un grupo?

Diego: Sí.

Laureana: Empezó con cortina cerrada y se levantó mientras empezaba la música.

Rulo: ¿Con qué canción empezaron?

Diego: "Don't You Want Me".

Rulo: ¿Como cuánta gente había?

Julián: Unas cien, ciento cincuenta personas. Seguían entrando. El hecho de que fuera una fiesta lo hacía bastante más relajado.

Rulo: ¿Y cómo reacciona la gente cuando empiezan con "Don't You Want Me"?

Quique: Todos con sorpresa, pero con una sonrisa como diciendo "¿Sí es cierto? ¿A esto entramos a este lugar? ¿Éste es el grupo?

Rulo: ¿Sabían que iba a haber un grupo mexicano?

Quique: Algunos seguramente que sí.

Laureana: Nos anunciaron como The Limit.

Julián: Había posters por todos lados.

Rulo: But it does contrast a lot with other cities. For instance, the Artic Monkeys represent the post-adolescent working class, but Human League was so cutting edge, or futuristic. It doesn't sound like it comes from Sheffield.

Sergio: More than Human League, I was surprised that Joe Cocker was from there, because somehow, Joe Cocker's music is a more soulful with less of an "English" vibe. The Brits have done more things referring to greyer, more industrial kinds of life. I was used to that. When I was a kid I used to listen to (Cocker) at home and I thought he was black. I was more surprised by that.

Rulo: Okay. So, getting back to where we were. What was the first concert like for The Limit?

Quique: People came who had gone to the openings of the event (Spectator T) and were interested in the art work. In fact, we didn't get a chance to see anything in the exhibition because we were solving technical problems like the amps… with no staff!

Rulo: The four of you.

Diego: With Cristian (Manzutto) and Diego (Berruecos).

Quique: Cristian, who's a sound engineer and was able to travel with us, took care of the sound in the hall. It wasn't just about being able to ask for these things in your own language, he also recorded what we played there. In the end everything was planned so that the concert would be part of the opening event party.

Rulo: So you were in your dressing room, people were arriving…

Quique: There was no dressing room. We were on the stage.

Rulo: Did people know that there was going to be a band?

Diego: Yes.

Laureana: The curtain was down and it started rising when we began to play.

Rulo: What song did you start with?

Diego: "Don't You Want Me"

Julián: It was funny because when they opened the place we were behind the curtain. The idea was for people to come in and for the concert to start. The party was somewhere outside, in the lobby. So when we started to play we didn't know how many people were out there. We could hear whispering but we couldn't be sure how many people there were, or what kind of crowd. Then the curtain opened and it was like "Phew! People did show up."

Rulo: How many?

Julián: About a 100, 150. They kept coming in. The fact that it was a party made it more relaxed.

Sergio: Y sí decían "*From Mexico City*".
Rulo: ¿Y después?
Quique: Pulp. "Common People". Ahí sí la gente empezó a prenderse.
Diego: Pero había un güey que me tiraba muy mala onda, ¿no? (Risas) Creo que lo sacaron del lugar, y todo.
Sergio: ¿Ah sí?
Diego: Un señor borracho que me decía cosas. Como tirándome mala onda.
Quique: Pero había otro que podría haber sido el tecladista de Pulp y que estaba brincoteando por todos lados con sus amigos.
Sergio: Se hizo ambiente de fiesta. Ya para la segunda canción era una fiesta.
Rulo: ¿Y después de "Common People"?
Laureana: "Photograph", creo.
Rulo: ¿Y esa qué tal?
Quique: Desconcertó.
Diego: Sacón de onda.
Rulo: Dices que nadie sabía qué era…
Quique: No
Rulo: Qué raro. Es como si aquí alguien toca una del Tri
Quique: Sí. Quién sabe…
Rulo: ¿Después?
Quique: Joe Cocker. Creo que la tercera fue la de Joe Cocker.
Diego: Y muy bien. Joe Cocker increíble. Creo que esa fue la que mejor salió. Esa y "Disco 2000".
Sergio: (la de) Arctic Monkeys salió bien
Rulo: ¿Cómo reaccionó la gente con Arctic Monkeys? ¿No era muy nuevo para ellos?
Quique: Yo nada más vi a un tipo que estaba cantando y que bailaba y que entendía qué (pasaba). Y que de hecho no recuerdo haberlo visto entusiasmado con ninguna otra canción.
Rulo: ¿Y sí era el público T?
Diego: No, el del primer día no. Eran los artistas, los organizadores, los amigos.
Rulo: ¿Y con qué cerraron?
Todos: "Disco 2000".
Diego: Y una chava le habló a Jarvis Cocker, ¿no? Una chava le llamó y le dijo "Güey, aquí está una banda mexicana tocando una rola tuya…" Dijo— "¡Ah qué cagado!"
Rulo: ¡Qué buena experiencia!.
Quique: Pues ese fue un final apoteótico.
Quique: Grueso…
Sergio: La gente bailando…
Quique: … bailando, brincando. Ovación. 15 minutos. Se acercaron inmediatamente diez, quince personas preguntando si no íbamos a tocar más. "¡Por favor, vuelvan a tocar!".
Rulo: ¿Y no les decían por qué no habían tocado de algún grupo?
Quique: No.
Sergio: No, a mí no.
Laureana: Cabaret Voltaire fue algo que a mí sí me reclamaron varias veces (no haber tocado).
Quique: Y es que ahí sí hubiera sido un poco difícil sacar una versión de ellos.
Rulo: Entonces acabó el concierto…
Quique: Felicitaciones.
Diego: Súper buena onda.
Quique: Salimos y había una pista de baile al lado y fuimos a socializar.

Rulo: So how did the people react when you started to play "Don't You Want Me"?
Quique: They were all surprised, but smiling, as if wondering, "Is this it? Is this what we came to see? Is this the band?"
Rulo: They knew they were going to see a Mexican group?
Quique: Some did.
Laureana: They announced us as The Limit.
Julián: There were posters everywhere.
Sergio: And they read: "From Mexico City."
Rulo: And after that?
Quique: Pulp. "Common People." And that's when people started getting excited.
Diego: But there was this guy who was really giving me a nasty vibe, remember? (Laughter) I think they threw him out.
SA: Really?
Diego: Some drunk guy who kept yelling stuff at me. Like he really had something against me.
Quique: But there was another guy who could have been the keyboardist from Pulp who was jumping all over the place with his friends.
Sergio: There was a real party atmosphere. By the second song it was a party.
Rulo: What came after "Common People"?
Laureana: "Photograph," I think.
Rulo: And what happened with that one?
Quique: It threw them off!
Diego: Real turn off!
Rulo: You say no one knew what it was?
Quique: Right.
Rulo: That's weird. It's as if someone played something here (in Mexico) by *El Tri*.
Quique: Yeah. Who knows?
Rulo: What happened later?
Quique: Joe Cocker. I think the fourth one was Joe Cocker.
Diego: And it was good. Joe Cocker: incredible. I think that was the one that turned out the best—that one and "Disco 2000."
Sergio: Arctic Monkeys turned out good.
Rulo: How did people react to Artic Monkeys? Wasn't it too new for them?
Quique: I saw just one guy singing and dancing who realized what it was. And actually I don't remember seeing him get excited about any other song.
Rulo: And was this the "Spectator T" audience?
Diego: No, not the first day—it was the artists, the organizers, their friends.
Rulo: So what did you close with?
Everyone: "Disco 2000."
Diego: And a girl phoned Jarvis Cocker, didn't she? A friend of his, who called him on her cell and said: "Hey, there's a Mexican band here playing one of your songs…" He said: "That's weird."
Rulo: What a great experience!
Quique: Well, it was a grand *finale*!
Sergio: Yeah!
Quique: Really!
Sergio: People dancing…
Quique: … dancing, jumping around. We got an ovation. Fifteen minutes. Ten or fifteen people came up to ask us if we weren't going to play any more. "Come on, play another song!" they said.

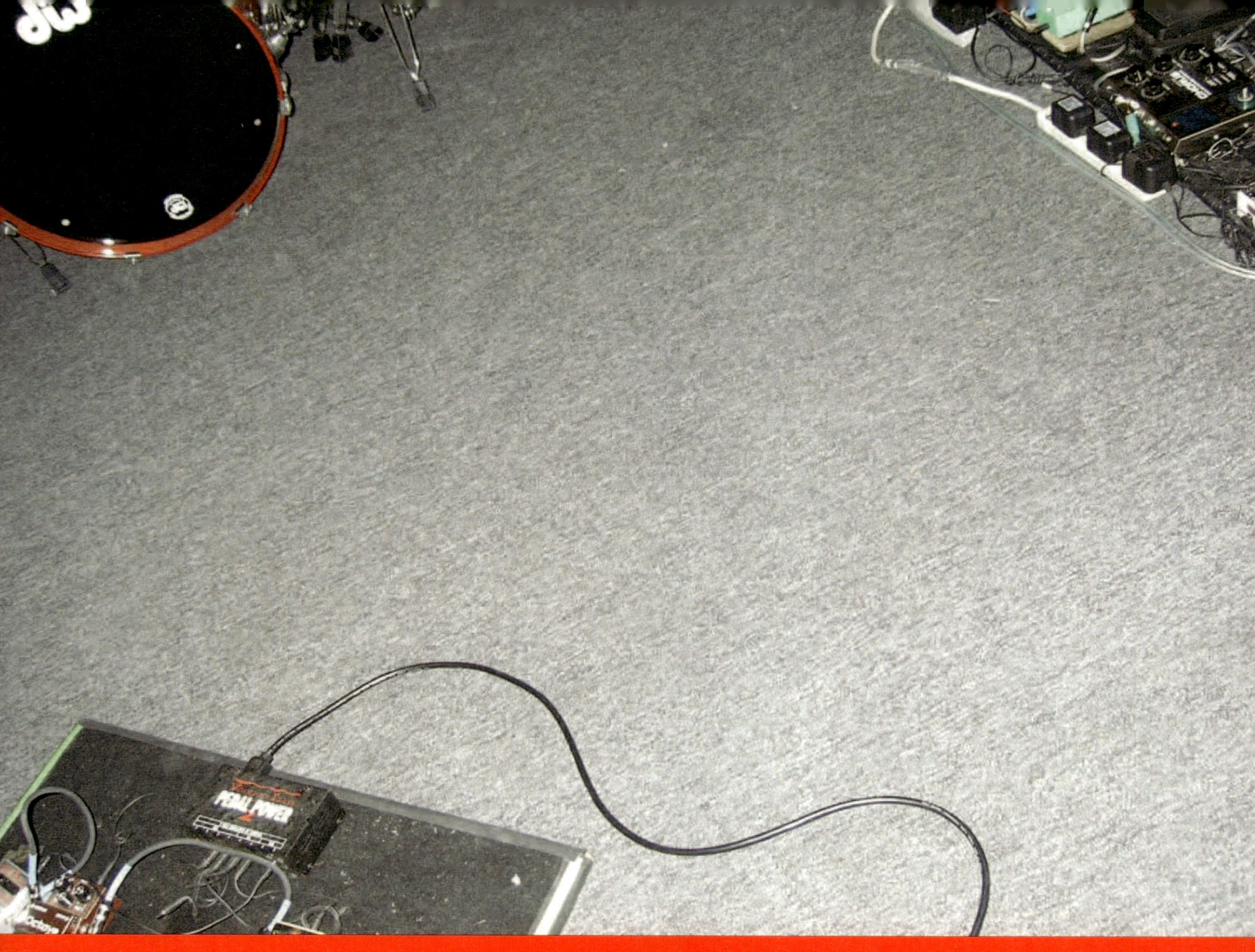

Rulo: Dirían que fue todo un éxito…
Quique: Totalmente.
Sergio: Sí.
Julián: Creo que sí salimos de ahí diciéndolo.
Rulo: Y ustedes ¿Cómo se sintieron tocando? ¿Fue un buen toquín?
Diego: Muy bien. ¡Increíble!
Quique: Yo creo que todos estábamos… bueno, yo sí estaba muy nervioso las primeras dos canciones. Pero ya que vi que había receptividad…
Laureana: A Sergio se le olvidaron las canciones.
Sergio: Sí, la primera parte de…
Diego: "Disco 2000".
Sergio: Se me olvidó un pedazo de guitarra. Me tuve que acercar a Julián para que me la cantara. "Cántamela güey, cántamela"
Diego: Nadie se dio cuenta.
Sergio: Bueno, la empecé con las patas y me re incorporé al cuarto compás.
Quique: Luego seguimos la fiesta con los organizadores y ahí salió, por ejemplo, el curador que le decía a Laureana que no se imaginaba cómo era un grupo mexicano. O sea, que hubiera un grupo mexicano con esas características, esa presencia en el escenario. Y le dice Laureana, "bueno, qué esperabas, ¿unos mariachis gordos, bigotones?" Y él dice: "Pues sí, más o menos"
Rulo: Esperaban una artesanía…
Sergio: Lo cual es interesante porque creo que la gran mayoría de los ingleses no están concientes del gran impacto que ha tenido su música en el mundo, a nivel general, porque toda la música que se

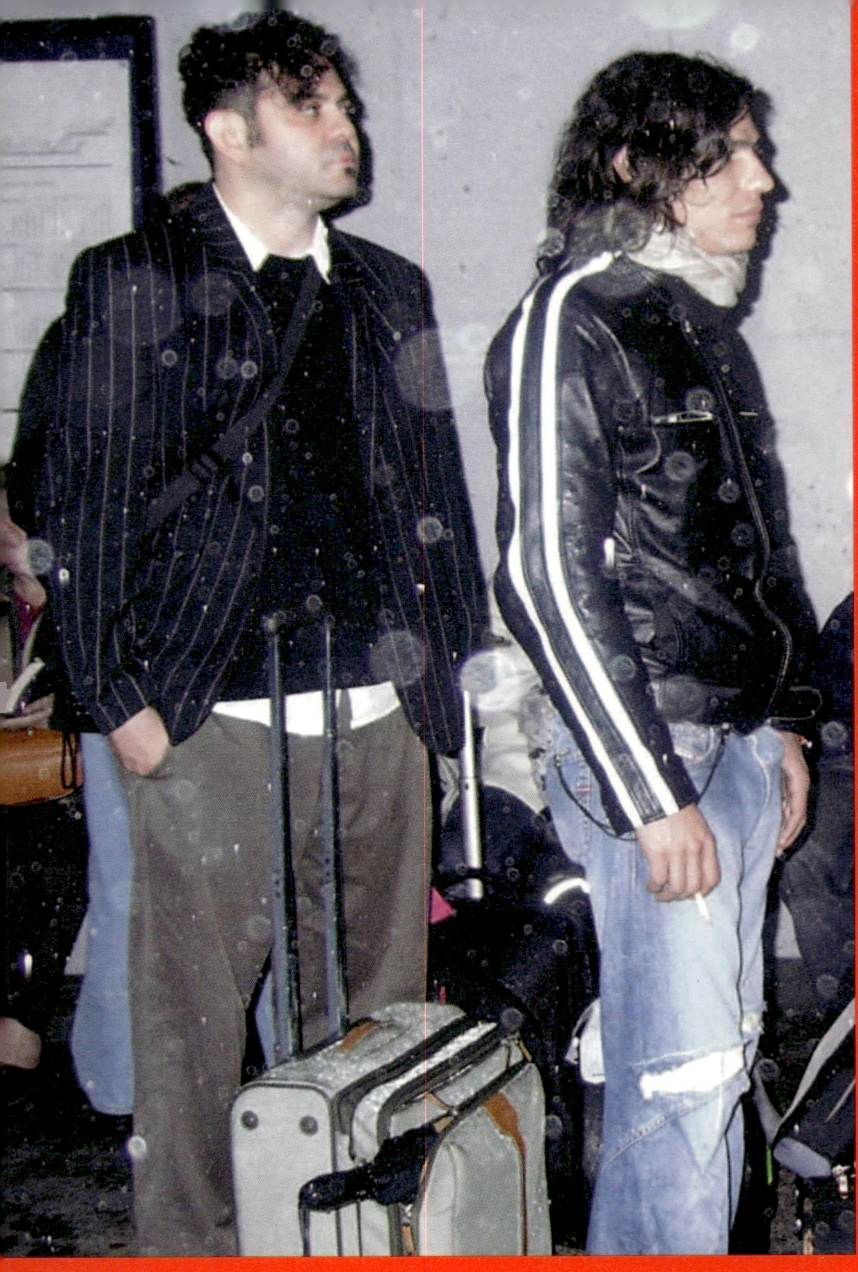

hace en el mundo está influenciada por la música gringa e inglesa. Y a lo mejor ellos no se dan cuenta de eso porque esa es la música de su casa, su folklore. Su cultura popular. Entonces sí les impactó.

Rulo: Claro. No lo ven como aquí, que oír a T-Rex es algo contracultural, alternativo. Bueno, T-Rex o Pulp, o Cabaret Voltaire.

Sergio: Claro. Y una banda como Oasis, por ejemplo, que aquí empezó siendo alternativo y allá era un grupo de rock de la clase obrera.

Julián: Sí. Yo creo que si alguien hiciera covers de bandas mexicanas— lo que hicimos nosotros... para mí es como si hubiéramos agarrado rolas de Kabah, rolas de (Café) Tacvba y rolas del Tri y las hubiéramos tocado juntas. Yo creo que ellos pudieron haber encontrado eso en la selección, decir "qué rara selección".

Rulo: ¿Ustedes qué opinarían de un grupo inglés tocando esas rolas? ¿Se les haría interesante?

Sergio: Ja. ¿De plano?

Julián: Si viene de otro lado y trae una forma de ver las cosas que tú no tienes, yo creo que sí.

Rulo: ¿Cuál es su forma de ver las cosas? ¿Qué es lo que hace The Limit que les presenta canciones que son parte de su ADN?

Diego: Yo creo que lo que dijo Sergio: hacerlos darse cuenta de que su música es muy importante y muy universal. Yo creo que muchos ni siquiera saben dónde está México, y sí creo que les sorprendió cabrón que llegaran cuatro mexicanos haciendo música de ahí (Sheffield). Todavía si hubiera sido en Londres, o en Manchester no se hubieran sorprendido tanto.

Rulo: Y aparte de los curadores, ¿el público también les comentó lo mismo?

Quique: We went partying with the organizers and that's when it came out, for instance, that the curator told Laureana that he had no idea what a Mexican band would be like, or that there might even exist a Mexican group like this, with our kind of stage presence. And Laureana told him "Well, what did you expect? Some big fat moustachioed mariachis?" And he said: "Yeah, sort of..."

Rulo: They expected folk art.

Sergio: Which is interesting because I think most Brits aren't aware of the impact that their music has had on the world, generally speaking. Most of the music made in the world has been influenced by English or American music and maybe they don't realize it because it's music from their home, their folklore, their popular culture. So yeah, they were shocked.

Rulo: Of course! They don't see it like we do- that listening to T-Rex could be countercultural, alternative. Well, T-Rex or Pulp or Cabaret Voltaire.

Sergio: Of course! And while a band like Oasis, for instance, which is alternative here but a working class band over there.

Julián: Yeah. I think that if someone did covers of Mexican bands, like what we did... it's as if we'd taken songs by Kabah, (Café) Tacvba and El Tri, and had played them together. I think they would have heard our selection over there and thought, "what a weird selection."

Rulo: What would you think if an English group played those bands? Would you think it was interesting?

Sergio: Ha. You serious?

Julián: If they came from somewhere else and had a new angle on things, it could work.

Rulo: What's your perspective on things? What happens when

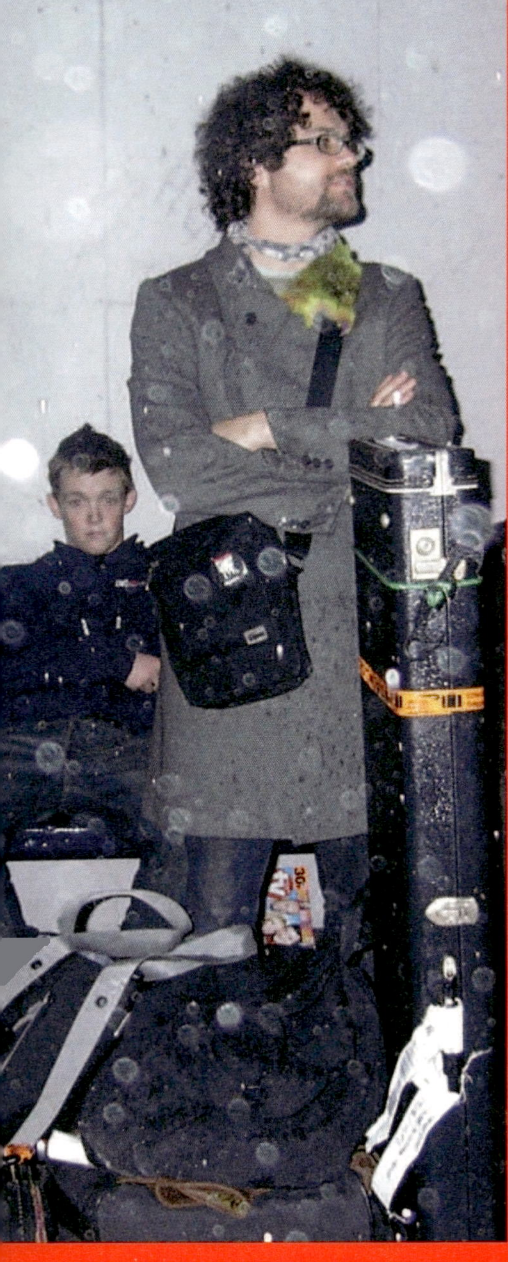

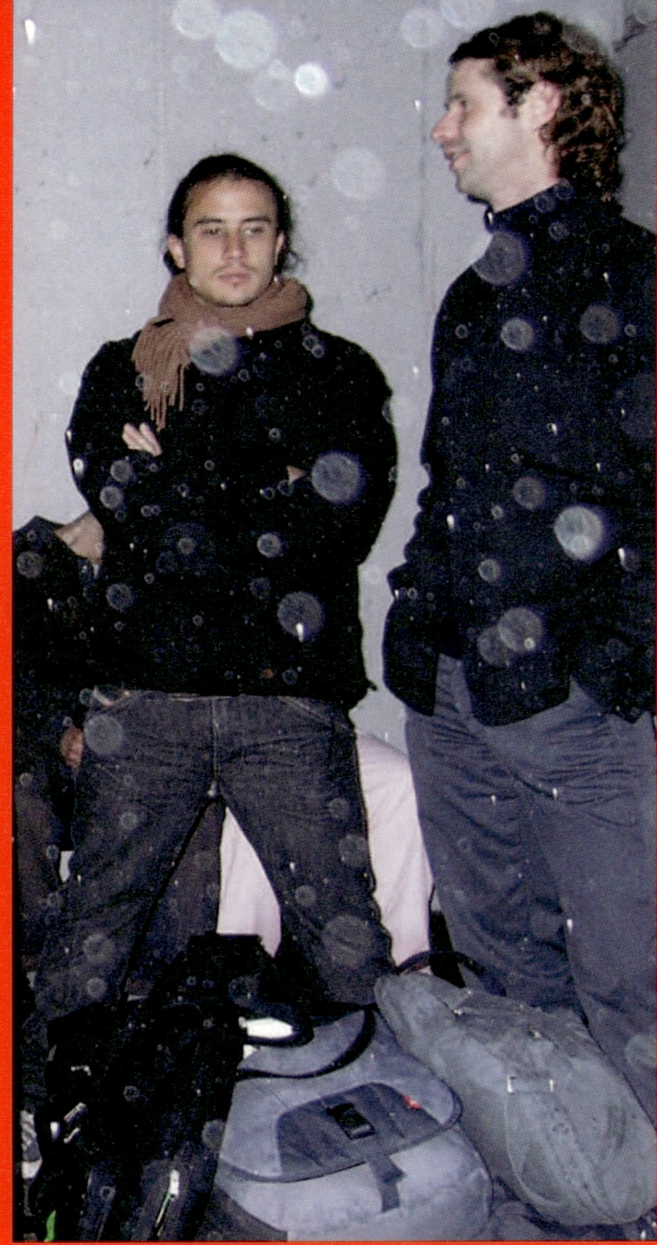

Diego: Pues la gente "normal" fue al segundo toquín. Y sí se sacaron más de onda.

Rulo: ¿Cómo fue el segundo toquín?

Diego: Fue en la calle, en un quiosquito.

Quique: En una calle comercial, un corredor comercial

Sergio: Con *Woolworth* y todo

Diego: Peatonal…

JP: Doce del día…

Quique: Sábado…

Rulo: ¿Y cuánta gente había?

Quique: Había mucha gente caminando en la calle.

Julián: De cinco en cino se detenían.

Diego: Hubo un par, o tres o cuatro que se quedaron todo el toquín. Y cuando dije de broma que íbamos a regresar (el año siguiente) se emocionaron. (Risas)

Rulo: Y ahí sí fue el público T.

Quique y **Diego**: Ese sí fue el público T.

Rulo: ¿Y qué reacción tuvo el público T?

Diego: Pues eso, se quedaban tres canciones y se iban.

Julián: Sí había aplausos y cosas normales, pero nadie se emocionó demasiado.

Rulo: ¿Creen que era necesario explicarlo más para que la gente lo disfrutara?

Diego: No creo, porque el chiste era eso.

Rulo: Y cuando se regresaron, ¿les dio nostalgia cerrar el ciclo de The Limit?

Quique: Sí.

The Limit plays songs that are part of their (Sheffielders') DNA?

Diego: I think it's like Sergio said: to let them know that their music is very important and very universal. I think that a lot of them didn't even know where Mexico was and I think they were really shocked that four Mexicans had come playing their music. If it had been in London, maybe, or even Manchester, they wouldn't have been so surprised.

Rulo: Aside from the curators, did the audience make any similar comments?

Diego: Well, the "normal" people came to the second concert and they were really blown away.

Rulo: What was the second concert like?

Diego: It was on the street, in a bandstand.

Quique: On a commercial street, a major shopping lane.

Sergio: With a *Woolworth's* and everything.

Diego: Pedestrians…

Julián: At noon…

Quique: On a Saturday…

Rulo: How many people were there?

Quique: There were lots of people walking on the street.

Julián: They would stop in crowds of about five.

Diego: There were a couple, three or four, who stayed for the whole show. And when I said joking that we'd be back the following year they got really excited. (Laughter)

Rulo: That was the "Spectator T" audience then.

Quique and Diego: That was "Spectator T."

Rulo: So what was "Spectator T's" reaction?

Diego: Sí, estuvo muy divertido

Julián: Yo creo que a nivel músico o *performer*, la primera tocada fue lo que cerró el ciclo. La segunda creo que fue un encuentro con lo que no está producido. Eso sí fue el regreso a ser bandita y tocar en la calle.

Rulo: (A Quique) **Tú llevas en un grupo más de quince años… el proceso de The Limit lo has vivido en quince años de Café Tacvba, de algún modo: el ensayo, los amigos, la primera tocada, tus cuates. Tocan en el lugar más grande e importante en el que puedan tocar y después se desintegra. ¡Qué cagado que esto haya sido en un periodo tan corto!. De alguna forma fue una simulación. Pero paralela a la carrera de cada uno.**

Quique: Sí, de hecho terminando la primera tocada allá, sí fue una celebración…

Diego: Como de *rock stars* (risas).

Quique: Sí, creo que celebré tanto como cuando tocamos en el "Palacio de los Deportes". Y sí fue desvelarse, robarnos cajas de vino de un lugar, llegar a la habitación, escuchar cómo había quedado la grabación…

Diego: (A Laureana) No llegar a la entrevista al día siguiente con la BBC…

Sergio: ¡Euforia total!.

Rulo: **Si pudieran hacerlo todo otra vez, ¿qué hubieran cambiado?**

Julián: Yo nada.

Diego: No, nada.

Quique: Nada.

Rulo: **O sea que podría decirse que fue perfecto…**

Diego y **Sergio**: Sí.

Quique: Sí.

Sergio: No había mayores expectativas más allá de lo que era. La fecha de caducidad del proyecto era lo que lo hacía más divertido y sin mayores expectativas como músicos, o como grupo. Era ir y tocar. También llegar a tocar a Inglaterra con un proyecto así es muy significativo y chistoso, porque uno sueña llegar y tocar con su banda en Inglaterra. Pero no, llegas de repente con un proyecto que tiene más que ver con el arte contemporáneo que con la música…

Rulo: **¿Y ya no hay vida para The Limit?**

Quique: Una vez que regresamos empezaron a salir propuestas para tocar en lugares aquí en la ciudad de Mexico. Y las descartamos.

Diego: Todos sabíamos cuál era el fin de The Limit.

Sergio: Claro

Diego: Creo que podría haber una reunión si hubiera otra ciudad interesante y otro viaje gratis en puerta. (Risas) ☙

Diego: That's just it; they would stay for two, three songs and leave.

Julián: People applauded and normal stuff like that, but no one got too excited.

Rulo: Do you think people needed some kind of explanation to enjoy it more?

Diego: I don't think so, because that was the point.

Rulo: Did you feel a bit of nostalgia when you came back and put an end to The Limit?

Quique: Yes.

Diego: Yes, it was a lot of fun.

Julián: I think that as a musician or performer, it was at the first gig that I felt we'd come full circle. The second was an encounter with what was unproduced, a return to being a small band and playing on the street.

Rulo: (To Quique) You've been in a band for more than fifteen years… You've more or less been through the process of The Limit over the course of fifteen years with Café Tacvba : the rehearsals with your friends, your first gig, you and your buddies playing in the biggest, most important arena around and then you split up. It's so funny that this was in such a short period of time. In a way it was like a simulation, but parallel to each one of your careers.

Quique: Yes, actually, after the first gig, it was a huge celebration.

Diego: Like rock stars. (Laughter)

Quique: Yeah, I think we celebrated as much as when we (Café Tacvba) played at the "Palacio de los Deportes" (The stadium that is Mexico City's major rock venue.) And yeah, it was staying up all night, stealing crates of wine from someplace, and getting back to the hotel room to listen to how the recording had turned out.

Diego: (To Laureana) Not making it to the interview the next day at the BBC.

Sergio: Total euphoria!

Rulo: If you could do it again, what would you change?

Julián: Nothing.

Diego: Yeah, nothing.

Quique: Not a thing.

Rulo: In other words, you could say that it was perfect.

Diego and Sergio: Yes!

Quique: Yes!

Sergio: We had no big expectations—it was what it was. The project's expiry date made it even more fun and limited our expectations as musicians or as a band. It was about going and playing. Also, playing in England in any project is important—and amusing, because you dream of playing with your own band in England. But no, instead, you get there with a project that has more to do with contemporary art than with music

Rulo: So, is there more in store for The Limit?

Quique: Once we came back we began to receive invitations to play around Mexico City. We didn't accept them.

Diego: We all knew what the reason behind The Limit was.

Sergio: Of course.

Diego: I think we could get back together if we were offered another a free trip to another interesting city. (Laughter) ☙

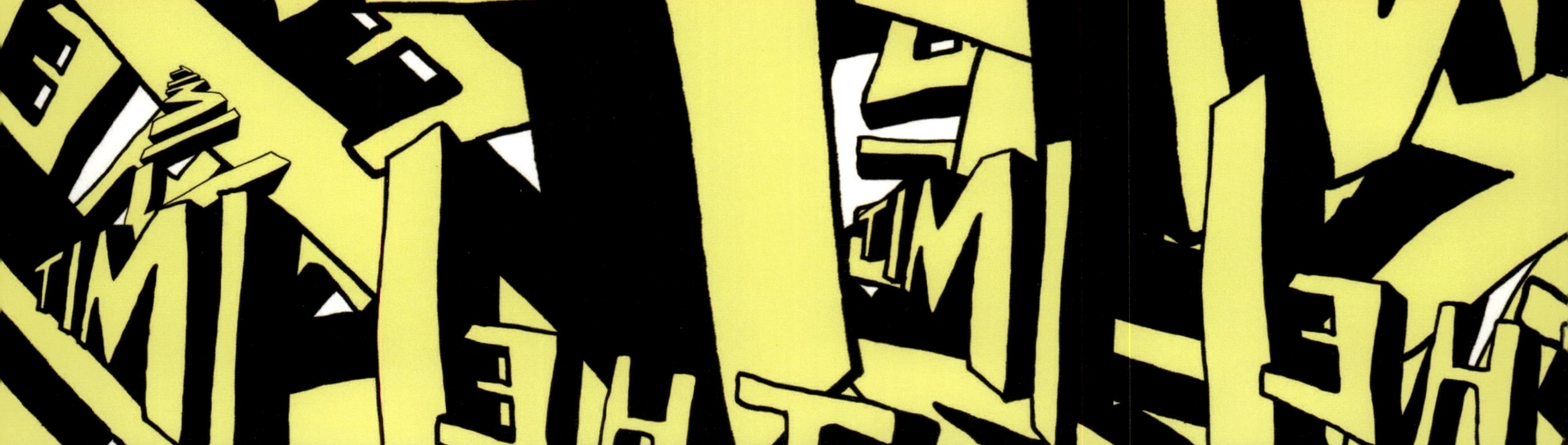

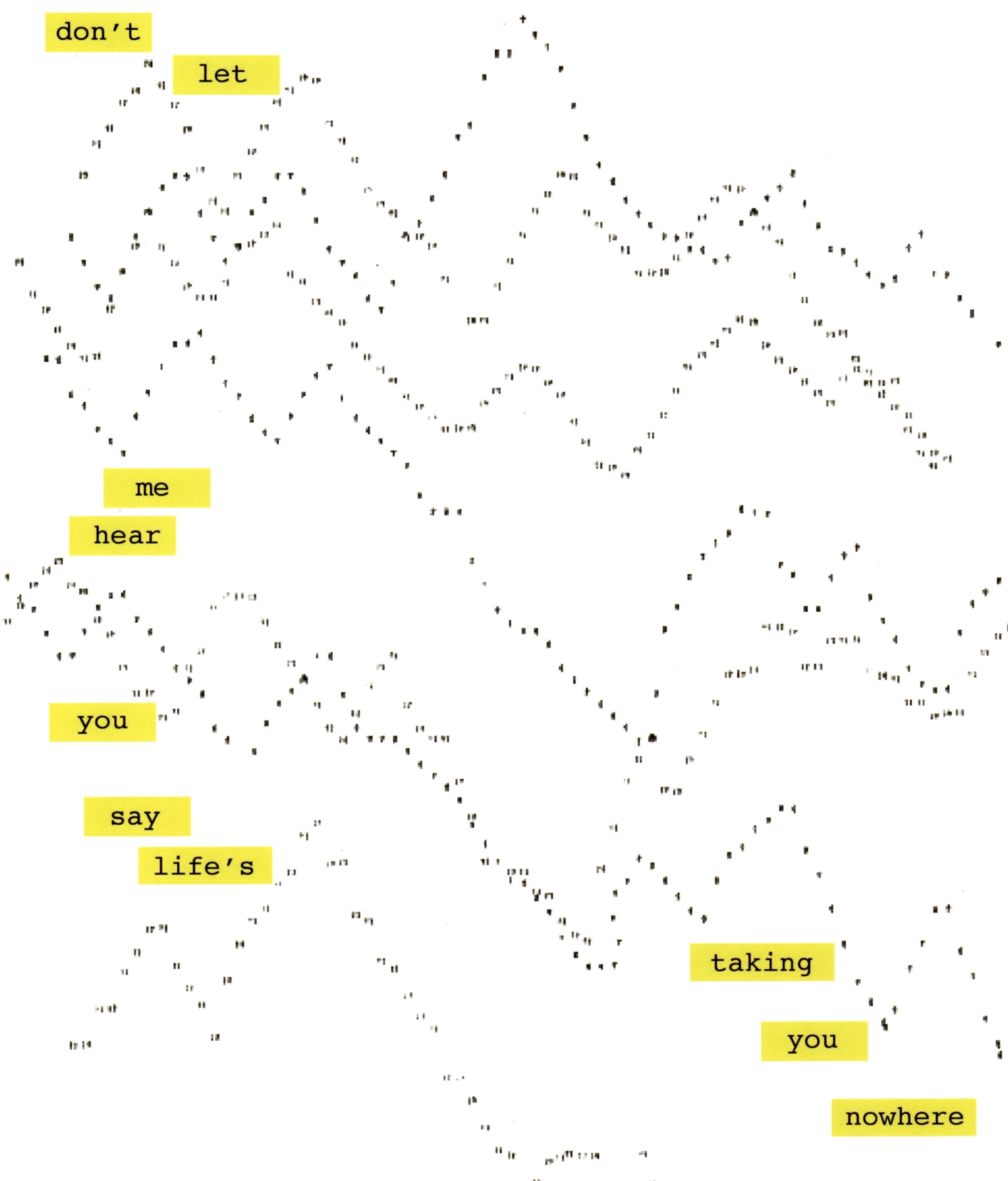

don't
let
me
hear
you
say
life's
taking
you
nowhere

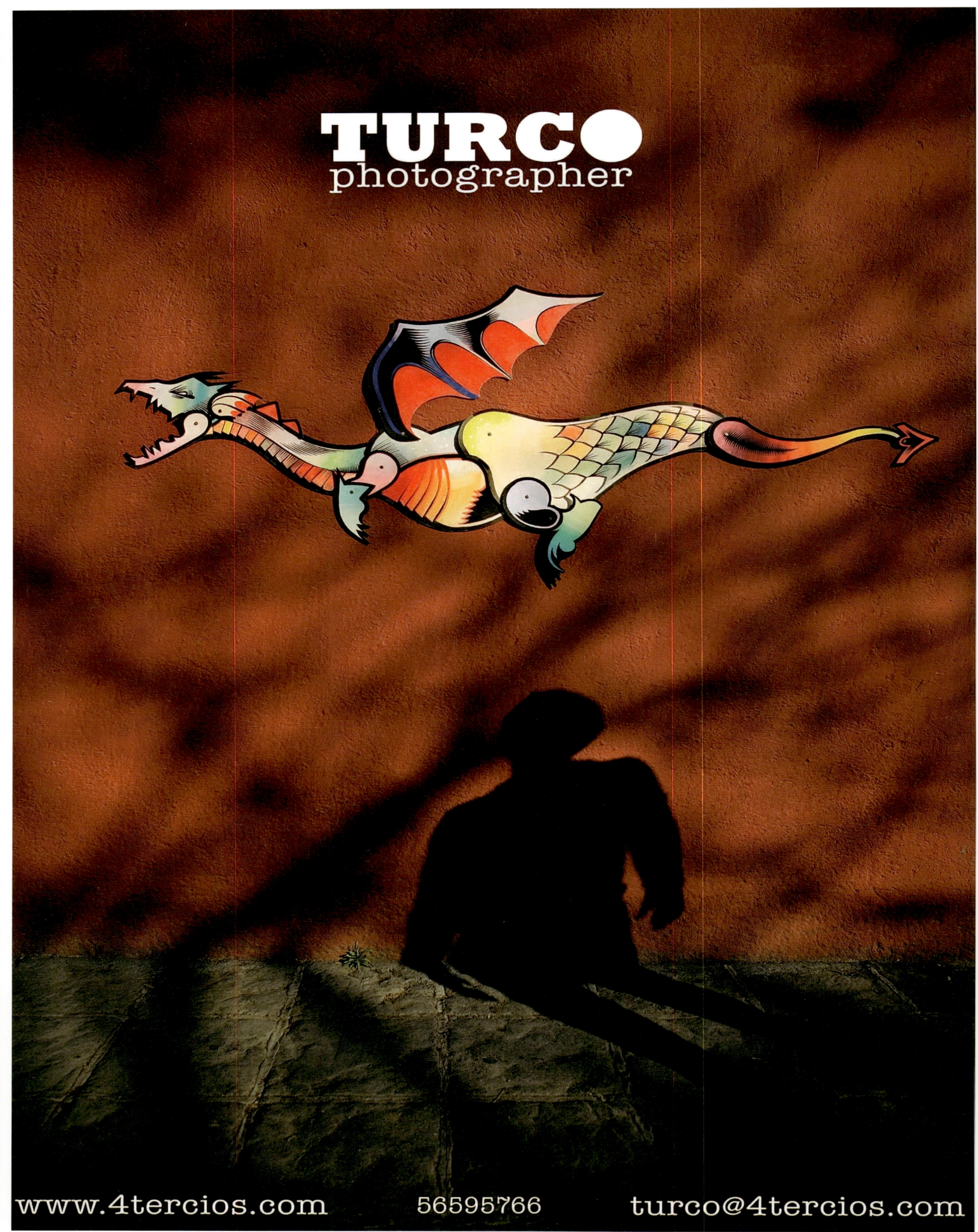

TURCO
photographer
www.4tercios.com
56595766
turco@4tercios.com

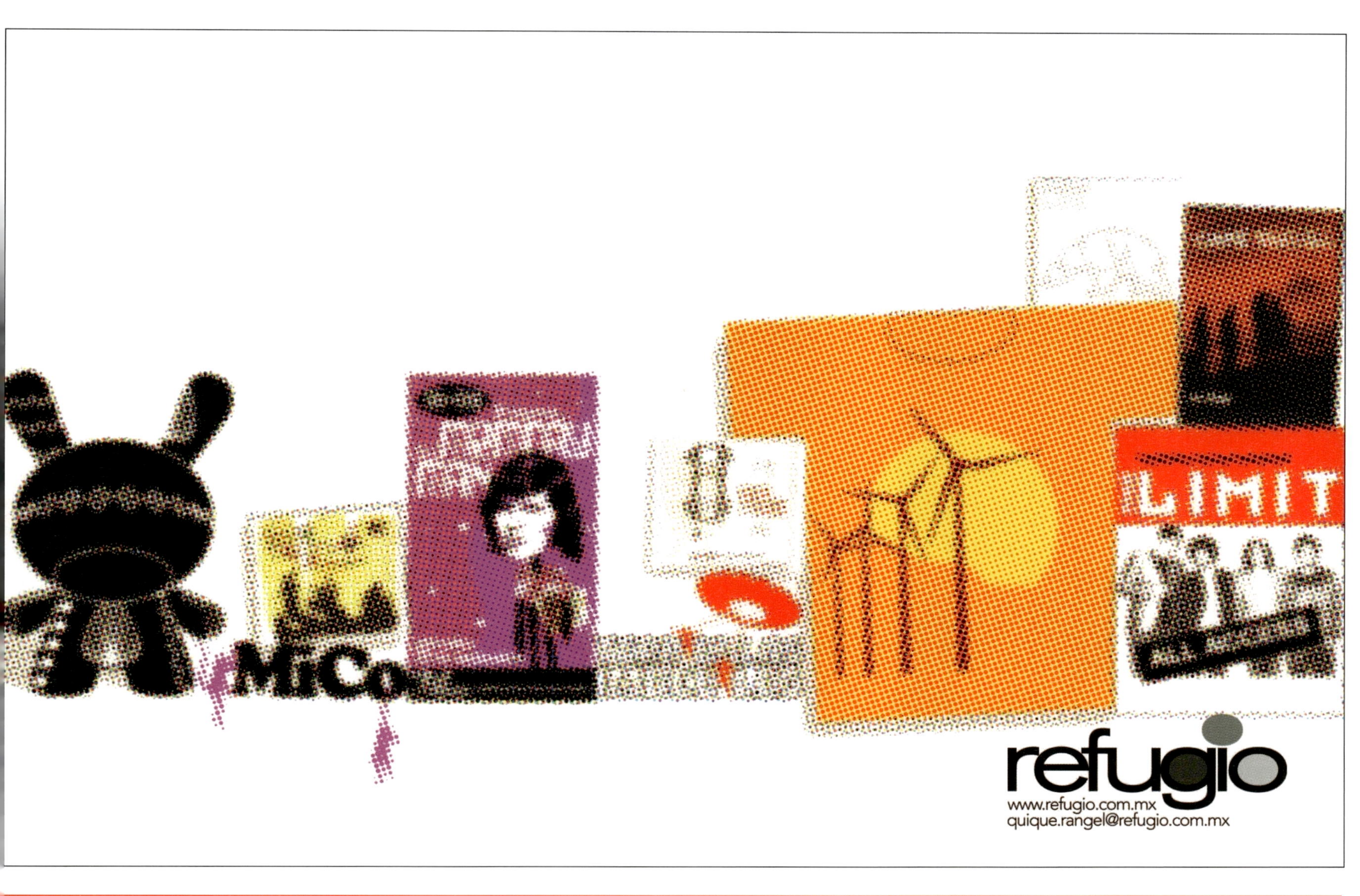

MiCo
LIMIT
refugio
www.refugio.com.mx
quique.rangel@refugio.com.mx

discoruido.tv   myspace.com/discoruido

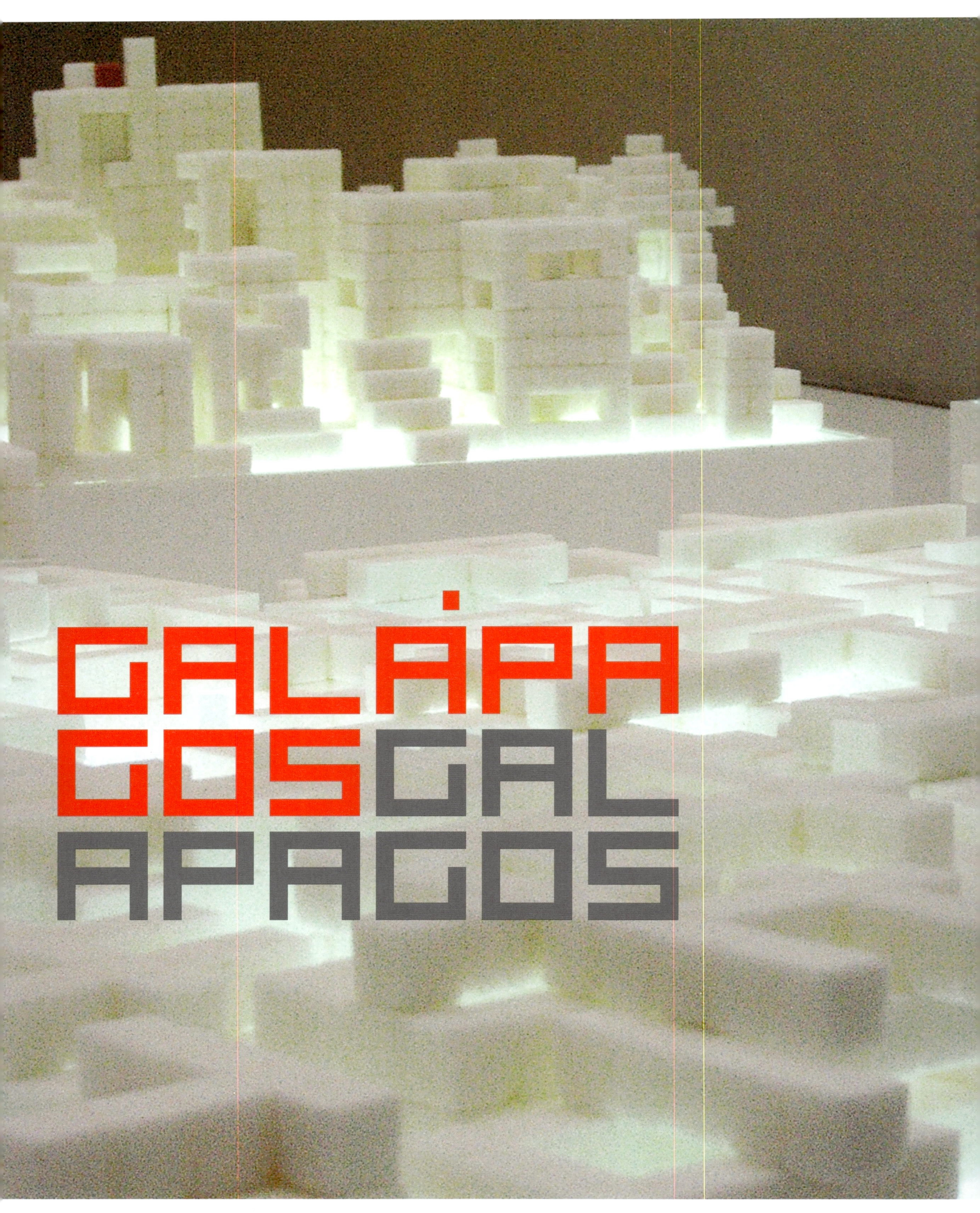
GALÁPA
GOS GAL
APAGOS

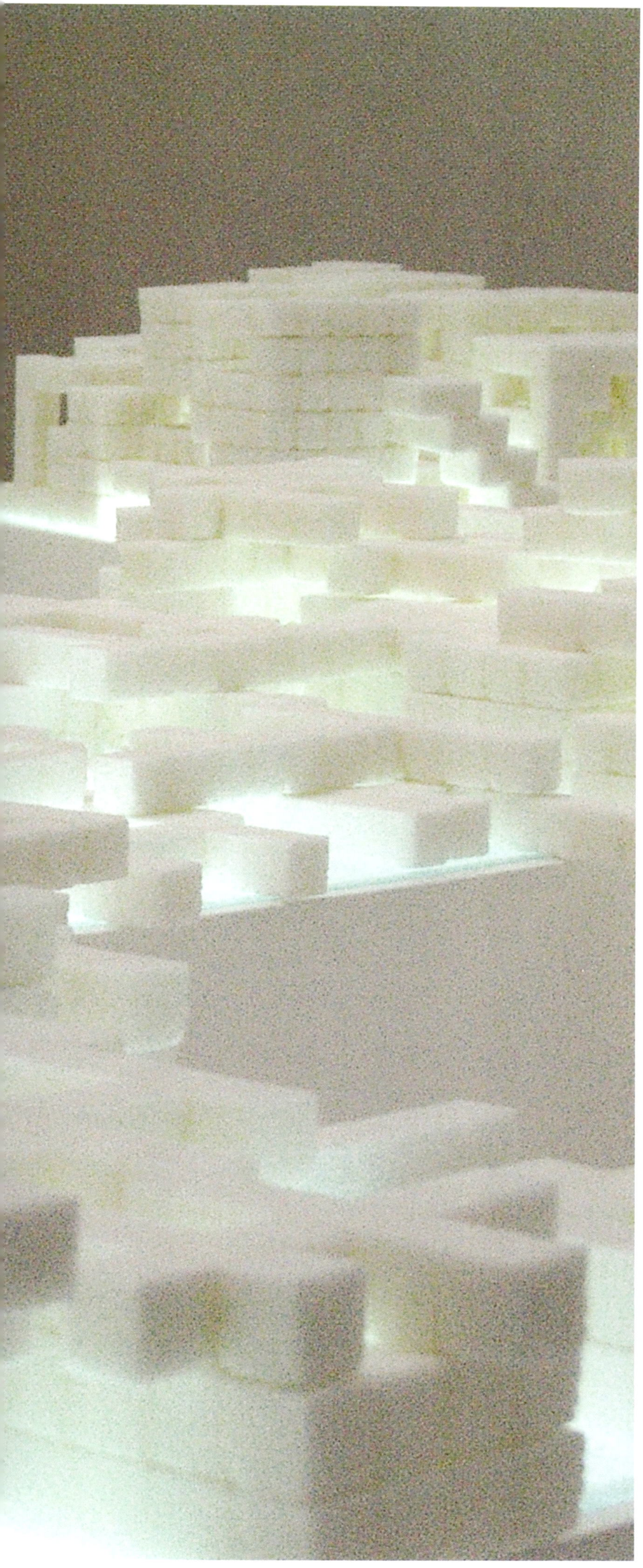

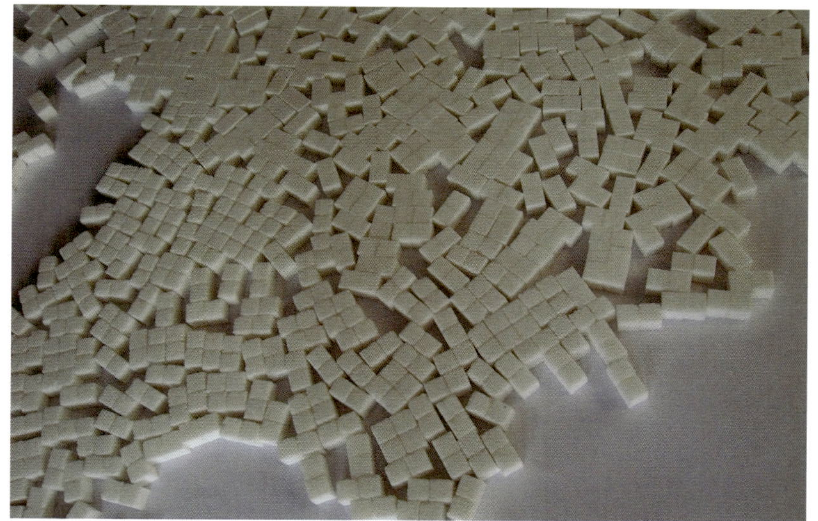

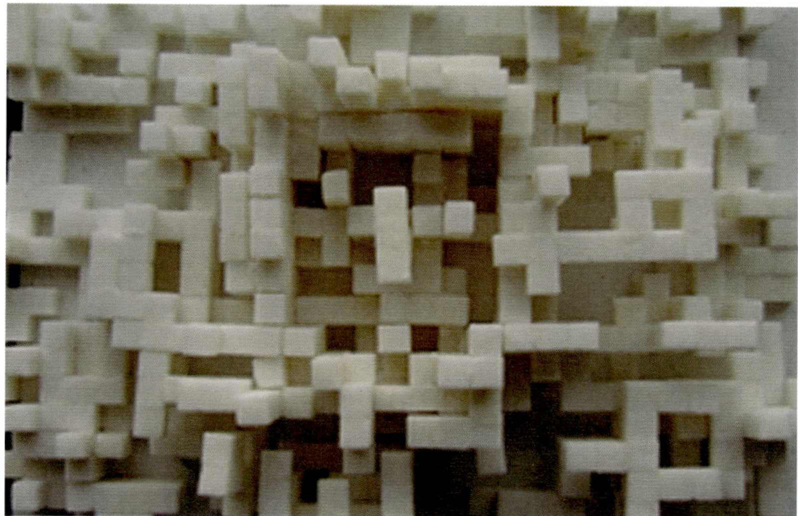

CADA UNA DE LAS CAJAS DE LUZ DE ESTE ARCHIPIÉLAGO ESTÁ POBLADA POR EDIFICIOS QUE ESTÁN CONSTRUIDOS CON UNA REGLA DIFERENTE PARA CADA ISLA. SE UTILIZARON CERCA DE 40 MIL CUBOS DE AZÚCAR, APENAS LA CANTIDAD DE CALORÍAS QUE UTILIZA UNA TORTUGA GIGANTE PARA DAR 7 PASOS.

EACH LIGHT BOX IN THIS ARCHIPELAGO IS FILLED WITH BUILDINGS WHOSE CONSTRUCTION IS GOVERNED BY A DIFFERENT RULE ACCORDING TO EACH. AROUND 40 000 SUGAR CUBES WERE USED… ADDING UP TO JUST ENOUGH CALORIES FOR A GIANT TURTLE TO TAKE SEVEN STEPS.

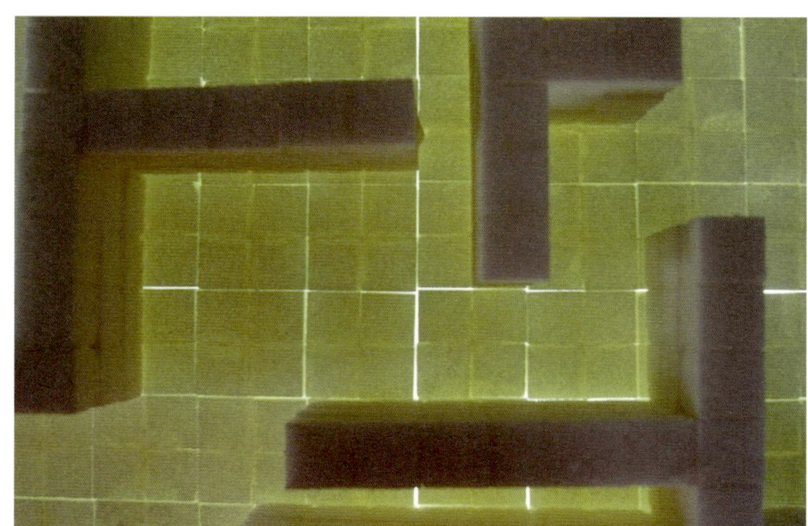

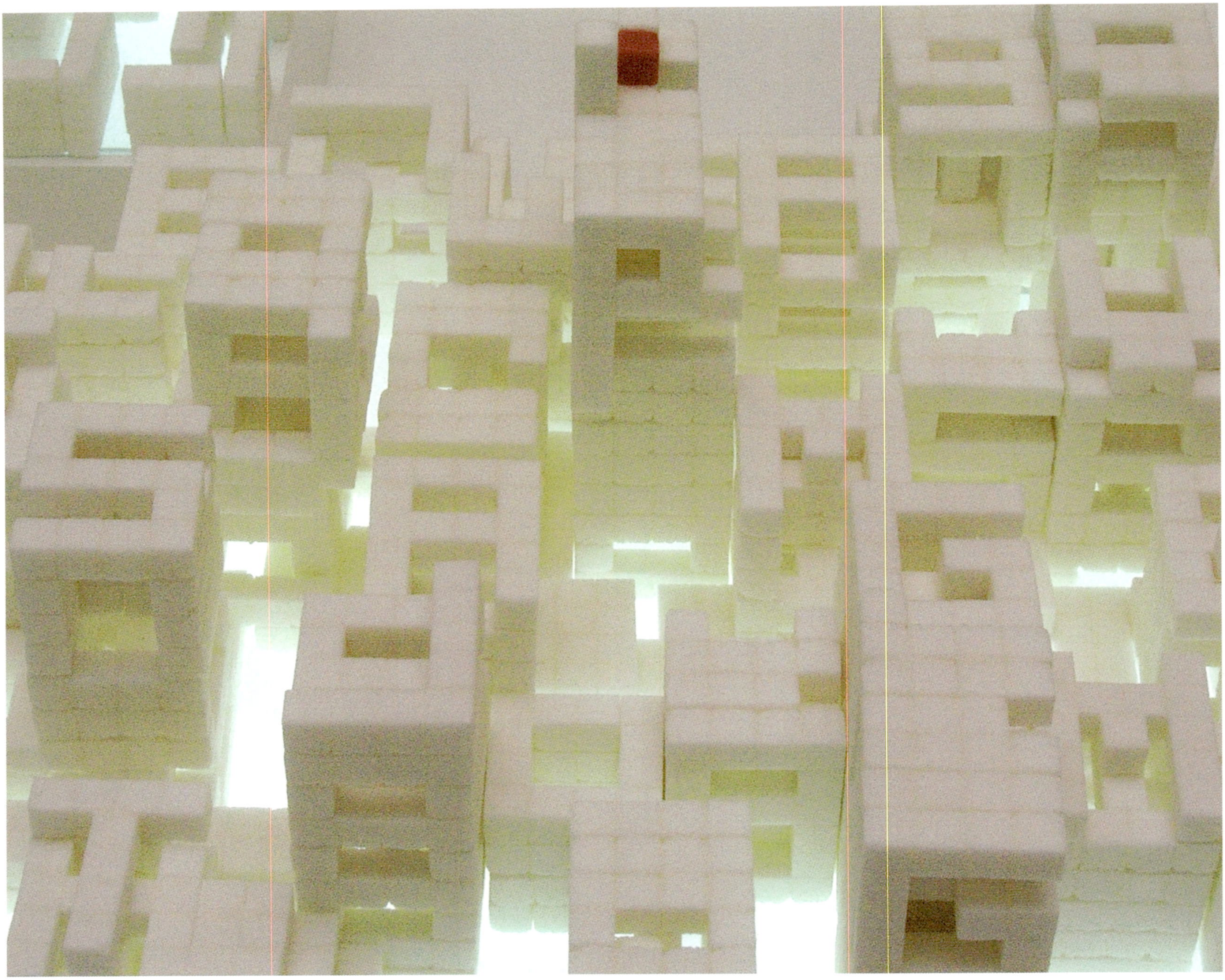

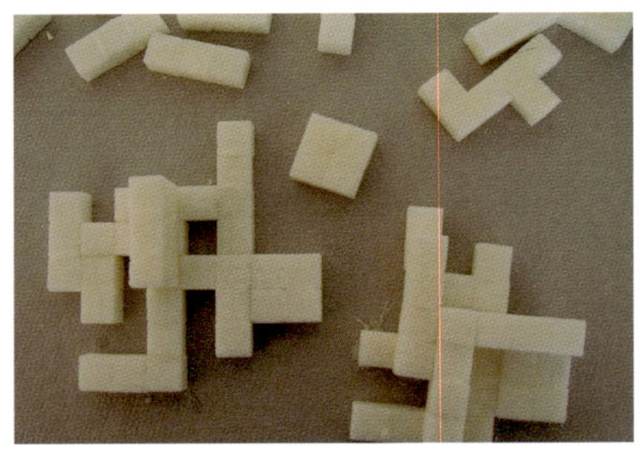

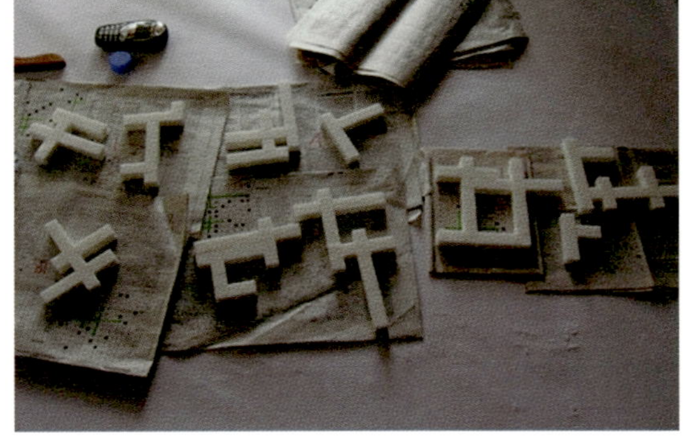

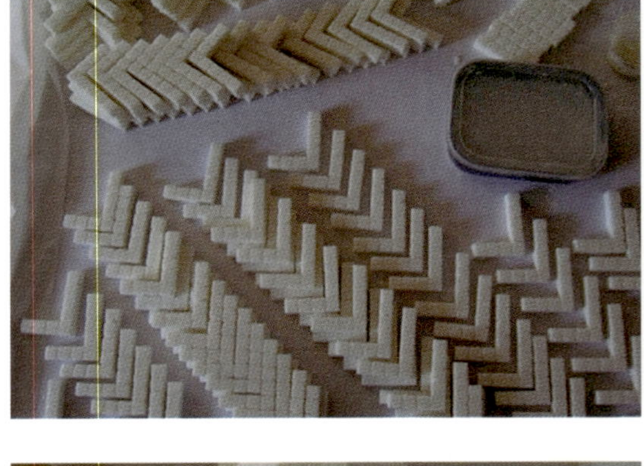

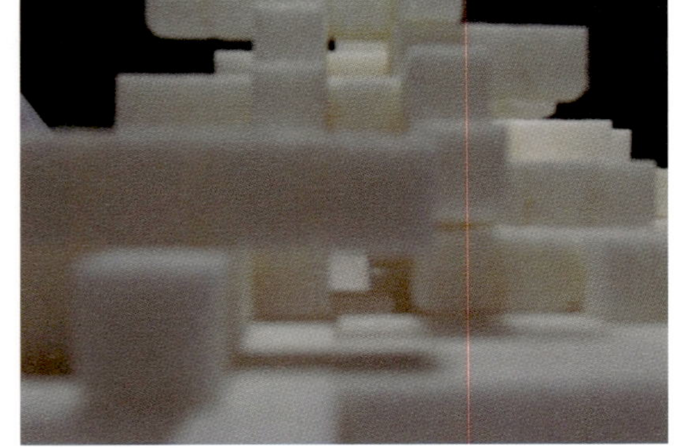

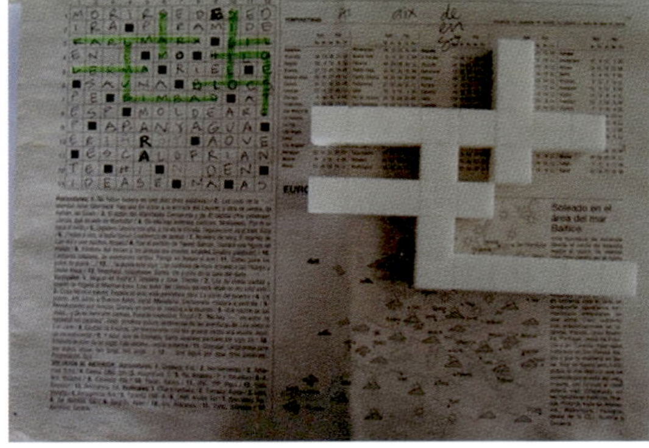

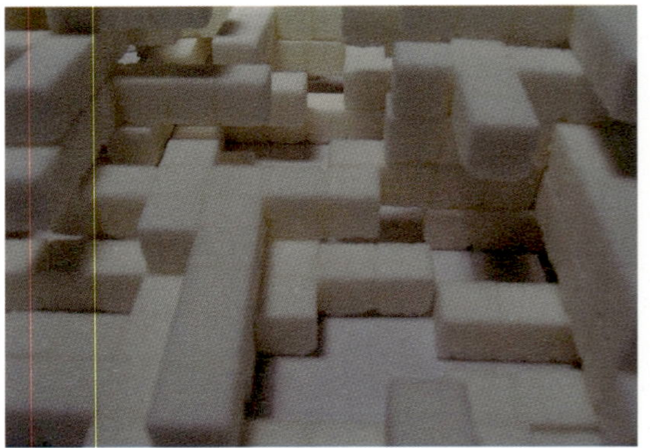

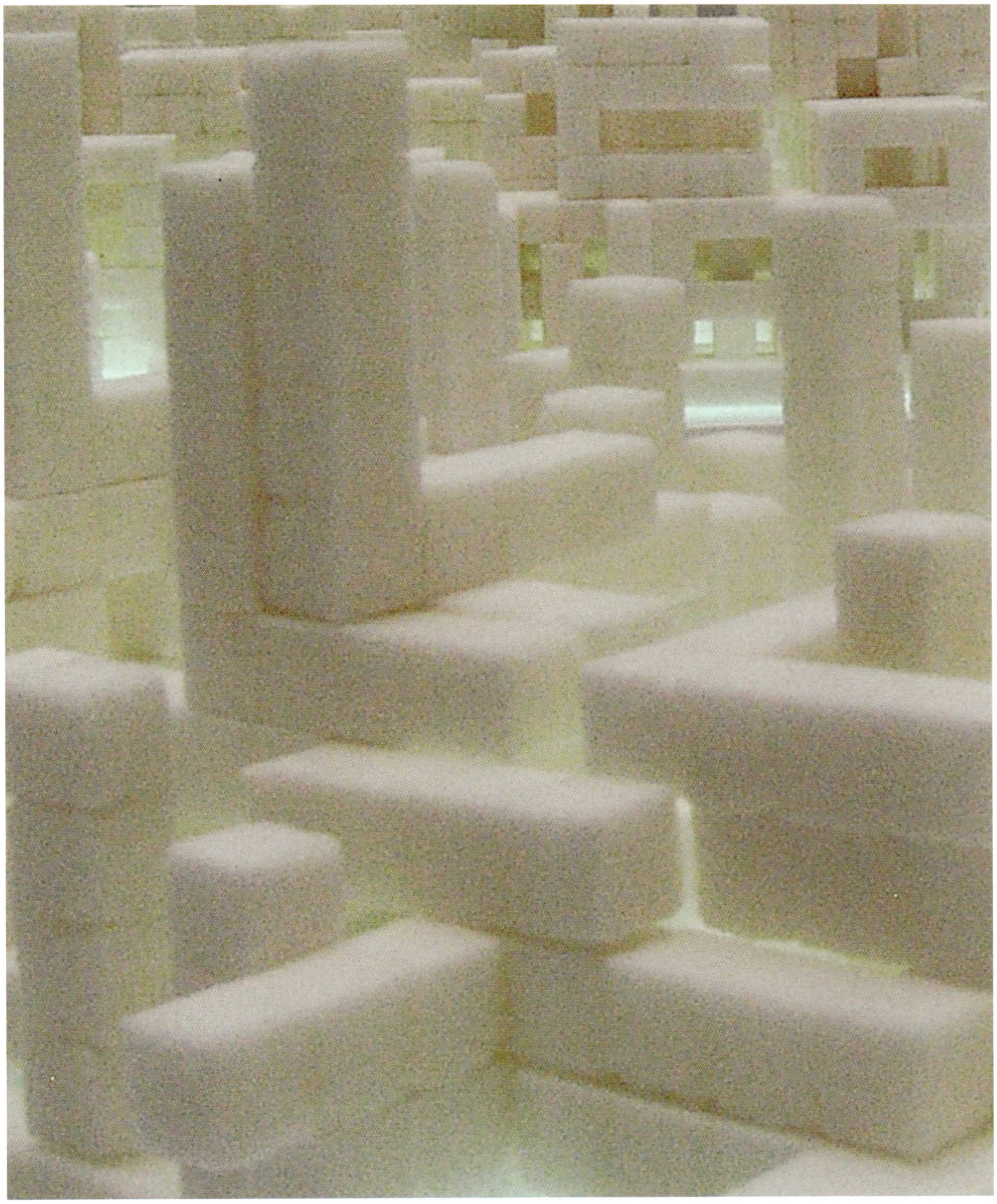

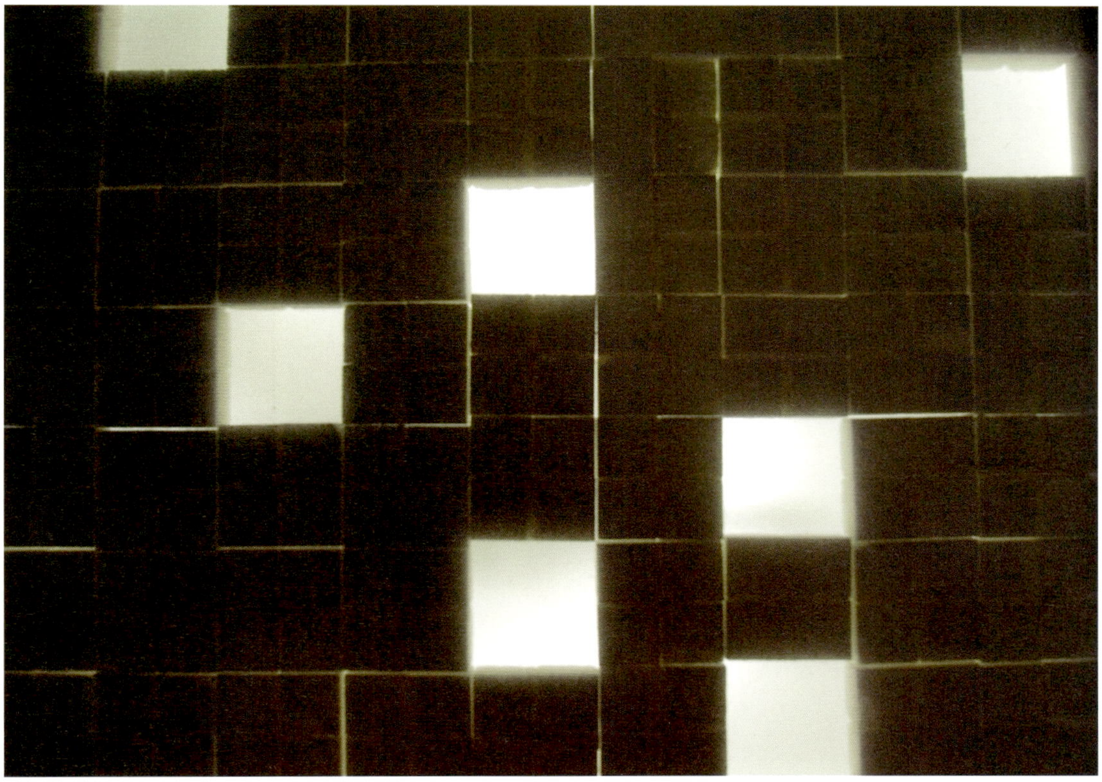

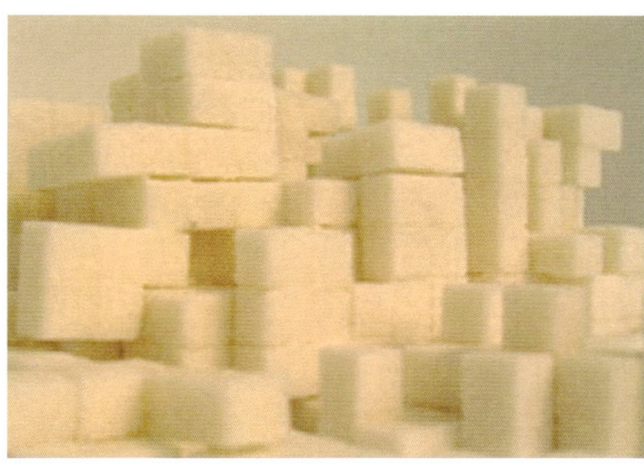
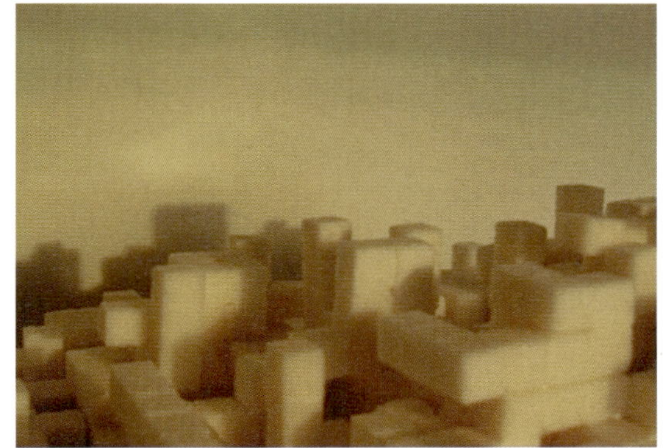
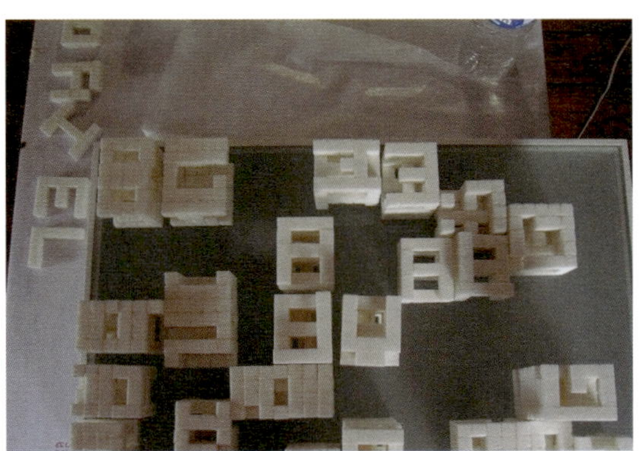
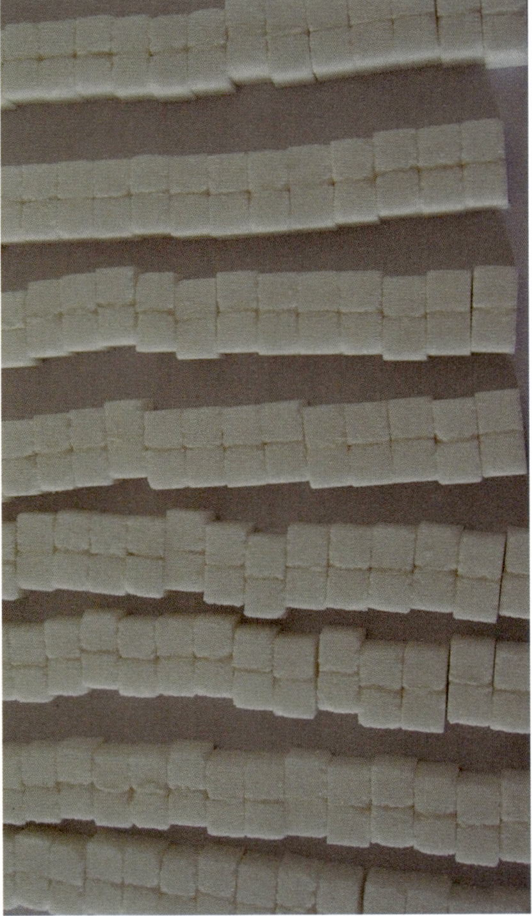

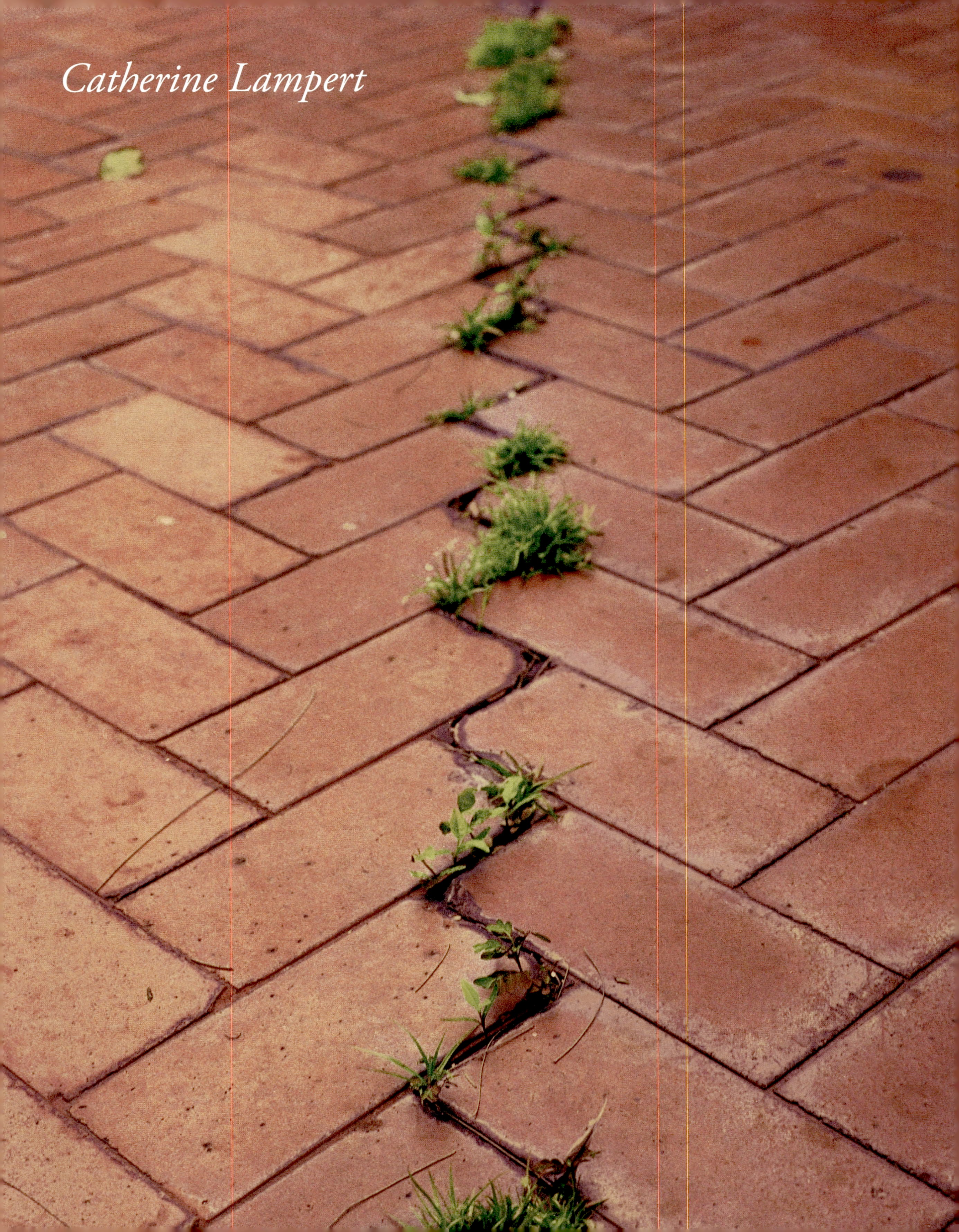
Catherine Lampert

Buscando a Laureana

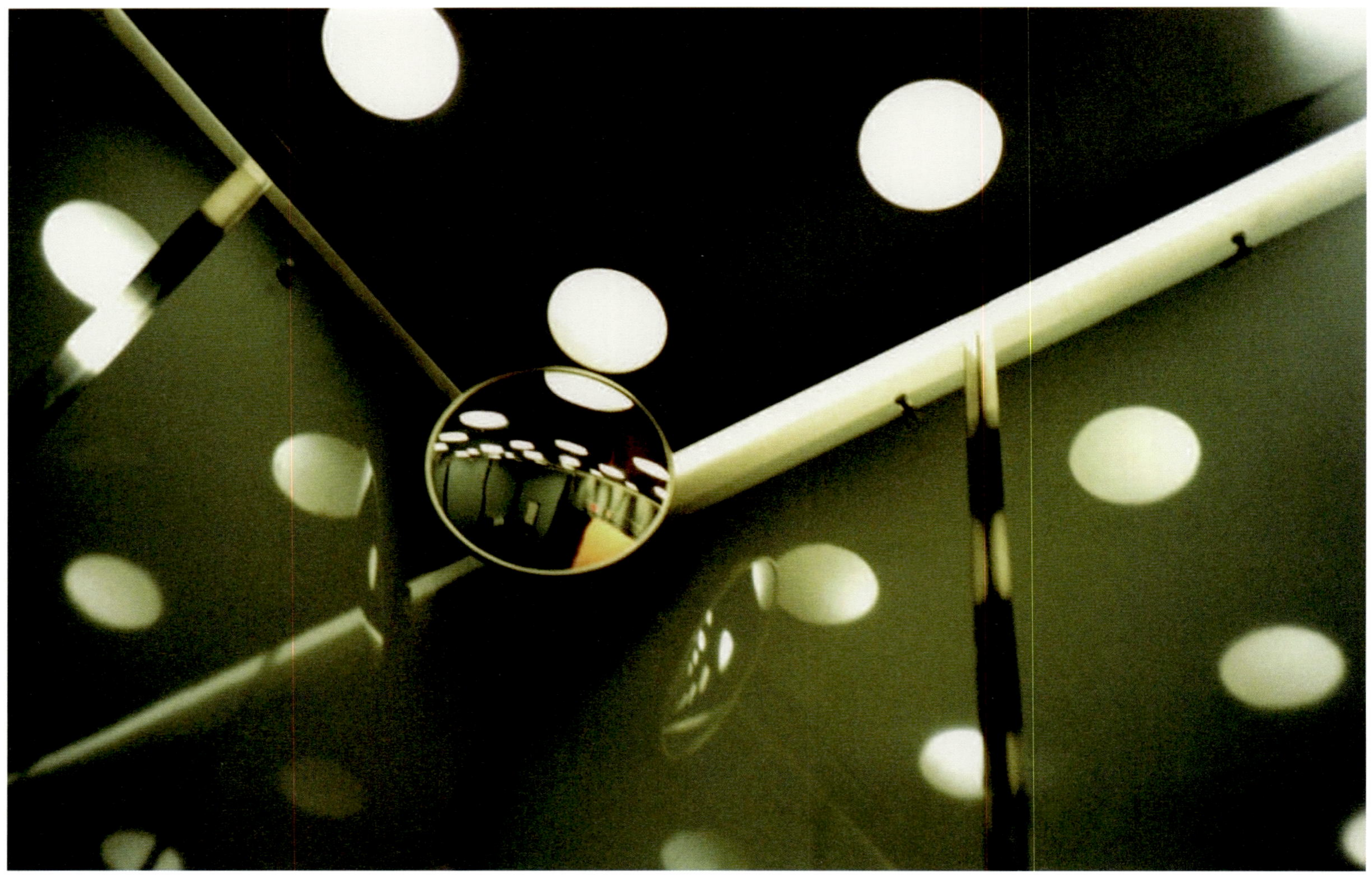

Sentada en mi escritorio en Londres, miro un pequeño altero de catálogos y maquetas diseñadas para documentar el trabajo de Laureana Toledo. Lamento que las oportunidades de ver su obra en exposiciones y performances me hayan sido tan escasas en los últimos diez años.

Mientras el CD se abre y reviso los diminutos jpg's —aparecen tan lentamente tras los girasoles de Adobe— empiezo a desesperarme. Los nombres de los archivos me predisponen hacia los contenidos, anticipándose a los mismos: 'Dear Lady', 'sancristobalsantacruz' 'Peripheral vision', 'Victoria'. Quizá la intangibilidad de lo que estoy viendo refuerza la sensación —disfrutable— que brindan estos fragmentos y prismas de color que rápidamente se deconstruyen cuando cierro el archivo y trato de retener las imágenes.

La carrera profesional de Laureana comenzó cultivando un gusto hacia la lente de la cámara, hacia lo que el rectángulo de luz —rebelde a la fuerza de gravedad— aísla; hacia el obturador y el foco que prefieren la mano manipulando el aro alrededor del lente, que al ojo ajustándose a la distancia y al brillo.

La mayoría de sus dibujos en acrílico o tinta se inclinan por la cuadrícula, algunos de estos cuadros ocupados por vocales reemplazadas por colores sobre papel calca; otros son planos de departamentos, otros más nos muestran una imagen de las ventanas en un rascacielos (o quizá sea

Sitting at my desk in London, looking through a small pile of catalogues and prototypes created to document Laureana Toledo's work, I feel more than ever that only rarely in the last ten years have I had a chance to see her work. As the CD fires up and jpegs are spied as thumbnails, their screen debut delayed by the Adobe sunflowers, one becomes impatient. In anticipation, the file names set a precondition for the contents, 'Dear Lady', 'sancristobalsantacruz', 'Peripheral vision', 'Victoria'. Perhaps it is the intangibility of what I am seeing that reinforces the feeling— which I like—of shards and prisms of colour. They quickly dematerialise when you close the file as if it were a package and try to visualise the images.

Laureana's professional life began with a nurtured affinity to the camera lens and the gravity-rebelling rectangle of light it isolates; the shutter and the focus operated by the hand manipulating the ring around the lens rather than the eye adjusting to distance and brightness. A majority of her ink or acrylic drawings favour squares, some of these are occupied by vowels denoted by colours across graph paper, others interpret apartment plans or produce an image of windows in a skyscraper (or maybe it is a 'nuclear plant control room'— if you believe the words spotted in the text below). The artist's imagination wanders into town plans made in sugar cubes, taking the virtual reality down to a micro-level, and when she pro-

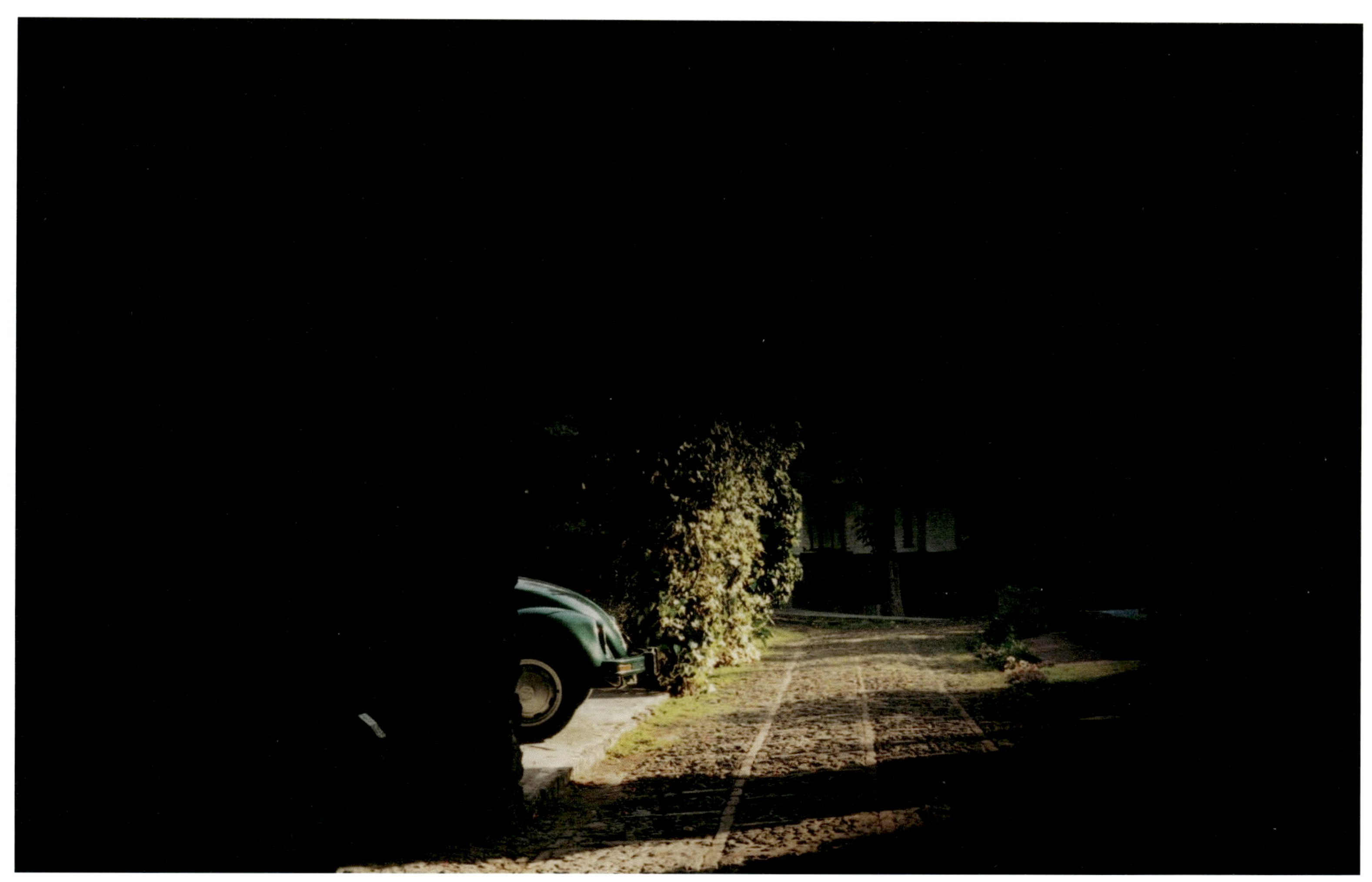

una 'sala de control de una planta nuclear' si damos crédito a los pies de foto)[1]. Su imaginación divaga entre maquetas de ciudades hechas con cubos de azúcar, llevando las imágenes a un nivel microscópico a la vez que una fotografía titulada 'autoestima' desnivela el horizonte del suelo hacia el borde del papel.

Cuando Laureana Toledo nos conduce por el pasillo —lleno de videos y fotografías de colores fuertes, artificiales, que llenan todo el espacio— renacen las ganas de salir en la noche a los llamados rincones y palacios del entretenimiento, su decadente decoración queda opacada por las luces estroboscópicas. No he vivido directamente esa experiencia, pero no es tan distinta a la de escribir acerca del arte: uno ejerce un poder arbitrario de forma temporal (sólo de palabra, por supuesto), pero psicológicamente siente como si aquello sobre lo cual se escribe lo hubiera hecho uno mismo.

A veces, cuando he intentado escribir sobre un artista, mi estrategia es fingir que me limito a tomar notas, como si los datos y las referencias fueran tan útiles como cualquier otra cosa que se me ocurriera. Hace poco, para el catálogo de una muestra colectiva —el tema era el subcontinente indio y el lugar la ciudad de Turín— le preguntaron a Sarnath Banarjee, artista de Delhi, cuyos formatos de trabajo son la his-

duces a photograph entitled 'self-esteem' it happens that the ground orientation is off-kilter to the rectangle.

The videos and photographs with strong, artificial, room-filling colour conjure up the mood of venturing out late at night to so-called entertainment dens and palaces, their shoddy décor overridden by strobe lights. For me it is mainly a vicarious experience—but this is not so different from writing about art, temporarily you exercise arbitrary power (only words, of course) but psychologically it is as if you made it yourself.

Sometimes when I've approached writing about an artist, my strategy is to pretend I'm just assembling the footnotes on the assumption that facts and references will be as useful as anything else I have to say. The artist from Delhi, Sarnath Banarjee, whose format is comic books, librettos and cell animation, was asked in a recent catalogue for a group exhibition (the theme was the Indian subcontinent and the location the city of Turin) to address transporting references across cultures. "I like my work to be understood without preconditions", explaining that other audiences, even those unable to read the same language should "derive their own meanings. Even if they are erroneous or mis-readings, it is still OK. In any case, my own work is based on untruths and misrepresentations". This evasive course appeals

---

[1] Esta frase hace referencia a un párrafo que aparece en el catálogo de su exposición Puntos Fijos. Galería de Arte Mexicano, 1999. N. del E.

[1] Refering to the catalogue from her exhibition *Puntos Fijos*. Galería de Arte Mexicano, 1999. Editor's note.

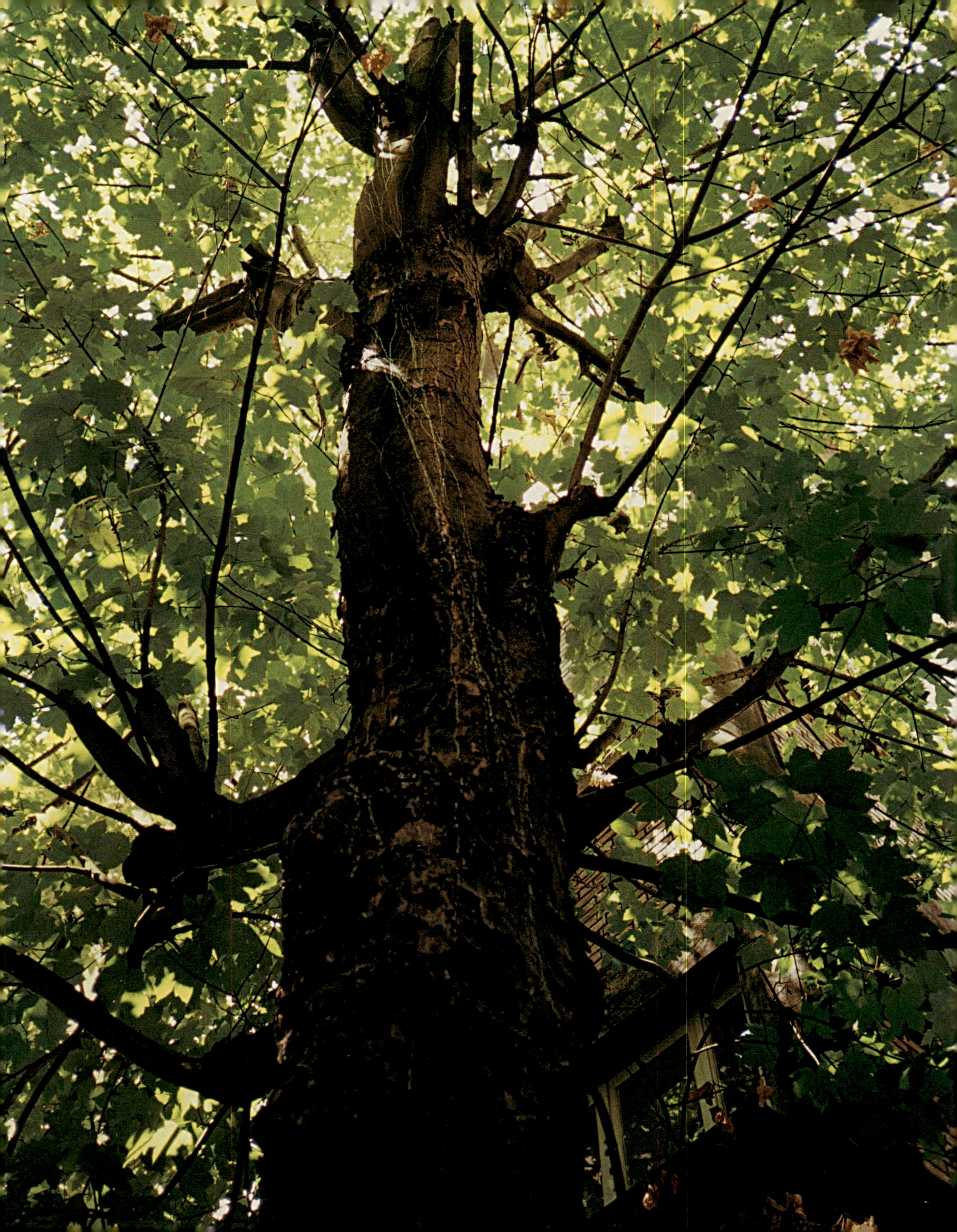

En una clasificación elemental su búsqueda
entraría en la categoría 'mineral'
In the elementary classification her pursuits
would come in the category 'mineral'

torieta, los libretos y la animación de celda (*cell animation*), sobre los cruces de referencias culturales.

"Me gusta que mi obra se entienda sin ideas preconcebidas", dijo explicando que otros espectadores, incluso quienes no pudieran leer el mismo idioma, deberían "deducir sus propias lecturas. Incluso si son erróneas, o si la lectura es incorrecta: no importa. En cualquier caso, mi obra está basada en no-verdades y representaciones erróneas". Esta vía evasiva me atrae, el peligro está en las ideas que me traen los libros que estoy leyendo: *Straw Dog*s de John Gray y *The God Delusion* de Richard Dawkins, en donde los mamíferos acaban con los planetas y los memes[2] me confunden con sus habilidades análogas.

A continuación algunos de los datos que pueden dar una primera imagen de Laureana. Durante los llamados 'años formativos', su familia fue al mismo tiempo migrante y sedentaria. Nació en la ciudad de México. Su padre, Francisco Toledo, se había mudado a París a los 20 años y al regresar, en 1965, se estableció en su tierra natal, Juchitán, donde la historia cultural y política así como las condiciones vigentes no sólo influenciaron su obra, sino que lo motivaron a establecer, junto con Elisa Ramírez, madre de Laureana, la primera Casa de la Cultura. La atmósfera de respeto hacia la cultura indígena coexistió con la exigencia de dejar una ventana abierta hacia el mundo exterior. Esto tuvo su manifestación material en colecciones de libros, fotografías y objetos que están presentes en las instituciones de Oaxaca, donde vive su padre. La más famosa de ellas, el Instituto de Artes Gráficas (IAGO), fue alguna vez la casa familiar.

La familia de la artista, que incluye a su hermano Jerónimo, cambió frecuentemente de residencia en la década de los setenta. En el año 2000, para acompañar la exposición de Francisco Toledo en la Galería de Arte Whitechapel, Laureana creó, en respuesta a la comisión de hacer una pieza con tema libre, la obra 'Migration Patterns', documentando en fotos individuales el proceso de "regresar a las 25 casas donde he vivido". Es una obra extraña —el agua corre en la coladera de Macedonio Alcalá, el paisaje escalonado por ramas en la Villette, una temporada en SoHo: 123 Prince St.

Hace poco Eduardo Abaroa, al hablar de los artistas 'inmigrantes' que llegaron a México a finales de los 80 propuso que el Distrito Federal —la ciudad de México— era un "territorio distópico", donde "diversas partículas posmodernas se inhalaban del ambiente junto al esmog, creando un delicioso contraste ante la modernización abanderada por los políticos"[3]. Pero no es necesario tener pasaporte extranjero para sentir el desarraigo.

to me but the danger is that the books I'm reading at the moment, John Gray's *Straw Dogs* and Richard Dawkins's *The God Delusion,* will drift into the thoughts, with mammals wearing out planets and memes confused with analogue skills.

These are some of the facts that might give an outsider an impression of Laureana Toledo. During what they call the 'formative years', the family was both migratory and rooted. She was born in Mexico City. Her father Francisco Toledo had gone to live in Paris at the age of 20 and on his return in 1965 settled in his native region, Juchitán, where the cultural and political history and present conditions not only influenced his work, they motivated him to establish, with Elisa Ramírez, Laureana's mother, the first Casa de la Cultura. The atmosphere of respect for indigenous culture came with an insistence on leaving open a window to the larger world. This had a material form, collections of books, photographs and objects that are present in the institutions in Oaxaca, where he lives. The most famous, the Institute of Graphic Arts (IAGO) was their former home.

The artist's family of the 1970s (also a brother Jerónimo) changed locations regularly, and on the occasion of Francisco Toledo's exhibition at the Whitechapel Art Gallery in 2000, Laureana responded to a free commission by creating the work *Migration Patterns*, describing in individual frames the process of "returning to the 25 houses I've lived in". What a strange work it is – the gushing water in the gutter of Macedonio Alcalá, the escalating view of branches from the tree in Villette, a time in SoHo, 123 Prince St.

Eduardo Abaroa recently described the 'immigrant' artists arriving in Mexico in the late 1980s (citing Francis Alÿs, Thomas Glassford, Melanie Smith) and suggested that the federal district, Mexico City, was a "dystopian territory"; "various post-modern particles were inhaled in the environment along with the smog, creating a delightful contrast with the modernization proclaimed by politicians". But you needn't have a foreign passport to experience rootlessness.

The most grounded part is Laureana's empathy for people and for learning, rather than building 'a body of work', in fact there are few human bodies in her art, which is refreshing, however, what is 'saved' can be painfully beautiful. In the elementary classification her pursuits would come in the category 'mineral'. The sliced photograph, now I finally understand it, is the remains of an image of crossing railroad tracks, one from Bologna railroad junction—this severe elegy reminds me of Juan Rulfo's black and white plate camera images of sidings and tracks taken in 1956. Rhythmic forms appear in the flight of stone steps seen from a high level, the black cow standing on the lowest plane. In her work she devises codes and 'infinity' holes, or borrows inventions of others, for example, the piano roll that guides the keys that feed sound to the brain. Male bands bring girls in tow, but here it looks like the quiet, deter-

---

[2] Un meme es, según las modernas teorías sobre la difusión cultural, la unidad teórica de información cultural transmisible de un individuo a otro o de una mente a otra (o de una generación a la siguiente). Es un neologismo acuñado por Richard Dawkins en "El gen egoísta", por la semejanza fonética con gen y para señalar la similitud radical con la memoria y la mímesis. Wikipedia. N. del E.

[3] Citando a Francis Alÿs, Thomas Glassford y Melanie Smith. N. del E.

Más que en la construcción de un "corpus de trabajo", la parte más sólida de Laureana es su empatía hacia la gente y el aprendizaje. De hecho hay pocos cuerpos humanos en su trabajo, lo cual resulta refrescante. Lo que "queda" puede ser dolorosamente hermoso. En una clasificación elemental su búsqueda entraría en la categoría 'mineral'. Al fin entiendo que en la fotografía recortada de Boloña lo que queda es la imagen de un cruce de vías de tren —cuya solemne elegía me recuerda las imágenes de vías de tren y desviaciones, en blanco y negro, tomadas en 1956 por Juan Rulfo. En su obra, proyecta códigos y huecos 'de infinito', o toma prestados inventos de otros, por ejemplo, el rollo de pianola que guía las claves que llevan el sonido al cerebro.

Los músicos de las bandas musicales atraen a las chicas, pero en este caso parece que la silenciosa y persistente Laureana jaló a los músicos con todo y sus instrumentos. Estos intrépidos mexicanos viajan por los aeropuertos, entran a Inglaterra vía Heathrow, llegan a Sheffield para jugar un juego. Se ponen a buscar canciones de otros o covers de grupos de esa ciudad; se encierran con un montón de gente, todos en un cuarto abarrotado. Parece estar hecho para crear un tema —ciudad + covers = interpretación. Sería difícil no sentirse halagado por el generoso cumplido de los músicos hacia el chovinismo de esta simpática ciudad. La visita es breve, el título The Limit.

Toledo se rehusa a ser artista y didáctica, así como se resiste a construir un nido. Su CV no esconde aquello que no le da prestigio. Si toma el papel de curadora no lo hace con el afán de promover su ego, sino, como en el caso de The Limit, para acercarse a otros con una invitación. En su papel de maestra de jóvenes, parece seguir siendo una recién llegada, y esto hace que uno la respete por su tendencia a colocarse, cada vez, al principio.

Por ejemplo, al insistir en la idea de qué tan grueso puede ser un montón de transparencias antes de volverse del todo opacas. Como a alguien a quien realmente le gusta la poesía, sin disculparse, fabrica un código visual que agotará a los visitantes fortuitos que quieren 'leer algo' y seguirse de largo.

No es necesario tener pasaporte extranjero para sentir el desarraigo

But you needn't a foreign passport to experience rootlessness

mined Laureana brought along the musicians and their instruments. These intrepid Mexicans trek through the airports, entering Britain at Heathrow, arriving in Sheffield to play a game. They've had some to find songs by others, or covers, native to the city; they engage with people in a herd, inside a stuffy room. It seems inspired to devise a theme—city + covers = the interpretation. But, it would be hard not to be charmed by the generous compliments offered by the musicians to the patriotism of this good-humoured city. The visit is brief and its title, 'The Limit'.

Toledo resists being an artist and a didactic like she resists making a permanent nest. Her CV doesn't hide the things that aren't self-promoting. If she acts as the curator it isn't in an ego-promotion mode, more, as with 'The Limit', the person who approaches and invites. Then, as a teacher but of young people, she remains a novice, and this is related to one's respect for her inclination to place herself at the beginning each time. For example, by pursuing the idea of how big a pile of transparencies might be before they go entirely opaque. As someone genuinely liking poetry, she unapologetically makes up a visual code that will tire casual visitors wanting to 'read' and move on.

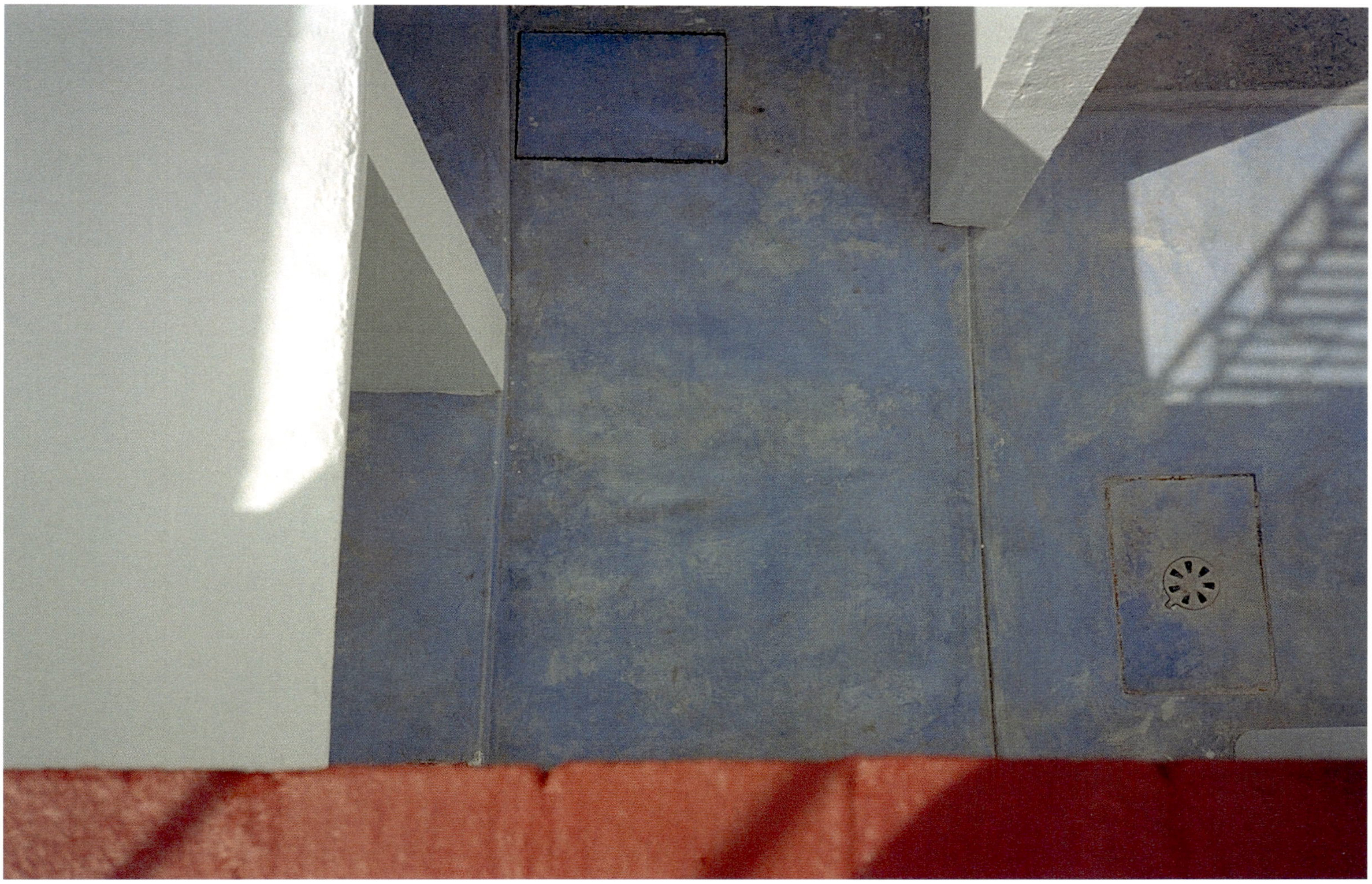

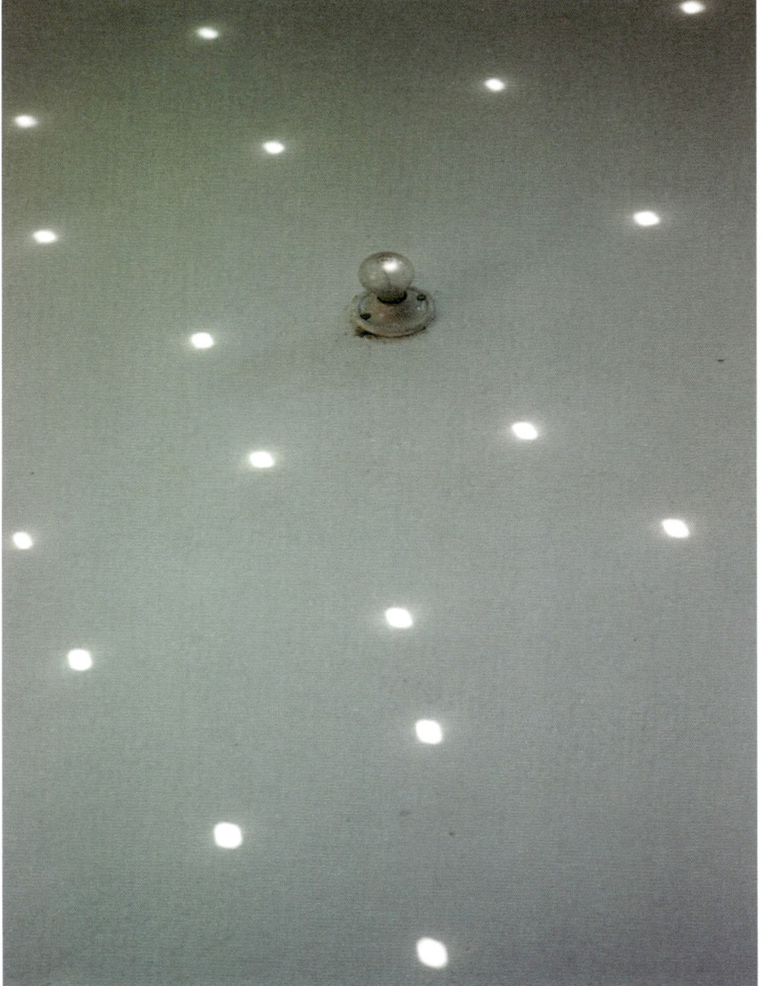

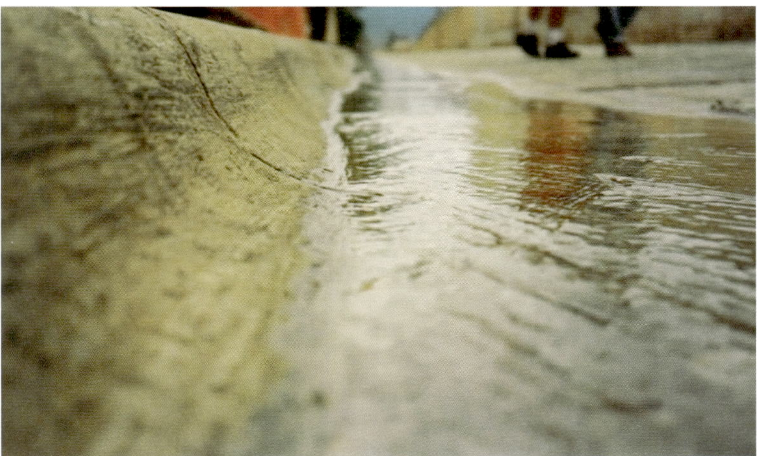

Izquierda Left Yautepec 50, Condesa (luz interior *inner light*).
Ésta página, desde la izquierda This page, from left
Juárez 65, Tlalpan. Macedonio Alcalá 507, Oaxaca. Yautepec 50, Condesa.

Vías Tracks

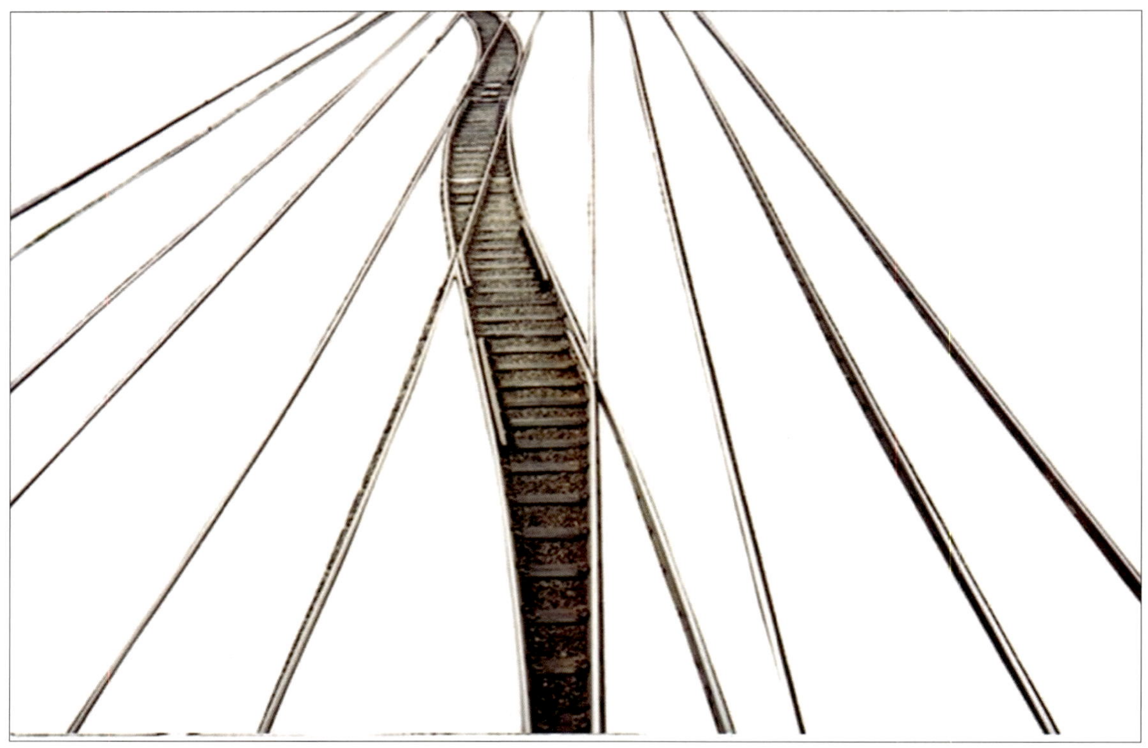

CON UN EXACTO REMOVEMOS LA CAPA DE EMULSIÓN DE TODO LO QUE NO ES UNA VÍA DE TREN EN ESTAS FOTOGRAFÍAS. NOS QUEDAMOS CON CIERTOS RECORRIDOS Y CON LA GRAN DUDA DE SI A ESTE RESULTADO LO PODEMOS LLAMAR FOTOGRAFÍA YA QUE EL RESULTADO SON APENAS UNOS MILÍMETROS DE IMAGEN.

WITH A UTILITY KNIFE, WE REMOVE THE ENTIRE LAYER OF EMULSION ON THESE PHOTOGRAPHS EXCEPT FOR WHAT REPRESENTS TRAIN TRACKS. WE ARE LEFT WITH CERTAIN SPECIFIC COURSES AND THE GREAT UNCERTAINTY ABOUT WHETHER OR NOT THE RESULT MAY BE CALLED A PHOTOGRAPH SINCE THE IMAGE IS REDUCED TO AN AREA OF JUST A FEW MILLIMETERS.

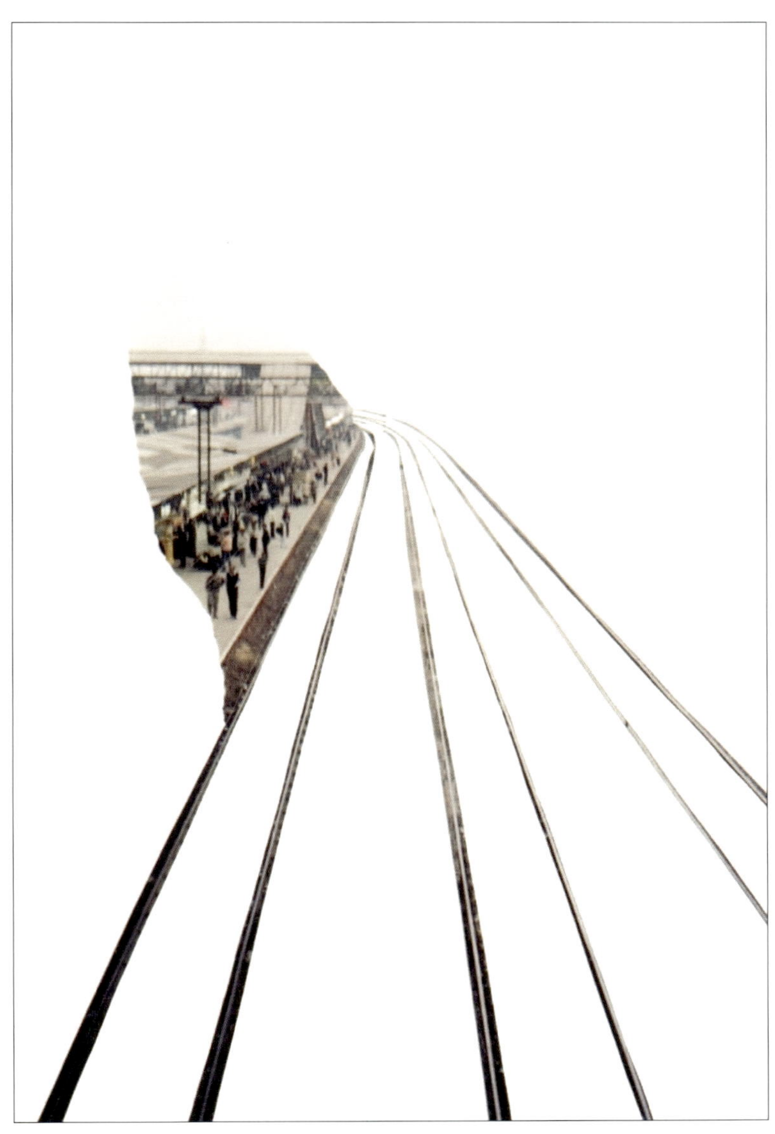

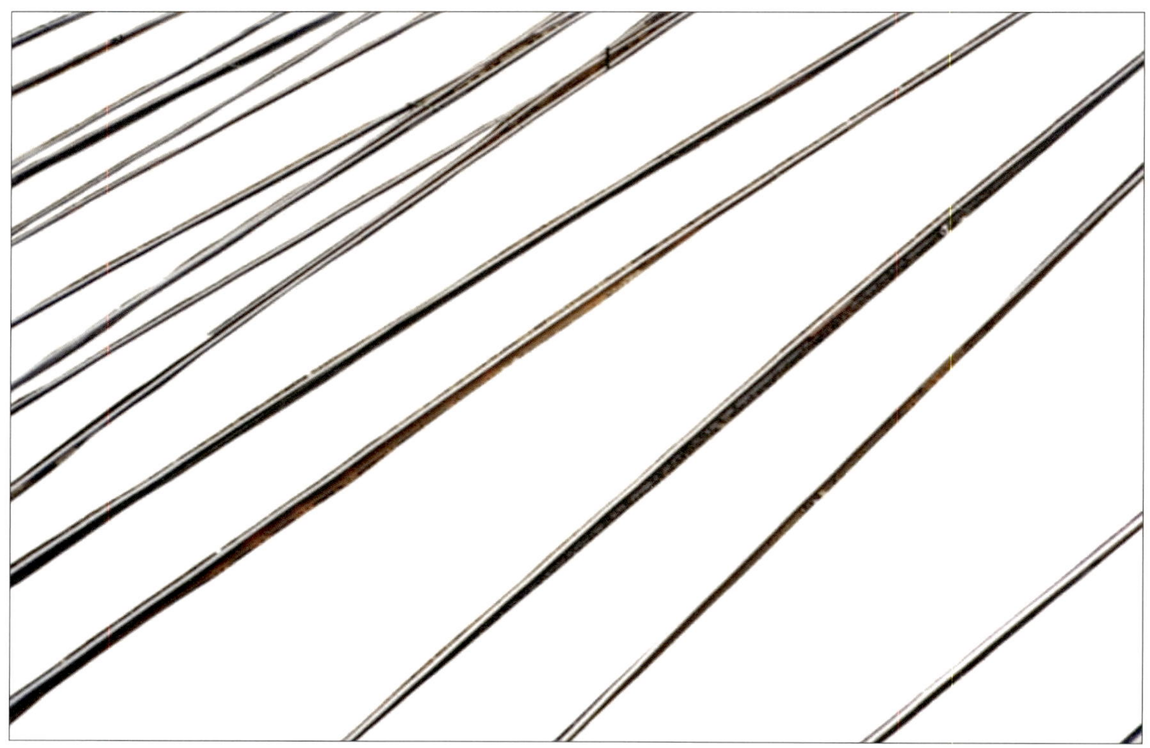

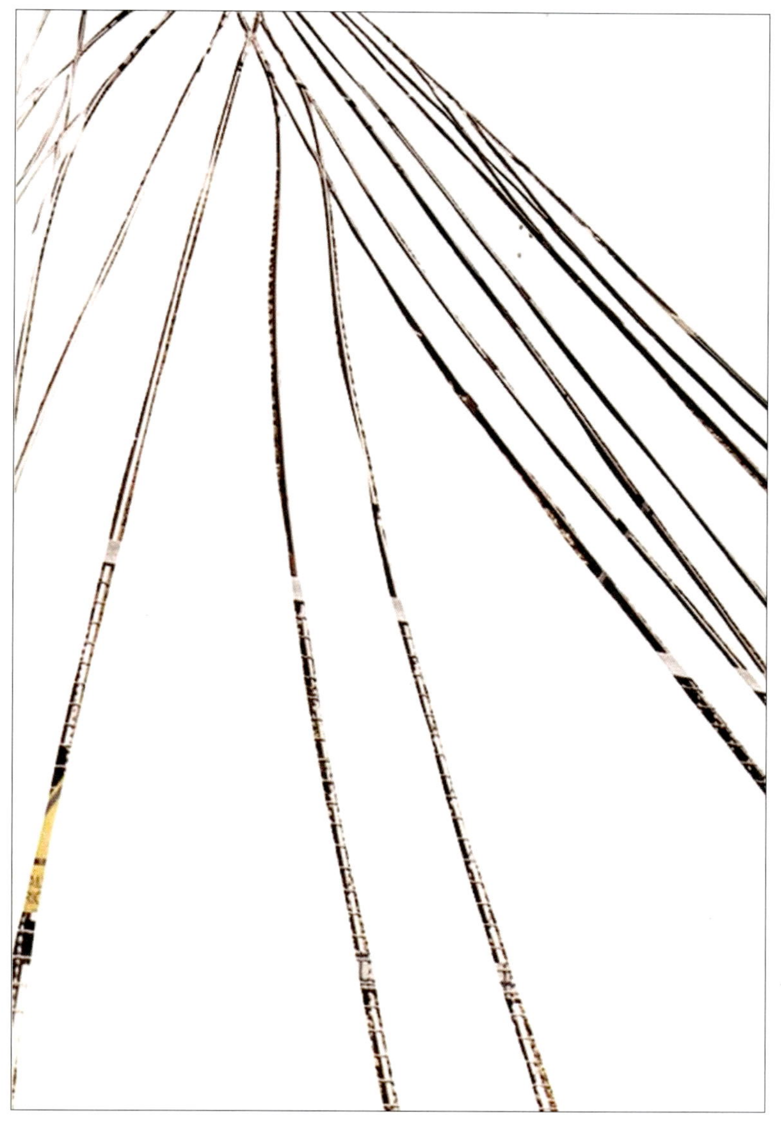

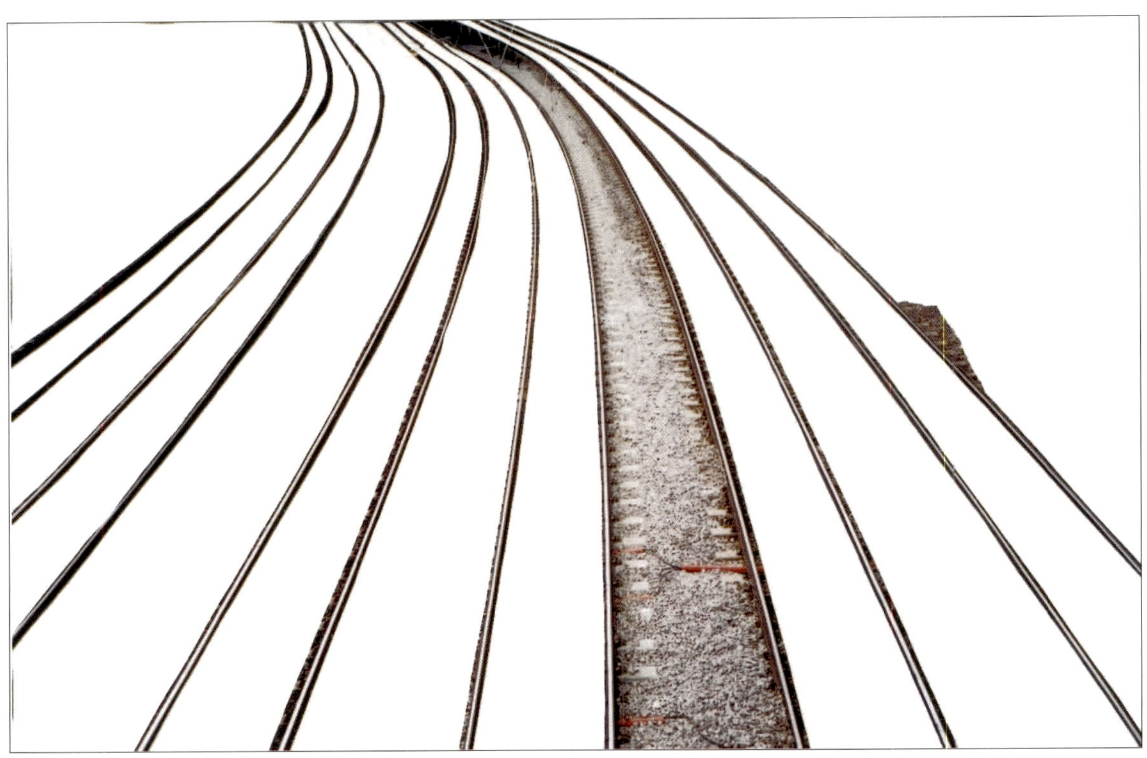

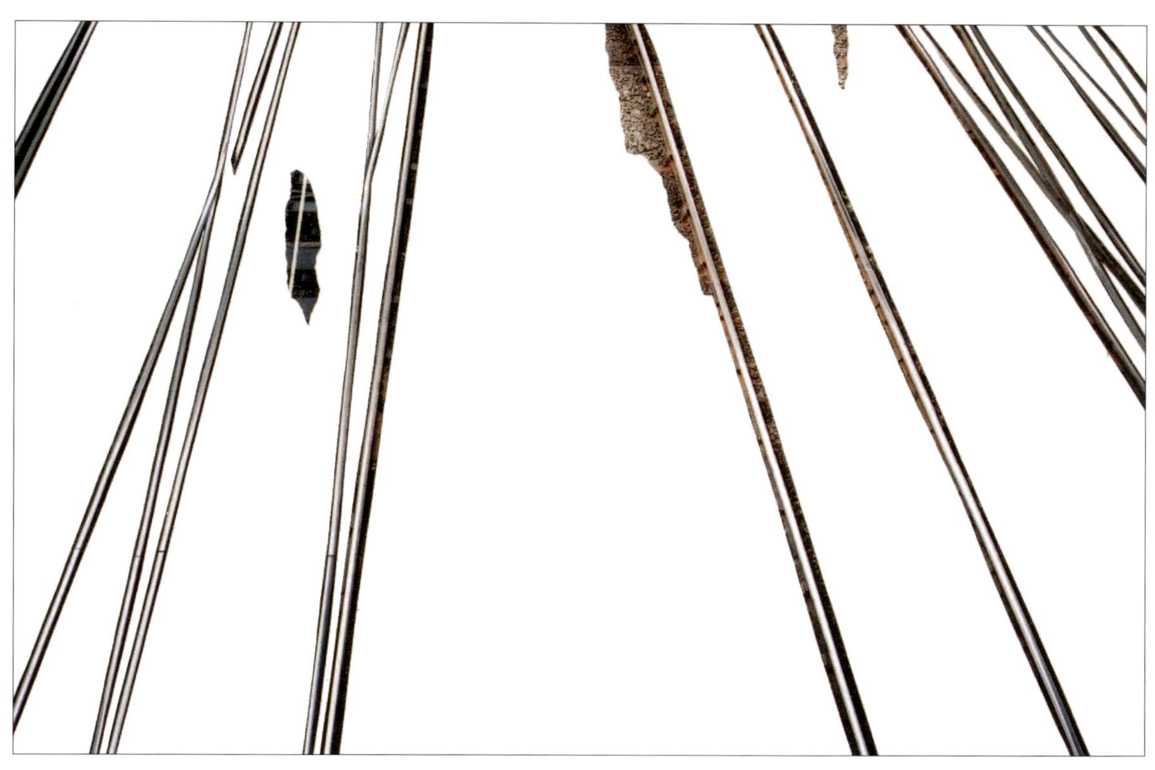

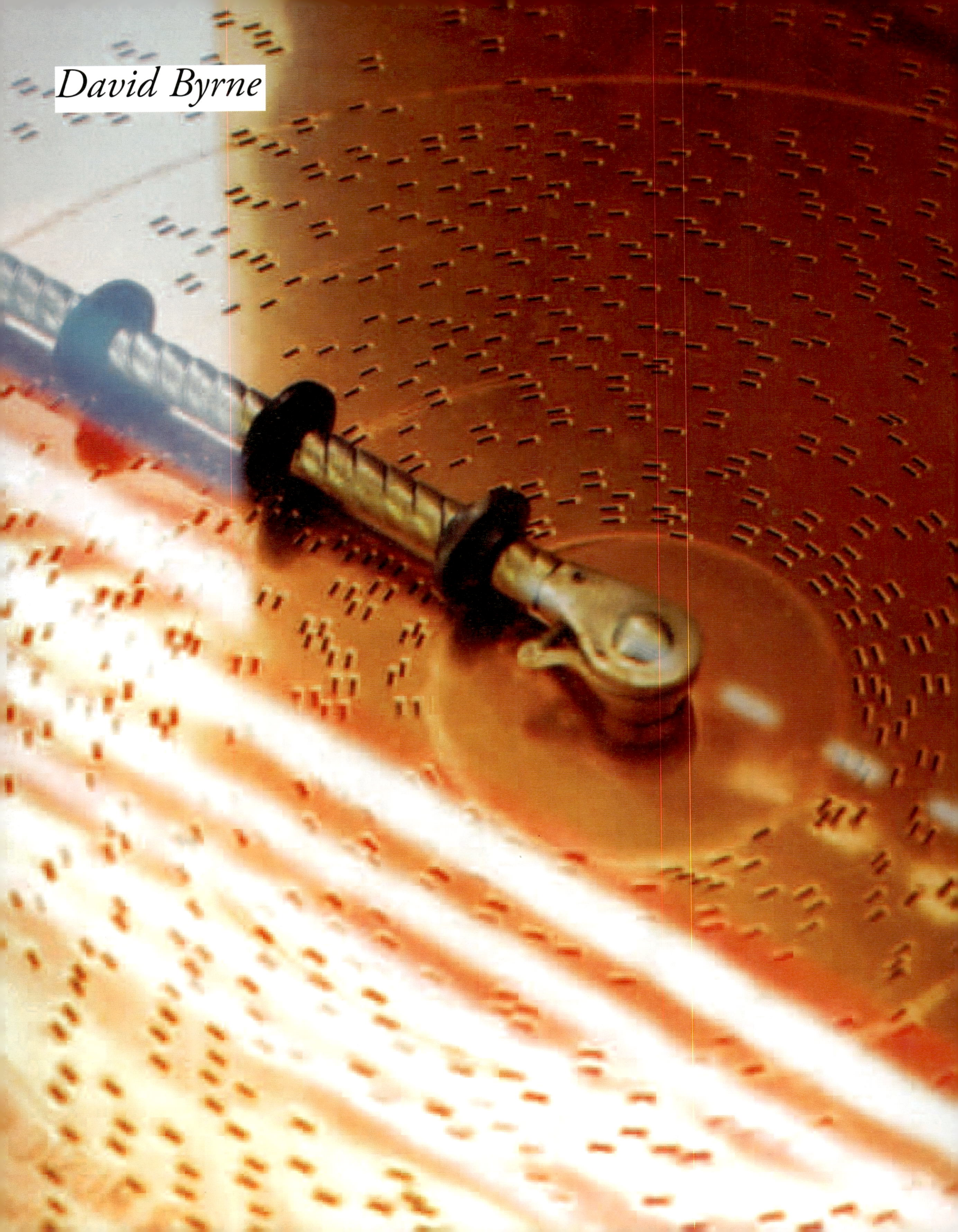
David Byrne

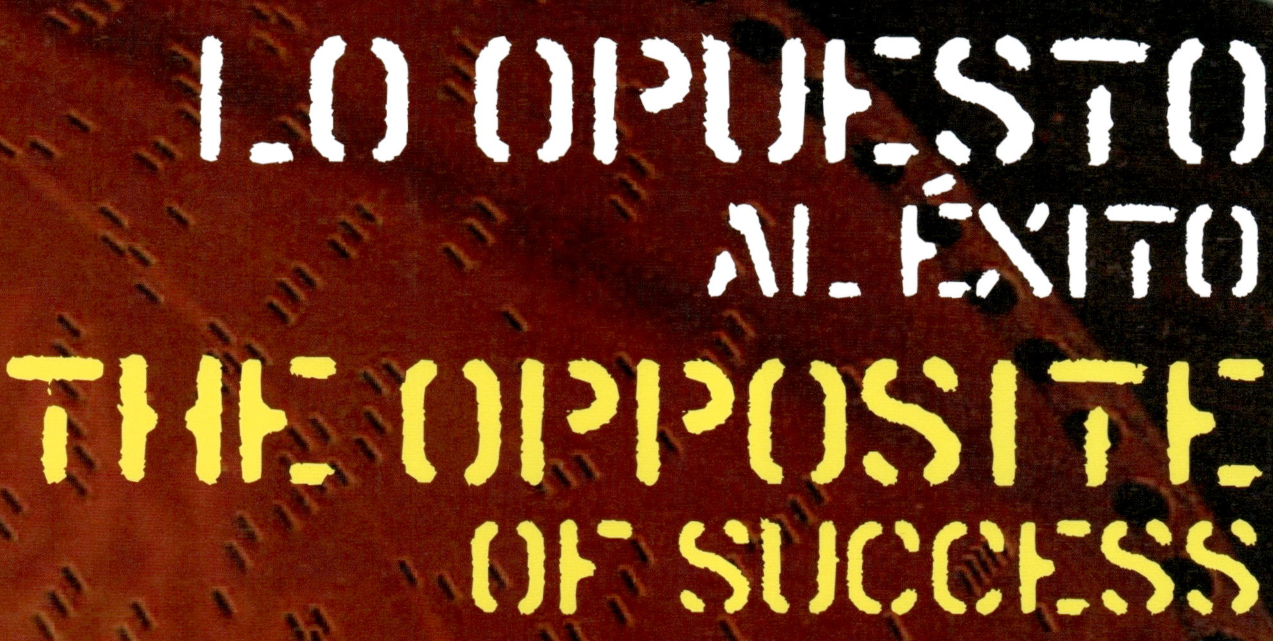

LO OPUESTO
AL ÉXITO

THE OPPOSITE
OF SUCCESS

ALGUIEN NOS REGALA UN DISCO CUIDADOSAMENTE ENVUELTO. AL ABRIRLO NOS DAMOS CUENTA DE QUE EL EMPAQUE ERA PRECI-SAMENTE LO VALIOSO. UNA REFLEXIÓN DE ESTO, POR UNO DE LOS MEJORES JUGADORES EN LAS CANCHAS DE LA MÚSICA Y EL ARTE.

SOMEONE GIVES YOU A RECORD CAREFULLY WRAPPED IN A BEAUTIFUL PACKAGE. UNWRAPPING IT, YOU REALIZE THAT THIS IS PRECISELY WHAT MAKES IT VALUABLE. A MEDITATION ON THIS SUBJECT BY ONE OF THE BEST PLAYERS IN THE FIELDS OF MUSIC AND ART.

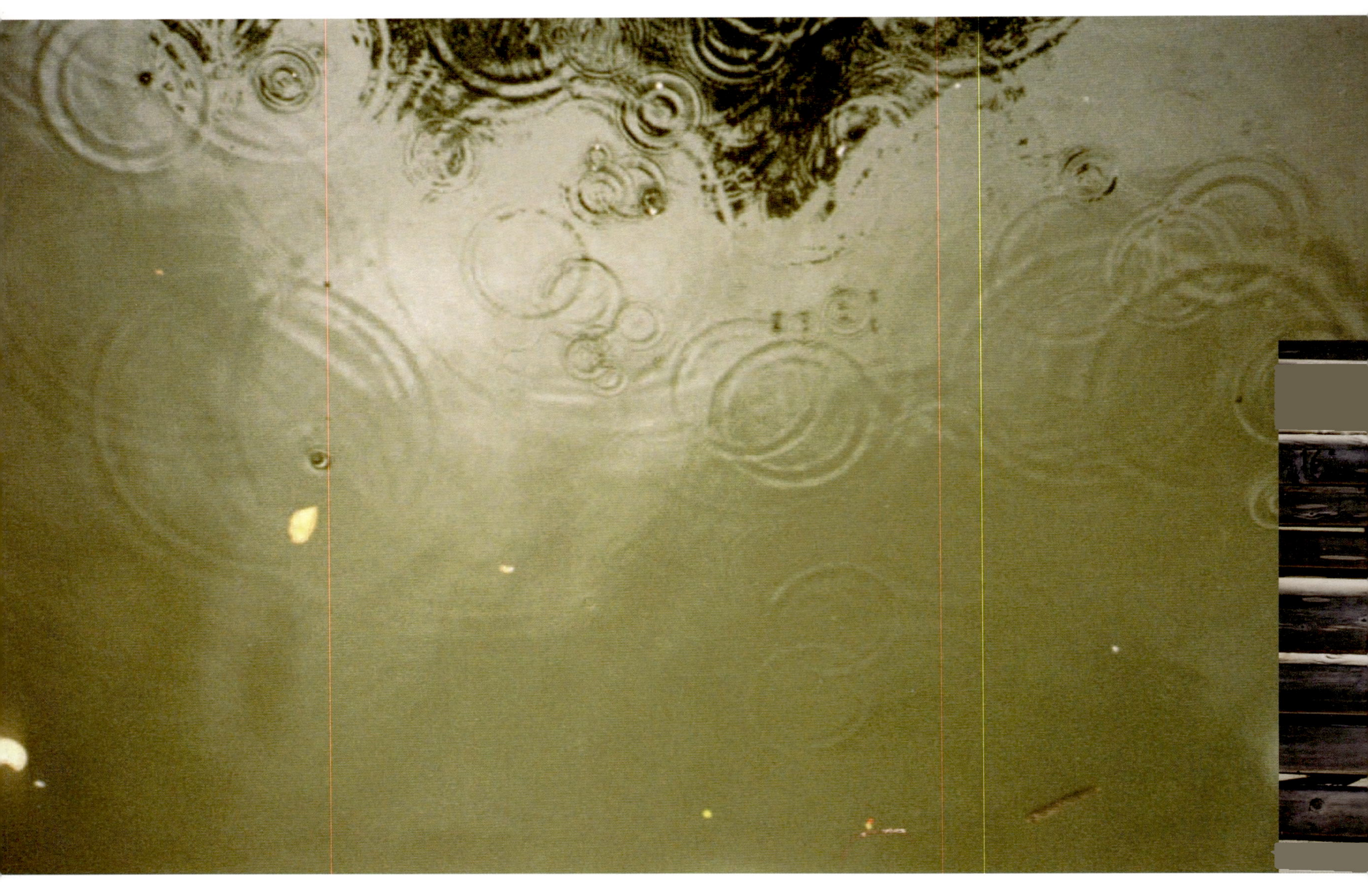

Cuándo se volvieron músicos los artistas visuales? ¿Cuándo comenzaron los músicos a considerar arte lo que hacen ?

Los artistas y poetas Dada coreaban y cantaban, los surrealistas escribieron óperas, John Cage y otros exhibieron sus partituras como si fueran dibujos y los futuristas hicieron muebles sonoros, pero ninguno de ellos pretendía ocupar un lugar en el mundo de la música popular. ¿Cuándo se convirtió la música pop en foro para la expresión artística? Estamos hablando de música realmente popular: todo el arte sonoro "artsy" creado por aquellos movimientos es esencialmente irrelevante, aunque su intención quizás no lo sea.

Este cruce de fronteras empezó antes de mis tiempos. Empecé a escribir canciones cuando estaba en la escuela de arte, a principios de los 70 y en aquellos tiempos escribir canciones pop y considerarlas arte ya era natural, aceptado, nada del otro mundo. Se aceptaba incluso la idea de "jugar" a ser una banda, aunque en Estados Unidos un poco menos, pues la ironía musical nunca fue bien vista por la prensa… era considerada poco sincera, no era "auténtica".

Inventarse personajes, en la cultura popular, se remonta a mucho antes. Los Beatles fingían ser el Sargento Pimienta y su Banda, Bob Dylan fingía ser un campesino de Oklahoma, Alice Cooper fingía ser un fantasma. Ninguno de ellos era lo que fingía. Esto se alejaba del rol tradicional del cantante de pop, que interpreta las canciones de otros (algo que, irónicamente, retoma el proyecto The Limit). Los cantantes de pop comenzaron a hacer "arte", y viceversa; el artista, por lo tanto, podía hacer música popular. ¿Por qué no? Músicos que fingen ser otra clase de músicos, con otros estilos. Entonces, ¿quién es el músico "de verdad"? ¿Importa todavía? El significado de la canción, ¿aún estaba en la canción, o estaría igualmente en los trajes, los videos, las entrevistas y las puestas en escena?

Quizá fue el arte visual pop de los 60 lo que empezó a eliminar la diferencia entre el arte popular y el arte culto. Antes de eso, cuando los muralistas y los beat celebraban a la persona común y al paisaje vernáculo, aún estaban celebrando y reconociendo, pero no del todo *dentro* de la cultura popular. ¿Acaso la transición no empezó antes, cuando Duke Ellington, Gershwin, Pérez Prado y otros comenzaron a escribir suites y obras "serias"? Lo que querían decir, en efecto, era: "A ver, si Verdi era la música popular de su época y hoy es considerado como arte culto, si se le honra y adora en los templos, entonces, ¿por qué no nos reconocen de la misma forma? ¿No es nuestro trabajo tan valioso y popular como el suyo?"

No nos engañemos. El arte culto es culto por una razón. Es culto porque vive en un mundo de exclusividad, de un alto estatus social. Quienes van a la ópera no quieren, realmente, que la ópera vuelva a ser un arte popular —les arruinaría la tarde tener que mezclarse con el *hoi polloi*. Lo mismo sucede con las artes visuales. El club exclusivo de galeristas, directores de museos y coleccionistas decide qué artistas y obras tienen valor —y ese valor no tiene nada que ver con la plusvalía marxista, con la utilidad de la obra, el tiempo invertido en producirla o cuántas personas se requieren para hacerla. El valor se basa en la exclusividad, la escasez y en un valor asignado arbitrariamente —valor asignado de acuerdo al atractivo fabricado. En este sentido el arte contemporáneo funciona como las reliquias religiosas —huesos comunes y corrientes a los que se les asigna un

Página anterior *Previous page* Pianola, 2002
Ésta página *This page*
Izquierda *Left* Allegro, 1997, *Centro* *Middle* Hollywood Bowl, 2003
Derecha *Right* Volúmen/Volume, 2004
Página siguiente *Next page* Does anybody remember laughter?, 2005

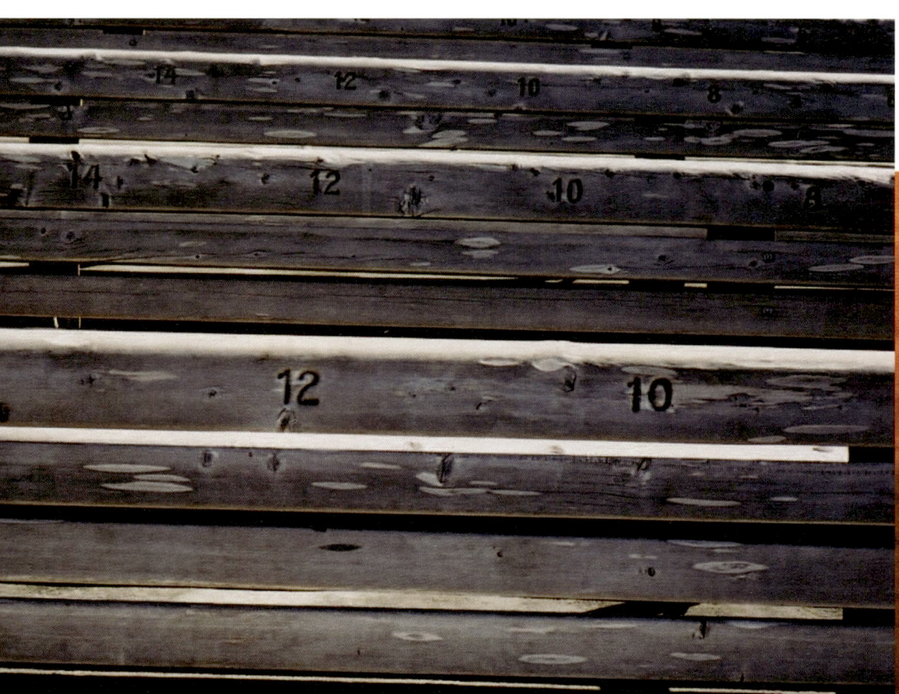

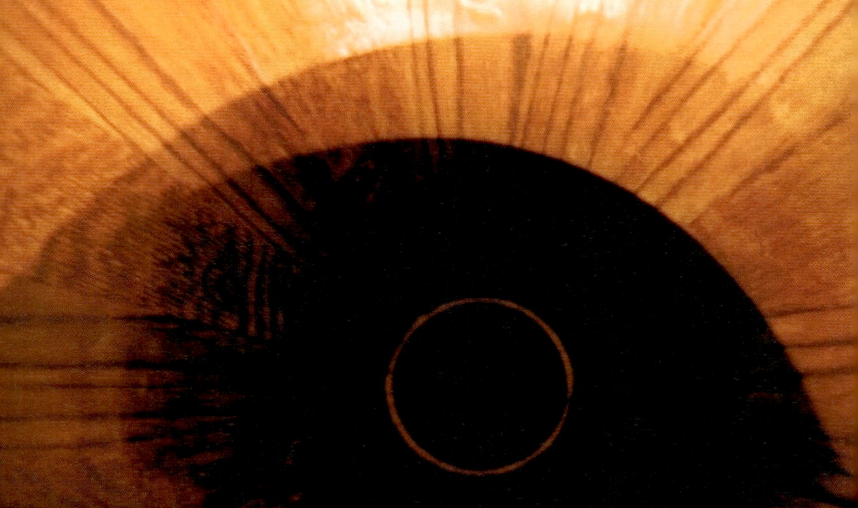

hen did visual artists start becoming musicians and when did musicians begin considering what they made as art?

The Dada artists and poets chanted and sang, the Surrealists wrote operas, John Cage and others exhibited their scores as if they were drawings, and the Futurists made audio furniture—but none of the above aspired to the world of popular music. When did pop music become an arena for artistic expression?

We're talking truly popular music here—so all the arty sound art that these movements made is irrelevant in substance, but maybe not in intent.

The border crossing must have happened before my time. I began writing songs when I was in art school in the early 70's—and to write pop songs and simultaneously think of them as art at that time seemed natural, accepted, unremarkable. Even the idea of "playing" at being a band was accepted, though less so in the US, where musical irony never was accepted by the press… it smacked of insincerity, it wasn't "authentic".

But role-playing in popular culture, it goes way back. The Beatles pretending to be Sgt. Pepper and his Band, Bob Dylan pretending to be an Okie, Alice Cooper pretending to be a ghoul. None of them were who they pretended to be. This was far from the usual role of the traditional pop singer as an interpreter of others songs (which ironically The Limit project returns to). Pop singers began making "art", and vice versa—the artist could therefore also make popular music. Why not? Musicians pretending to be other kinds of musicians with other styles. Who, then, was the "real" musician? Did it matter anymore? Was the meaning of the song still in the song, or was it now equally in the costumes, the videos, the interviews and the performance?

Maybe it was visual pop art in the 60s that began to eliminate the difference between lowbrow and highbrow. Maybe it was before that, when the Muralists and the Beats celebrated the ordinary person and the vernacular landscape they were still celebrating, acknowledging—but not entirely IN the popular culture. Maybe it was earlier, when Duke Ellington, Gershwin, Pérez Prado and others began writing suites and "serious" work that the transition began? They were, in effect, saying, "Look, if Verdi was the pop music of his day, and is now considered high art and is honored and adored in the temples, then why not treat us the same way? Is our work not also simultaneously rich and popular as his was?"

Let's not kid ourselves. High art is called high for a reason. It is high because it lives in a world of exclusivity and high social status. Opera goers don't really want opera to return to being a popular art—it would spoil their evenings to have to mix with the hoi polloi. The same goes for visual art. The exclusive club of gallerists, museum directors and collectors decide which artists and pieces have value—and that value has nothing to do with Marxist utility—with how useful the work is, how long it took to make it or how many people it took to make it. The value is based on exclusivity, scarcity and an arbitrarily assigned worth—worth assigned according to a manufactured desirability. In this sense contemporary art works are like religious relics—ordinary bones that have been assigned an aura of power. This is not to say these works are not important, moving, profound or even beautiful… many of them are. But they are not made accessible to the ordinary people the way pop music is. High art and high music are segregated

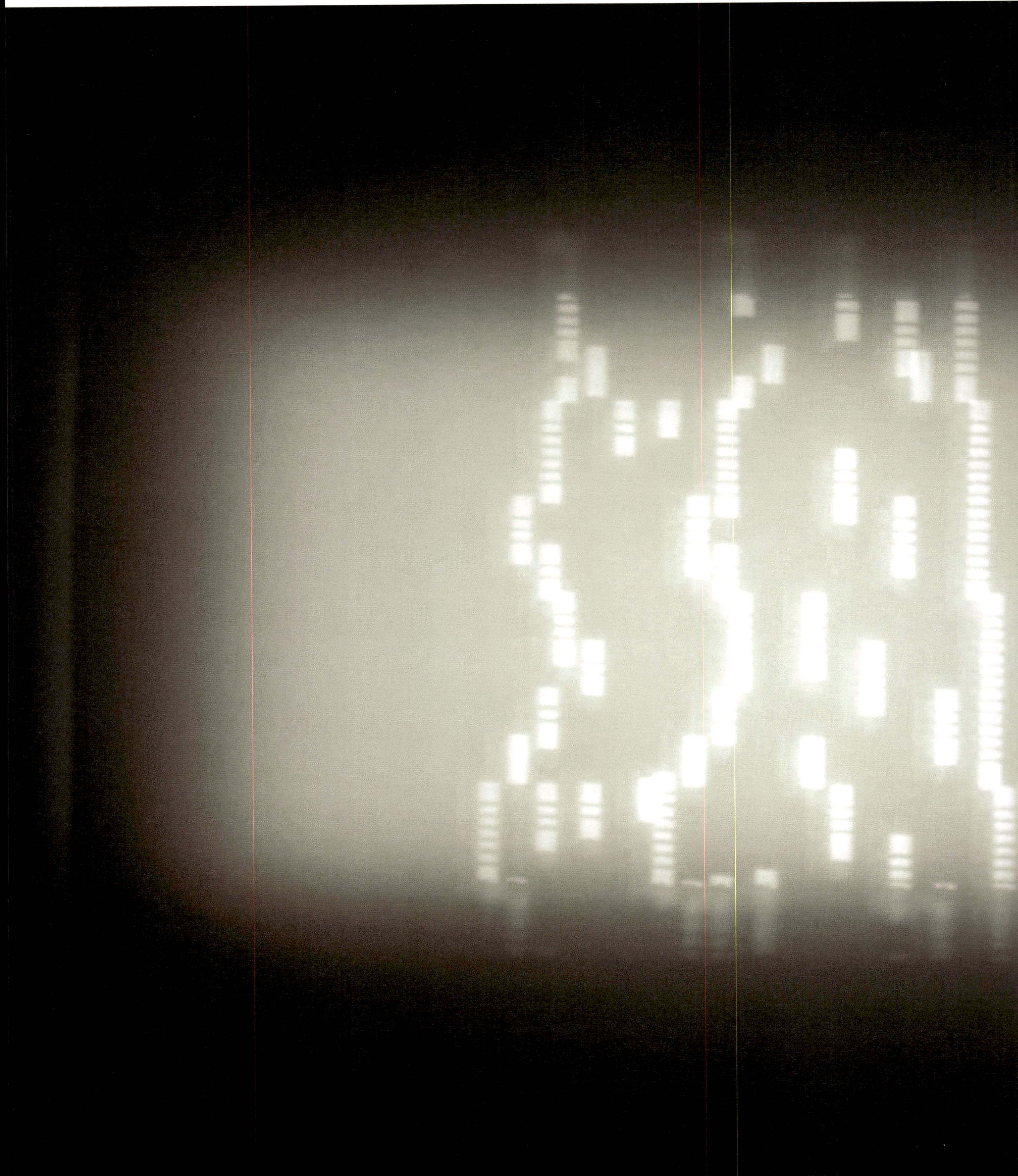

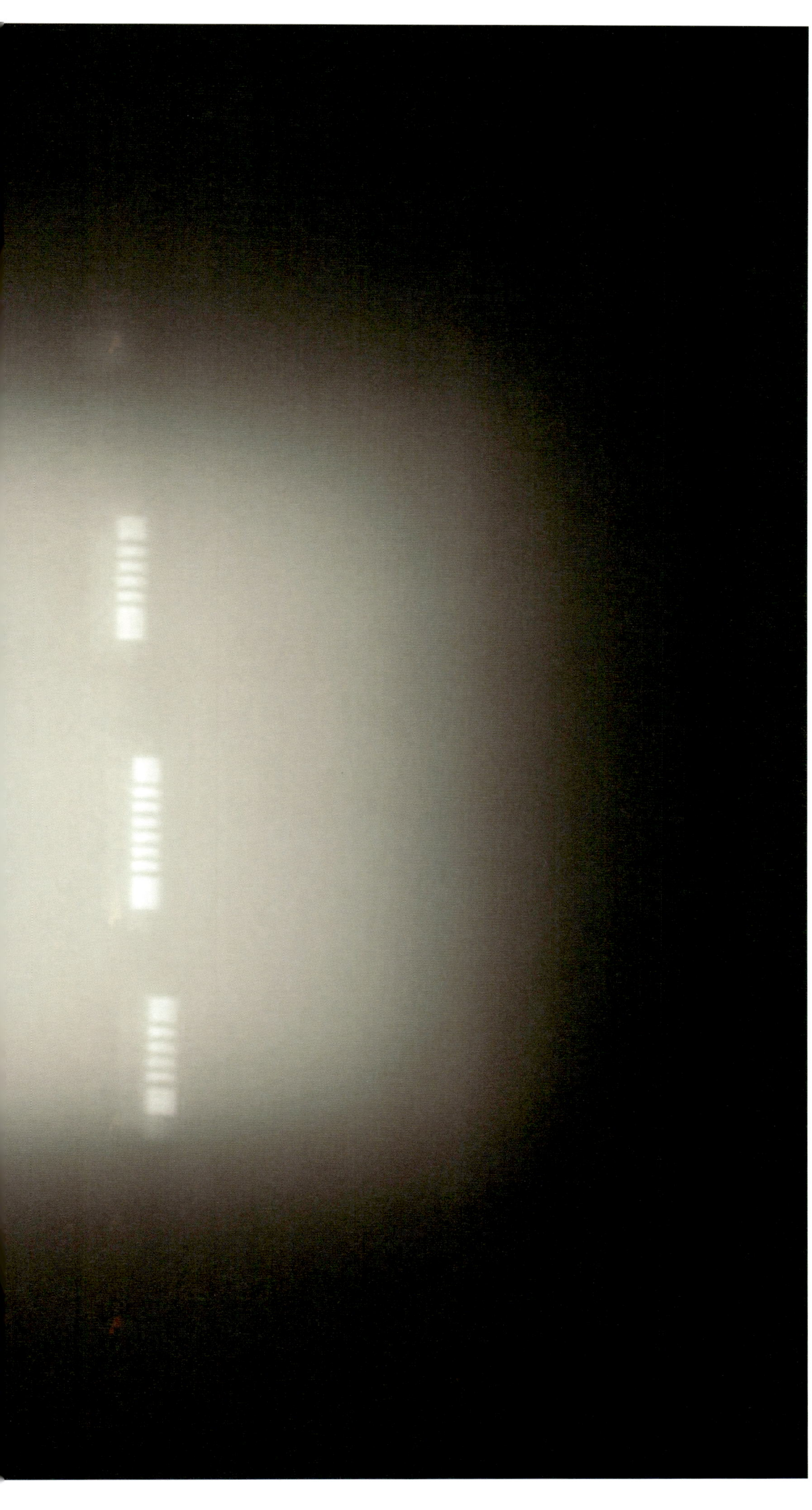

LOS CANTANTES DE POP COMEN-
ZARON A HACER "ARTE", Y
VICEVERSA; EL ARTISTA, POR LO
TANTO, PODÍA HACER MÚSICA
POPULAR. ¿POR QUÉ NO?
POP SINGERS BEGAN MAKING
"ART", AND VICEVERSA- THE
ARTIST COULD ALSO DO POPULAR
MUSIC. WHY NOT?

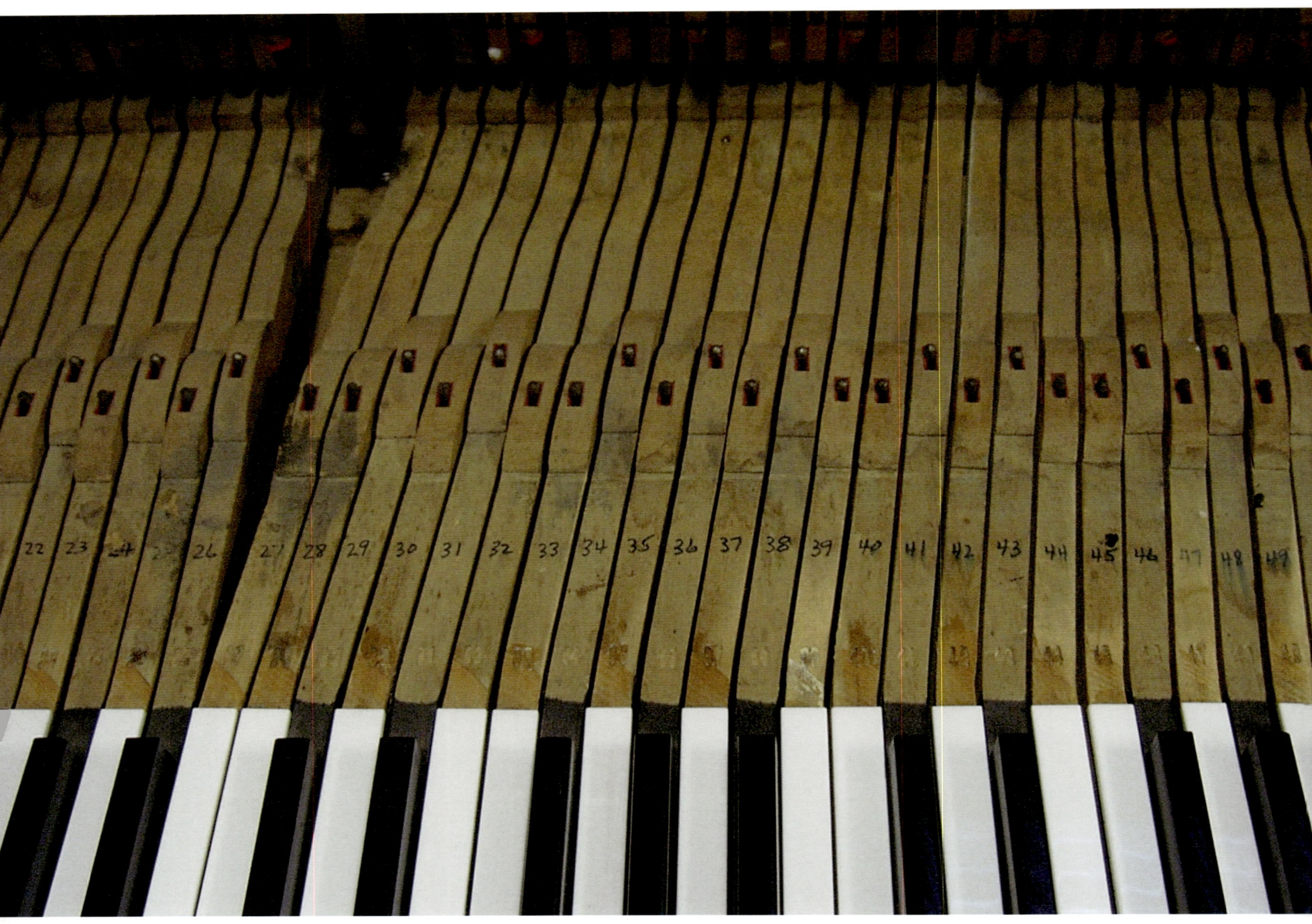

aura de poder. Esto no quiere decir que estas obras no sean importantes, conmovedoras, profundas y hasta bellas —muchas de ellas lo son. Pero no están al alcance de la gente común como la música pop. El arte y la música culta están segregados de las masas por razones tanto sociales como intelectuales; lo que suele estar en juego es un estatus, una frontera entre "ellos" y "nosotros" —y las bellas artes funcionan como su aduana.

Es ahí que esta nueva actitud es revolucionaria: cuando el arte toma las formas populares como su medio, deja de existir esa distancia, el efecto alienador o el sentimiento de despojo hacia la propia cultura. Es una forma de reclamar como propia la cultura de todos lados, de cualquier cosa y en cualquier momento. Es, parafraseando a Warhol, una forma de disfrutar las cosas, o de amar todo y hacer que todo y todos sean accesibles. Cuando la discoteca se vuelve el museo, cuando el club se convierte en teatro, la cuestión del valor arbitrario que una elite le atribuye, se vuelve irrelevante.

La música pop se apropió del verso surrealista, del collage dadá, de los pastiches de los beat, y los introdujo a sus discursos. Luego dio un paso más, y convirtió a la forma pop no sólo en un medio para el verso y el lenguaje contemporáneo, sino en una obra en sí. Las formas populares funcionan en diversos niveles —por lo regular tienen un atractivo visceral inmediato —pero en ocasiones tienen la profundidad de las bellas artes. (Y las bellas artes a veces son también tan huecas como la peor cultura pop.)

En este proyecto una artista, Laureana, "contrató" a músicos de verdad. Y luego lo documentó en un video y en una revista de fans "simulados". En esta pieza, la música no se distingue de la de muchas otras bandas de pop. Sin saber nada del proyecto, podría pensarse que se trata simplemente de un extraño grupo de covers, que había tomado la inescrutable decisión de tocar sólo música de grupos procedentes de Sheffield, una vieja ciudad industrial inglesa.

Parte del proyecto es crear algo común y corriente. Algo que cualquier grupo de músicos podría haber hecho, si quisiera, aunque pocos realmente se tomarían la molestia de hacerlo. La respuesta inicial a este proyecto, como la que se escucha ante las pinturas abstractas —"mi hijo podría hacer eso"— es que casi cualquier grupo de músicos, con un mínimo de habilidades, podría hacerlo (pero no lo hacen). Disfrazar el arte de forma tan absoluta, para que desaparezca en lo cotidiano ES, en este caso, la pieza de arte. El proyecto intenta lograr la invisibilidad: lo opuesto al éxito —si el éxito se mide por la rareza, la originalidad, el uso de metáforas oscuras y las más exquisitas sensibilidades del trabajo. El proyecto es como el del diseñador de muebles Jasper Morrison, quien hace poco vendió una simple caja de madera.

En un universo paralelo, las formas mismas de la música pop mutan y se deconstruyen a sí mismas. La semana pasada vi a un grupo –SunO)))– que usa los sonidos y las actitudes del heavy metal para presentar un tipo de rugido minimalista envolvente que reduce el metal tradicional a su esencia primigenia. Ur metal. El público era un mezcla de darketos y fanáticos de la música experimental. Sospecho que parte del significado del proyecto era que estos dos nichos demográficos sintieran curiosidad por la banda. ¿La intención del grupo era hacer arte? No lo sé. No se juntan con círculos artísticos, así que lo dudo. Pero de alguna forma su método reduc-

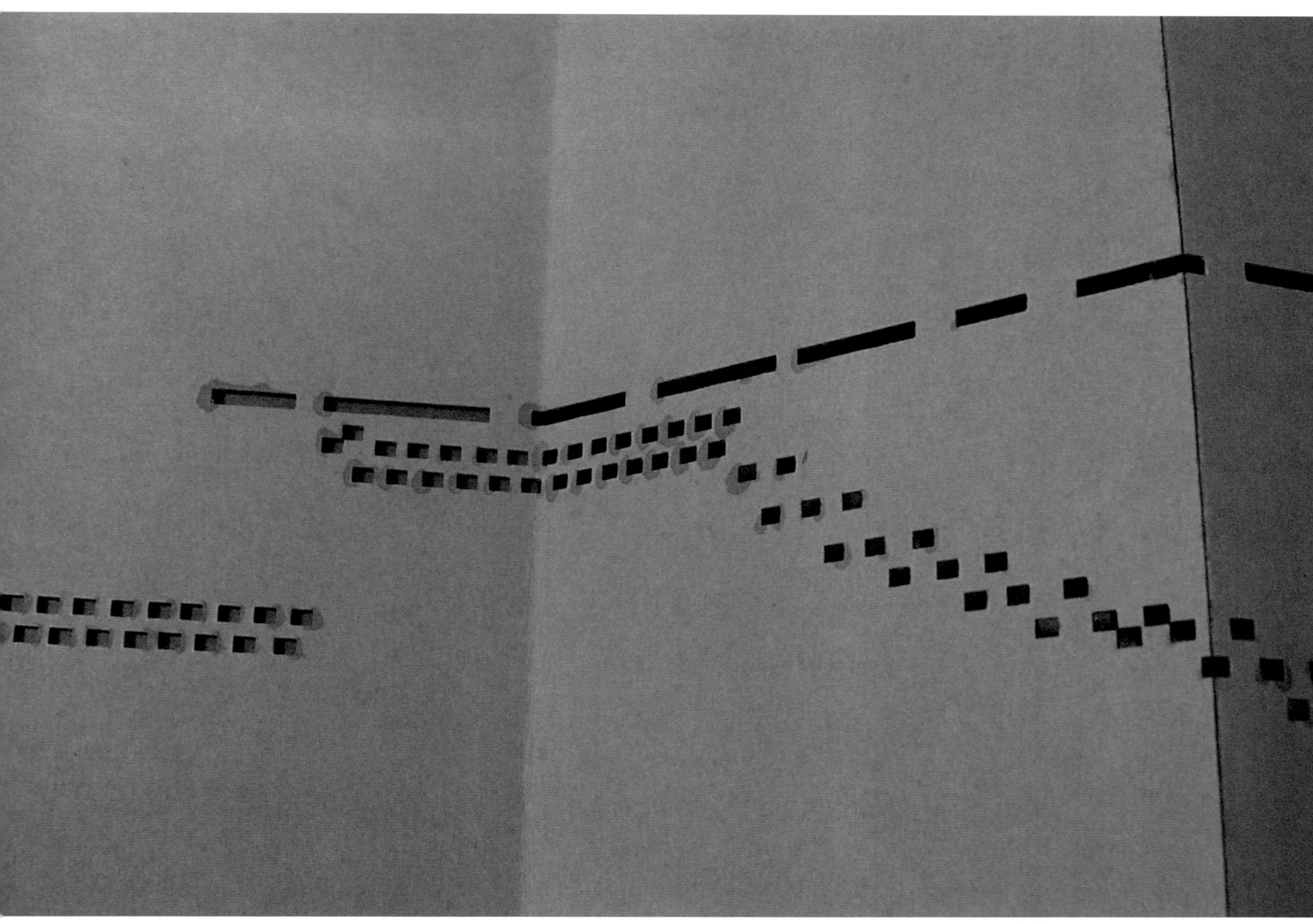

from the masses both for intellectual and social reasons, there is often a game of status at work—a separation of "them" from "us"—and fine art is the gatekeeper.

That is where this new attitude is revolutionary. When art takes popular forms as it's medium there is no longer any distance, alienating effect or feeling of dispossession from one's culture. It is a way of reclaiming one's culture from everywhere, anything and anywhere. It is, to paraphrase Warhol, a way of liking things, or liking everything and making everything and everyone accessible. When the disco becomes the museum, when the club becomes the theater, the question of arbitrary ascribed value for an elite becomes irrelevant.

Pop music appropriated Surrealist verses, Dada collages, Beat Generation cut ups into its existing forms. Then it went even further—and made the whole pop form not just a medium for contemporary verse and language, but a work in itself. Popular forms work on a number of different levels—they usually have a visceral immediate appeal—but they sometimes have the depth of fine art as well. (And fine art is sometimes as shallow as the worst pop culture, too).

In this project an artist, Laureana, "hired" real musicians to realize her project. And then she documented it in a "simulated" fan video and magazine. In this piece the music is indistinguishable from that of many other pop bands. If you didn't know in advance about the the project you would think it was simply a weird cover band that had made the inscrutable decision to perform only the works of bands from Sheffield, a former English industrial town.

Part of the project is to create something completely ordinary. Something that any group of musicians could do, if they wanted to—but few would actually take the steps to realize it. Like the initial response to abstract paintings—"my kid could do that"—in this project almost any group of fairly competent musicians could do the same thing (but mostly they don't). To disguise the art so completely that it disappears inside the quotidian IS the art, in this case. The project aims to achieve invisibility… the opposite of success… if success is determined as a measure rarified work, originality, obscure metaphors and refined sensibilities. This project is like the furniture designer Jasper Morrison who recently marketed a plain wooden box.

In another parallel universe, the forms of pop music themselves are becoming mutated and deconstructed. I saw a band last week—SunO)))— who use the sounds and attitudes of heavy metal but present a kind of all enveloping minimal roar that reduces traditional metal to its primal essence. Ur metal. The audience was a mixture of Goths and fans of experimental art music. That both these demographics were intrigued by the band was I suspect part of the meaning of the project. Was the band's intent to make art? I don't know, they don't travel in those arty circles, so I doubt that it is, but somehow their reductionist method is similar, though exactly the opposite to Laureana's project: They are revealing the art hidden in heavy metal. They are making the invisible art visible, while Laureana is making things invisible, hidden…

So, pop music becomes, when used in this context, a house of mirrors. Is it an art project or a band? Is it a cover band or a band pretend-

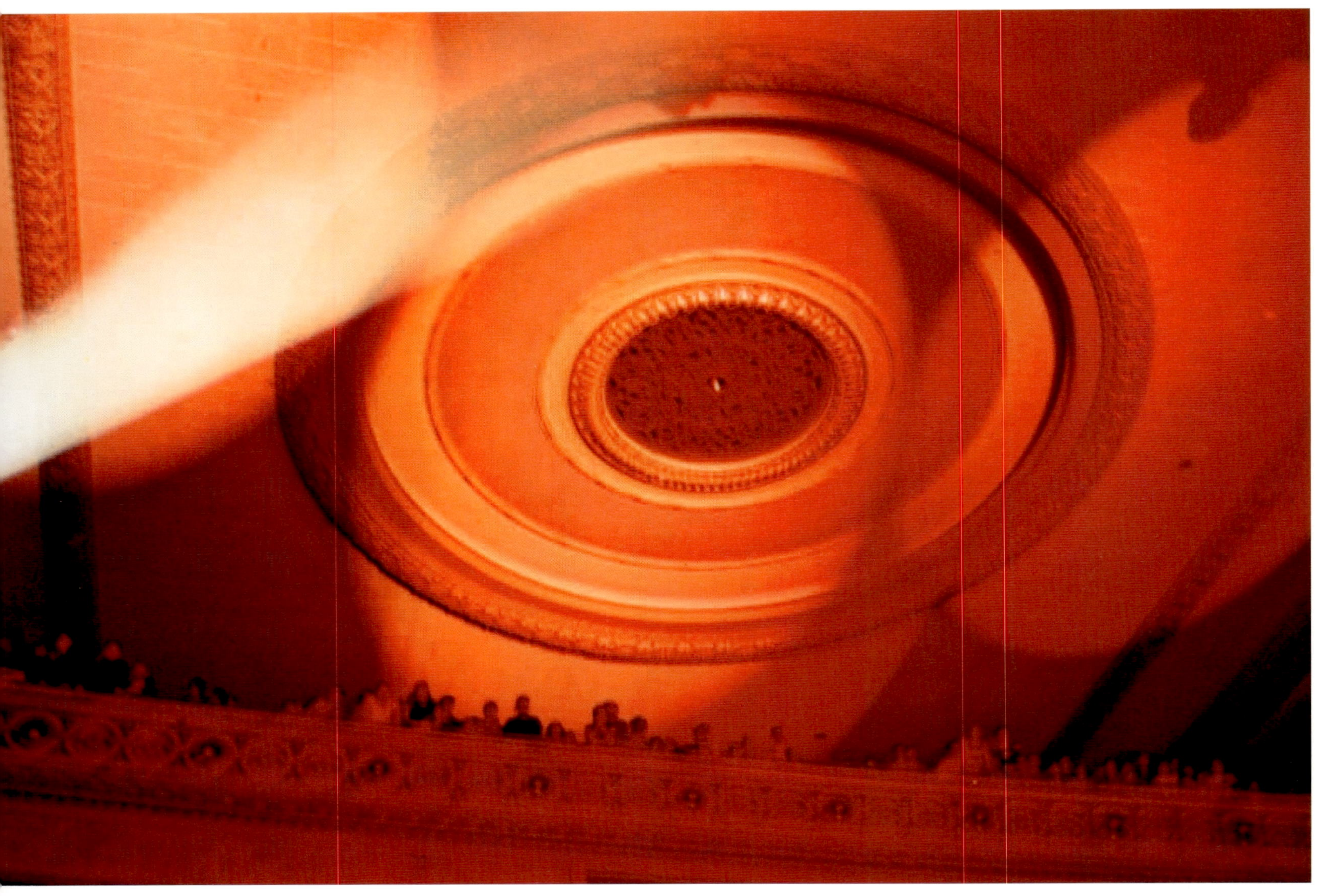

cionista es similar, si bien de forma diametralmente opuesta al proyecto de Laureana: están revelando el arte oculto en el heavy metal, están haciendo visible el arte invisible; mientras que Laureana está haciendo que las cosas sean invisibles, ocultas.

La música pop, en este contexto, se convierte en una casa de espejos. ¿Se trata de un proyecto de arte o de una banda? ¿Es una banda de covers o una banda que finge ser una banda de covers? ¿Hay alguna diferencia? ¿Una simulación perfecta es lo mismo que la realidad? ¿La música que esta banda "coverea", la de las bandas de pop de Sheffield, indica el gusto del creador, o el de la artista? ¿Es algo de todo esto lo que parece ser?

No creo que nada sea lo que aparenta ser. Creo que ese es precisamente el punto. El proyecto es una cebolla. Un palimpsesto donde cada página y cada capa son completamente distintas. Al pelar la cebolla encontramos una manzana y dentro de la manzana un limón. Entonces, ¿de qué fruta se trata? Quizá esta obra intencionalmente enigmática, es la respuesta a un mundo saturado por los medios donde las capas de significado se vuelven su propio significado. El palimpsesto es el tema mismo. El contenido no es sino el relleno para el empaque que lo contiene. Laureana ha logrado un empaque que con casi nada dentro, está lleno de significados. ●

ing to be a cover band? Is there a difference? Is a perfect simulation the same as the real thing? Is the music this band covers, that of pop bands from Sheffield, indicative of the taste of the creator, of the artist? Is any of it what it seems to be?

I don't think any of it is what it seems to be. I think that is exactly the point. The project is an onion. A palimpsest where every page and layer is completely different. Peeling the onion we discover an apple and inside the apple is a lime. So what kind of fruit is it? Maybe this intentionally puzzling work is a response to a media saturated world where the layers of meaning become their own meaning. The palimpsest is its own subject. Content is merely a filling for the package that delivers it. Laureana has made a meaningful package with almost no content. ●

Página anterior Previous page
Izquierda Left Backstage, 2005, *Derecha Right* Waltz, 2005
Arriba Above Metropolitan, 1999

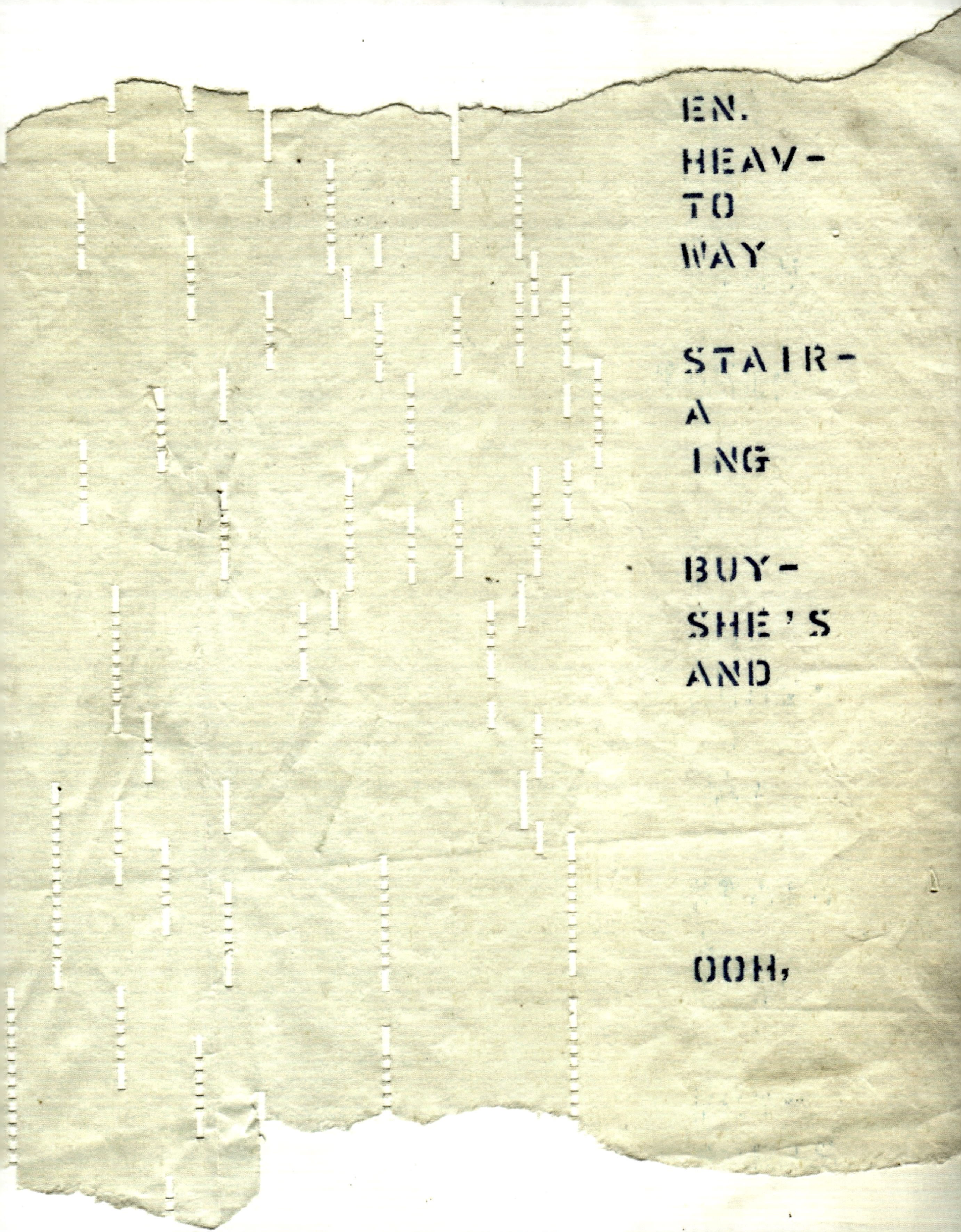
EN.
HEAV-
TO
WAY
STAIR-
A
ING
BUY-
SHE'S
AND
OOH,

RE CO MIEN DA

COMO MUESTRA UN BOTÓN: UNA SOLA IMAGEN FIJA DE UN CÚMULO DE FOTO-GRAMAS QUE ENTRAN EN MOVIMIENTO POR SU CONTINUIDAD. HISTORIAS QUE NECESITAN SUCESIONES EN IMAGEN Y SONIDO PARA CONTARSE.

AS A BUTTON DEMONSTRATES: A SINGLE STILL IMAGE FROM AN ACCUMULATION OF FRAMES ENTERS INTO MOVEMENT THROUGH ITS CONTINUITY. STORIES THAT REQUIRE SEQUENCES IN IMAGE AND SOUND IN ORDER TO BE TOLD.

Textos/Texts
Tatiana Cuevas & Pablo Vargas Lugo

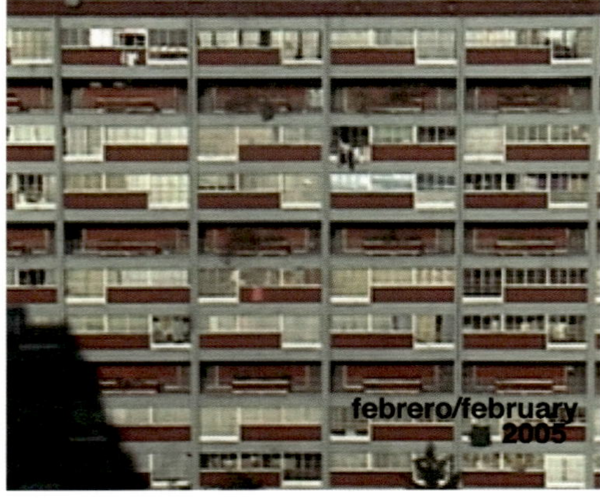

{Febrero/February}
2005
6:10 min.

La retícula de los balcones y ventanas del multi-familiar Miguel Alemán —la primera unidad habitacional de la Ciudad de México— es una cara engañosa de la arquitectura, que esconde un ajetreado universo de eventos cotidianos. En este video se documenta en un *time lapse* los cambios que suceden a lo largo de las horas de luz de día en la fachada de un edificio de dicha unidad: las toallas colgadas que rompen las líneas de la construcción, las ventanas que se abren y se cierran, las sombras que se mueven detrás de las cortinas, las luces encendidas hasta el amanecer.

The Miguel Alemán apartment building complex — Mexico City's first housing project— and its grid of balconies and windows provides a deceptive architectural façade to a bustling universe of everyday events. This time-lapse video documents the changes that take place on the façade of one building in the complex over a day: hanging towels that break up the uniformity of lines, windows opening and closing, shadows moving behind the curtains, the lights left on until morning.

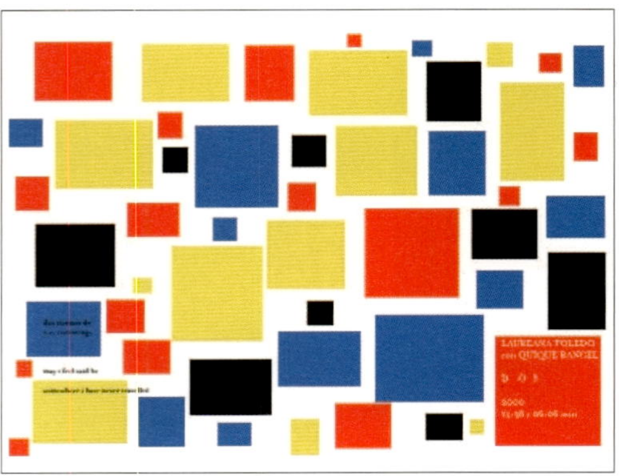

{Dos/Two}
2000
6:45 min./ 14:38 min.
Con/With Quique Rangel

El espectador encuentra dos pantallas en las que parpadean rojos, azules, amarillos y negros, nieve, nada. Al mismo tiempo suenan tonos, interferencia, silencio. En poco tiempo uno se da cuenta de que hay correspondencia entre unos y otros, y que estamos ante un texto transformado en destellos y ruido: una lectura alternativa, visual y sonora. Tras llamar al epigrafista, éste aventura la hipótesis de que se trata de dos poemas de e.e. cummings — *may i feel said he* y *somewhere i have never traveled*— transformados en un código de colores y sonidos.

As the viewer, you see two monitors flashing red, blue and yellow, then snow, then black, nothing. At the same time, you hear noise, interference, and then silence. It does not take long for you to realize that there is a correspondence between the two, and that what you see and hear is a text turned into flashing lights and sounds—an alternative visual and auditory reading. When you bring in the epigraphist, he or she ventures the hypothesis that it is actually two e.e. cummings' poems — *may i feel said he* and *somewhere i have never traveled*—transformed into a sound and color code.

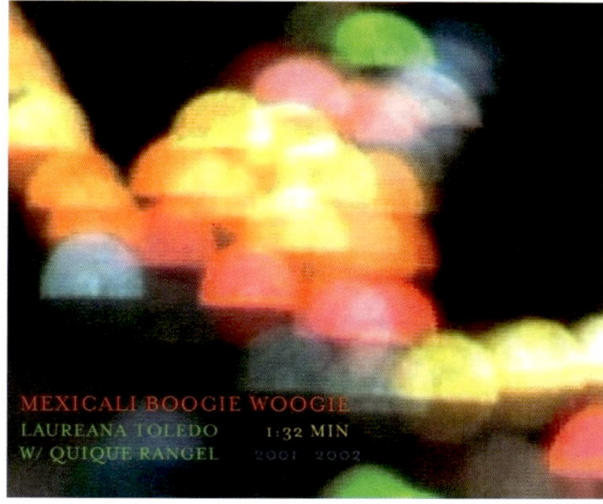

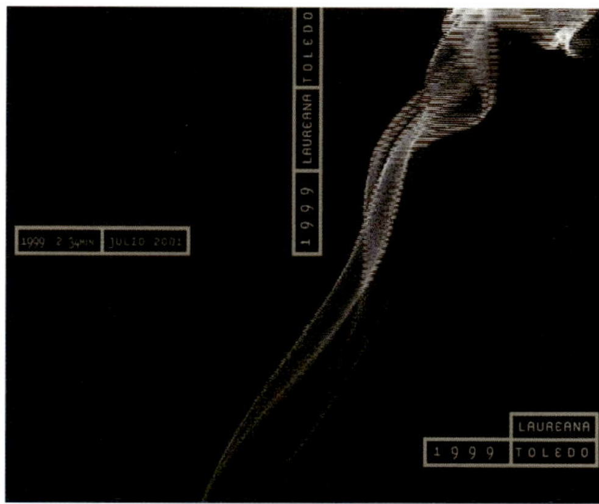

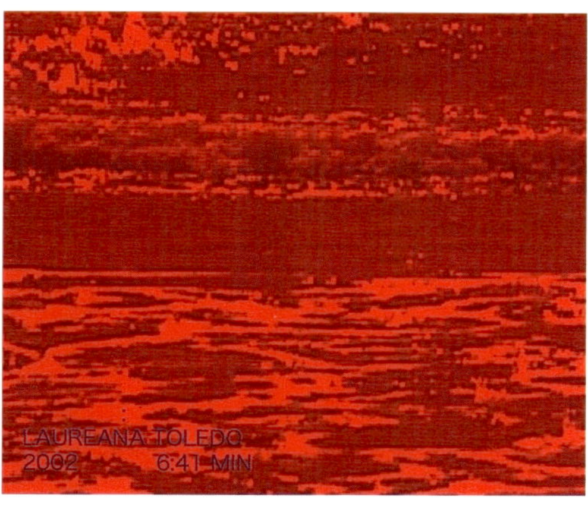

{Mexicali Boogie-Woogie}
2001-2002
1:32 min.
Con/With Quique Rangel

Se dice que Piet Mondrian encontró la inspiración para sus últimas pinturas tanto en el frenético movimiento de las luces de Nueva York — su residencia en el exilio— como en el ritmo de los bailes de moda como el Boogie Woogie, a los cuales era tan afecto. Laureana, a su vez, encuentra inspiración tanto en la obra de Mondrian como en entornos mucho menos prometedores pero igualmente destellantes. Este video parece preguntarse qué habría hecho Piet con una feria ambulante en Mexicali. ¿Qué clase de constantes pudo haber abstraído de ahí? Aunque el Boogie Woogie sea más bien un Reggaetón.

They say that Piet Mondrian's last paintings were inspired by the frenetic movement of lights in New York City— his home away from home— and by the rhythm of dances like the boogie-woogie that fascinated him and that were all the rage at the time. Laureana, in turn, was inspired by Mondrian's work and by a setting that is much less affluent but just as glitzy. This video seems to be asking what Piet would have done with a traveling fair in Mexicali. What kind of patterns could he have abstracted there? However, the underlying rhythm is more like Reggaeton than boogie-woogie.

{1999}
2001
2:34 min.

Perderse en la observación de las evoluciones del humo de un cigarrillo o de una varilla de incienso es una actividad que hermana al vicioso con el meditabundo. Al poco tiempo de observarse el humo adquiere un cuerpo, hasta un carácter, se crea la ilusión de una existencia menos fugaz, casi antropomórfica. En este video dos frágiles hilos de humo protagonizan una historia de amor: se encuentran, se acarician, provocan turbulencias, se separan y finalmente entran en sincronía como uno solo.

Woolgathering while looking at smoke whorls rising from a cigarette or incense stick is something that can appeal to both derelicts and yogis. It does not take long for the smoke to acquire a body, even a character, creating the illusion of a less ephemeral, almost anthropomorphic existence. In this video, two tenuous coils of smoke act out a love story: they meet, caress each other, cause turbulence, go their separate ways, and finally harmonize as one.

{:}
2002
6:41 min.

En redacción, los dos puntos juegan el papel de un umbral dentro del texto. En varias ocasiones ya Laureana ha echado mano de signos sin texto de por medio, gestos del lenguaje escrito que reflejan una inflexión del pensamiento. En este caso, el umbral aparece entre la contemplación y los recuerdos, o tal vez entre el "yo" y todos los demás. Un oleaje silencioso fotografiado en rojo es punteado por imágenes fugaces, como si un esfuerzo meditativo se viera interrumpido por intrusos que se retiran al instante.

In syntactic terms, the colon (:) is like a sort of threshold in the text. Laureana has often made use of signs or punctuation marks without any text, as hints of written language that betray an inflection of thought. In this case, the threshold appears between contemplation and recollection, or perhaps between the self and everyone else. A video of silent red waves is punctuated by fleeting images, as if one's meditation were interrupted by intruders who hasten off as soon as they appear.

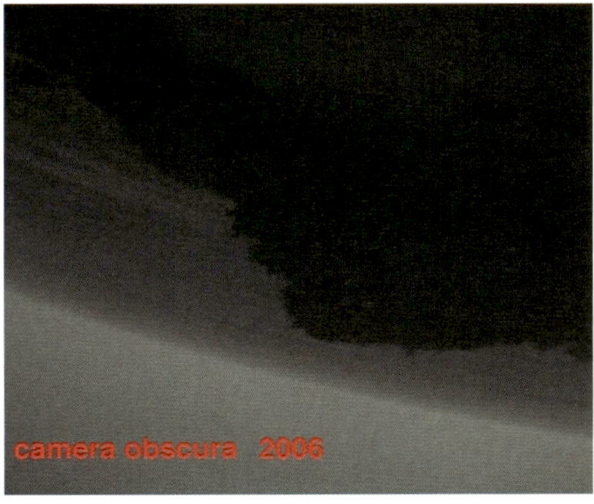

{Camera obscura}
2006
3:18 min.

En el interior de este gran cuarto oscuro se puede ver la imagen obtenida por un lente giratorio que proyecta, sobre una superficie horizontal, una vista de 360 grados del paisaje circundante. El registro digital del video sirve para dejar constancia de las imágenes obtenidas por el mecanismo más elemental en la historia de la fotografía, haciendo las veces del soporte emulsionado en el que se fijarán las imágenes que fluyen ante los ojos de los visitantes.

Inside a sizable darkroom, an image is projected on a horizontal surface by a rotating lens that provides a 360° view of the surrounding landscape. The digital video serves as a record of the image obtained by the most elementary mechanism in the history of photography, capturing, in the place of photographic emulsion, the images flowing before the visitors' eyes.

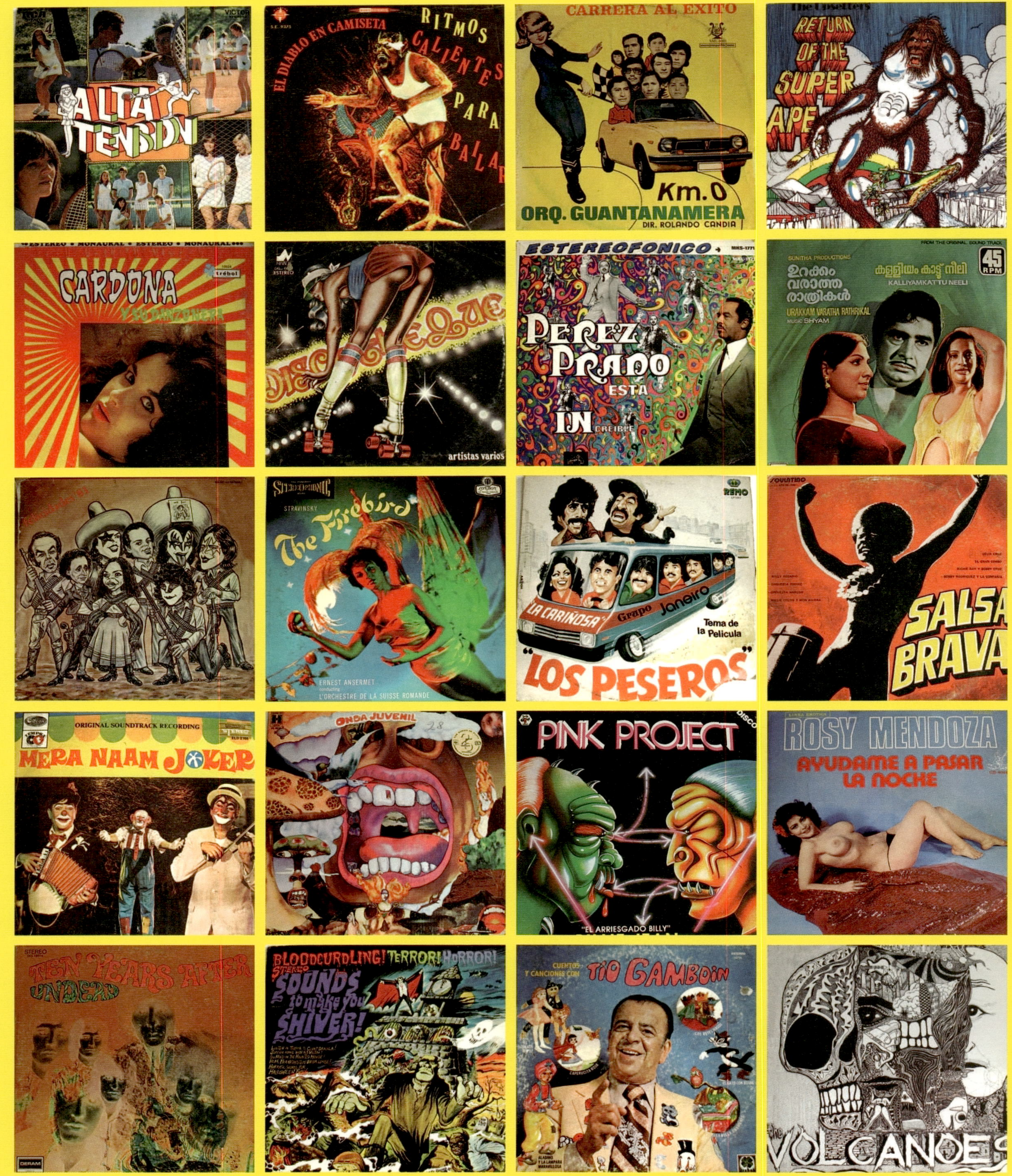

EL DR. LAKRA RECOMIENDA ESTOS DISCOS POR SU PORTADA. DR. LAKRA RECOMMENDS THESE ALBUMS BY THEIR COVERS.

estudio de sonido

cristian manzutto | +52 55 5207 1654 | www.estudiodesonido.net

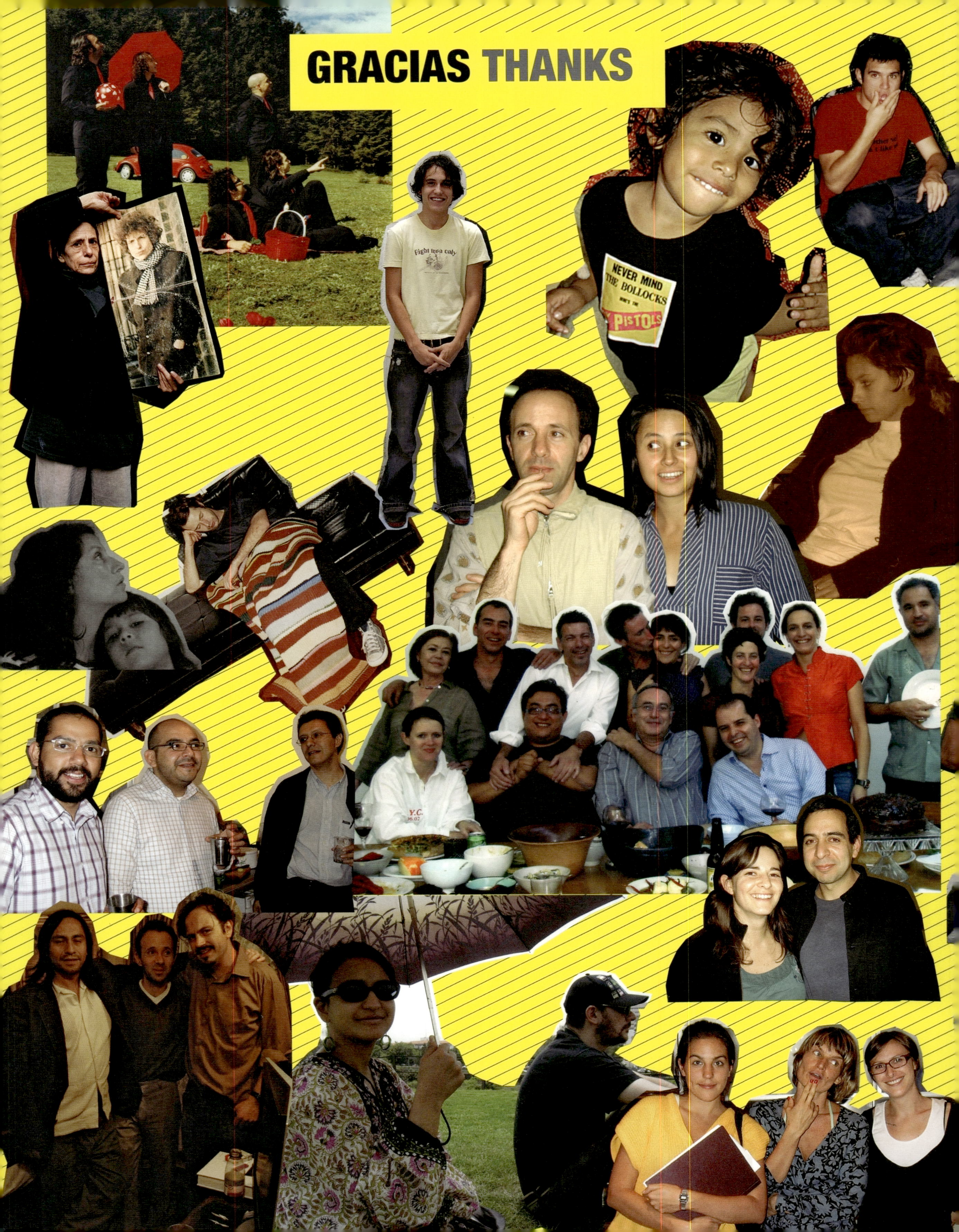

GRACIAS THANKS
NEVER MIND
THE BOLLOCKS
PISTOLS

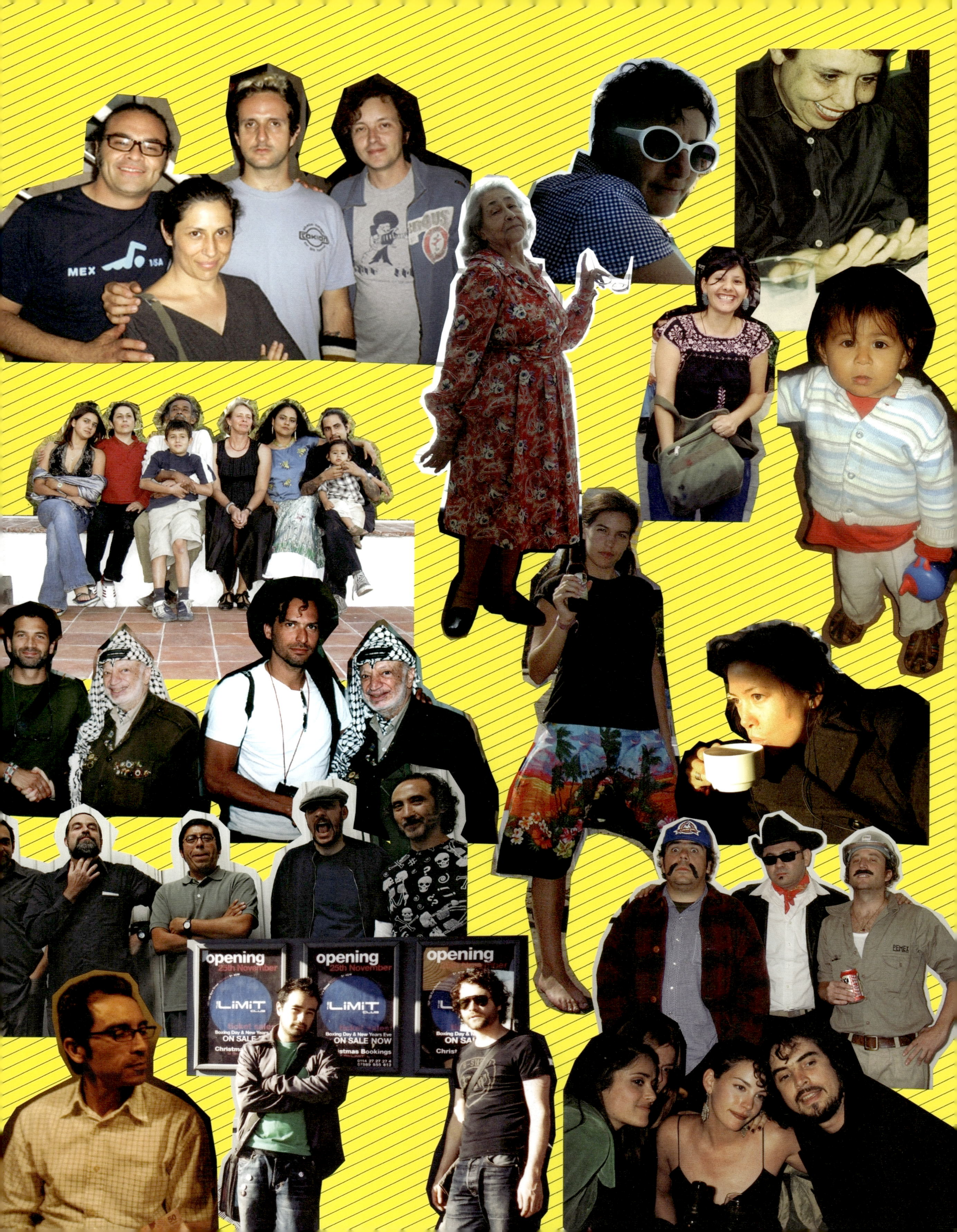
MEX
opening
25th November
THE LIMIT CLUB
opening
25th November
THE LIMIT CLUB
opening
Boxing Day & New Years Eve
ON SALE NOW
Christmas Bookings
0114 27 27 27 4
07989 955 613

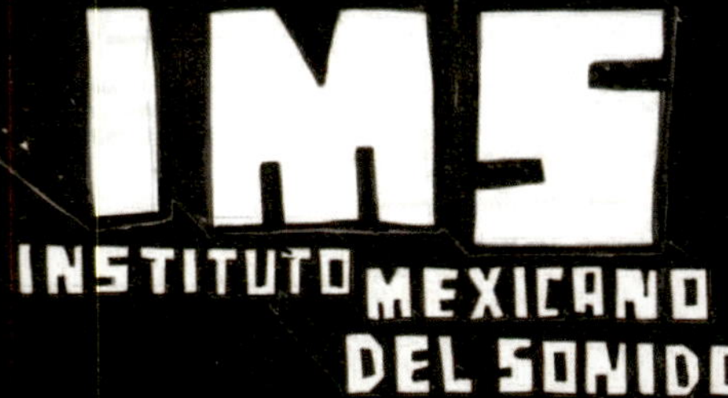

NUEVO
PIÑATA

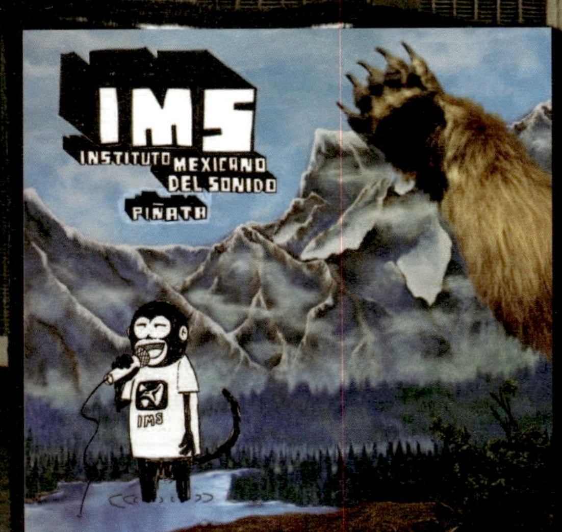

MiCo

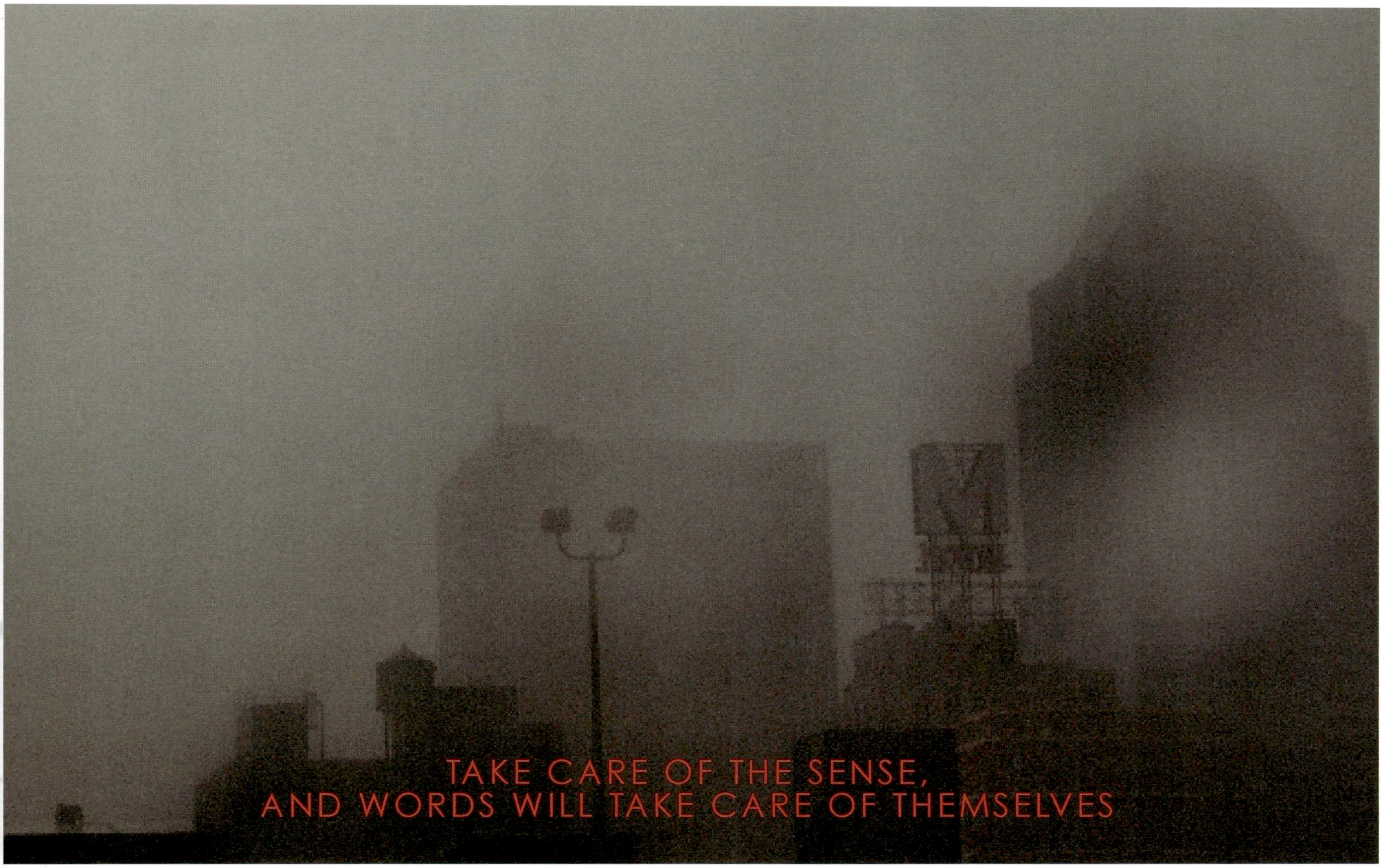

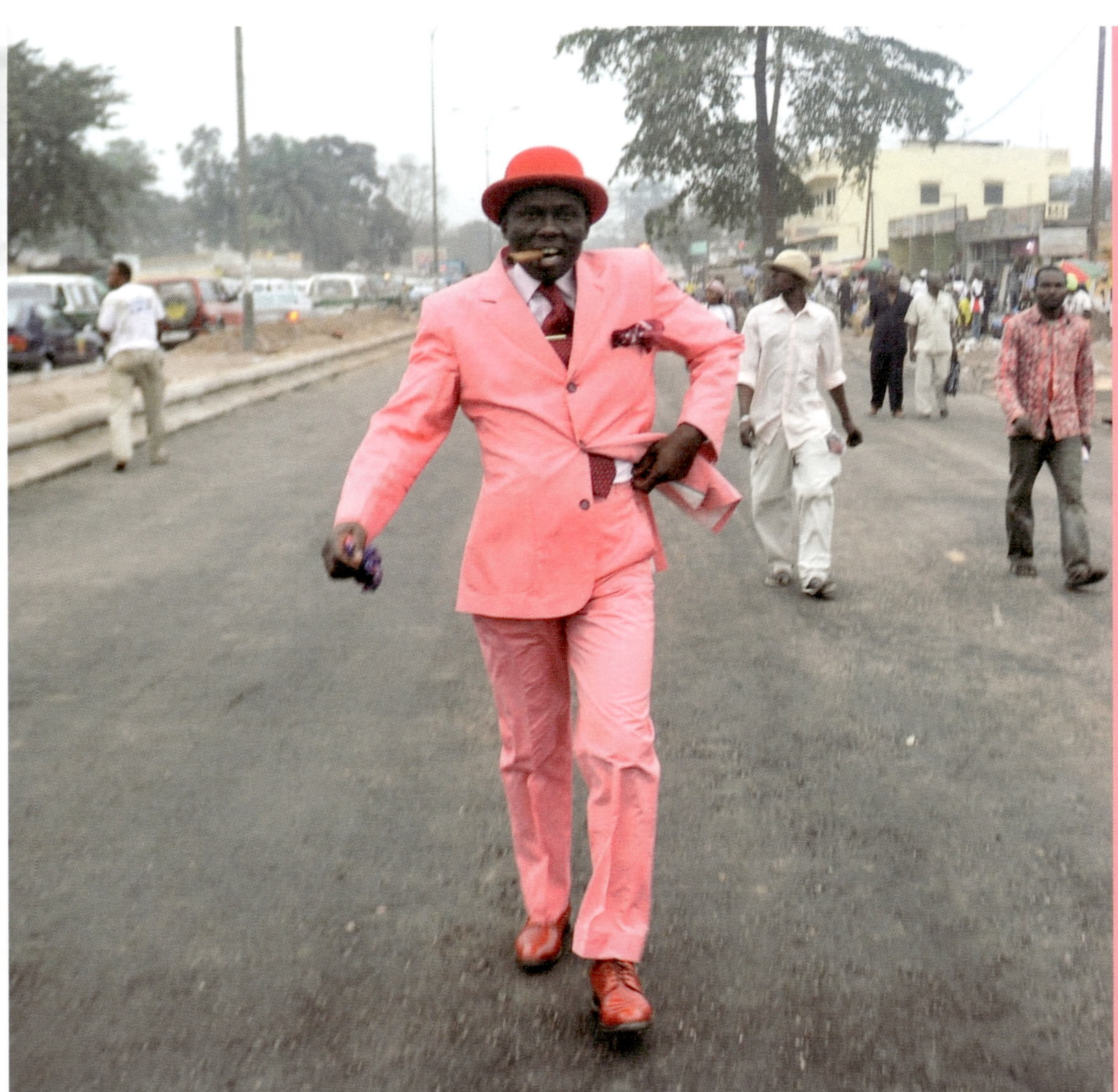

GENTLEMEN OF BACONGO

Daniele Tamagni

" They wouldn't look out of place strolling down Savile Row,
resplendent in their multi-coloured finery... Colourful,
idiosynchratic, committed, they are a very singular cult."
Dylan Jones, Editor of GQ

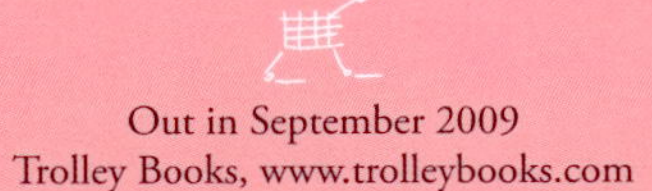

Out in September 2009
Trolley Books, www.trolleybooks.com

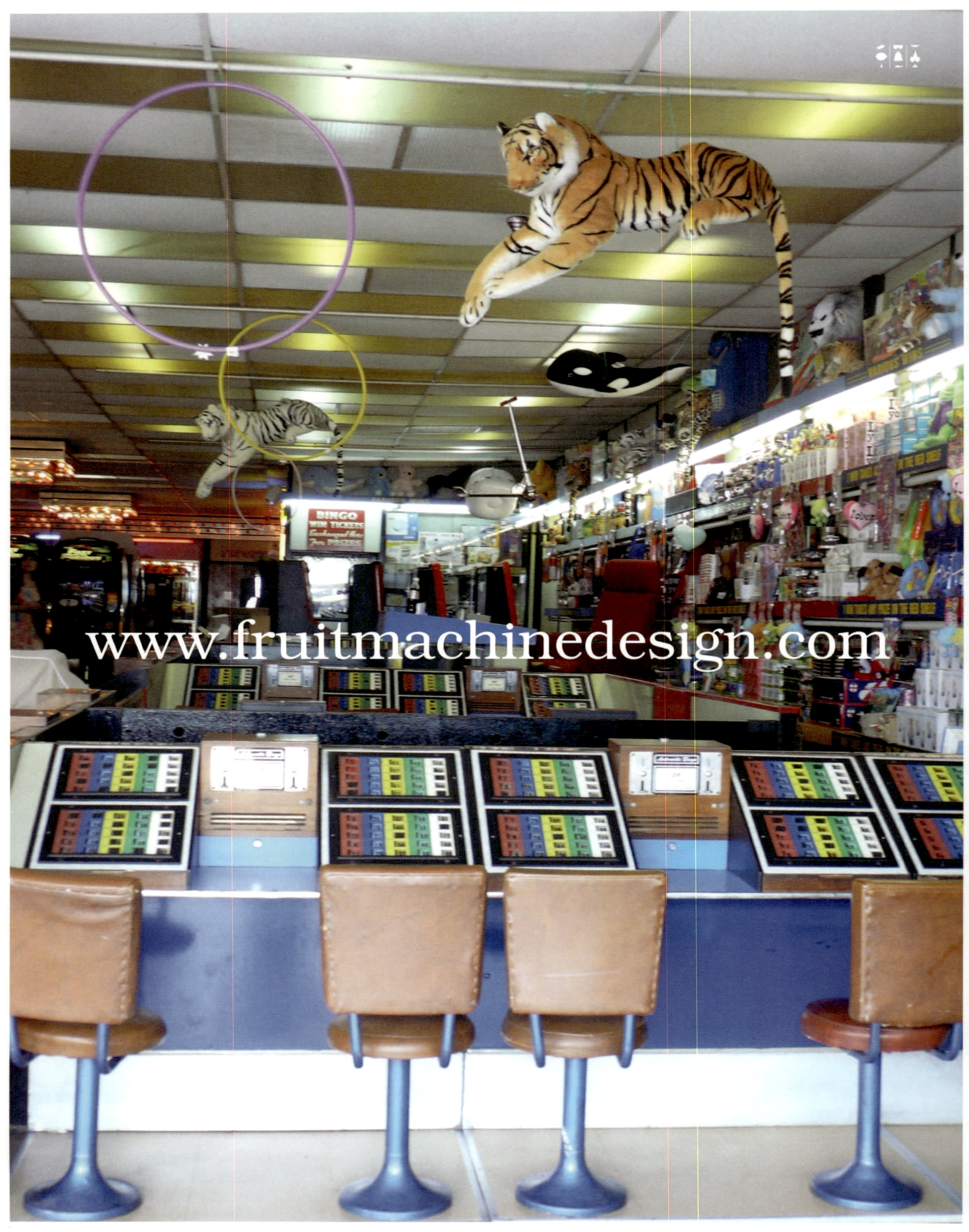

BINGO
WIN TICKETS
www.fruitmachinedesign.com

INSTITUTO
DE
ARTES GRÁFICAS
DE
OAXACA
20 AÑOS

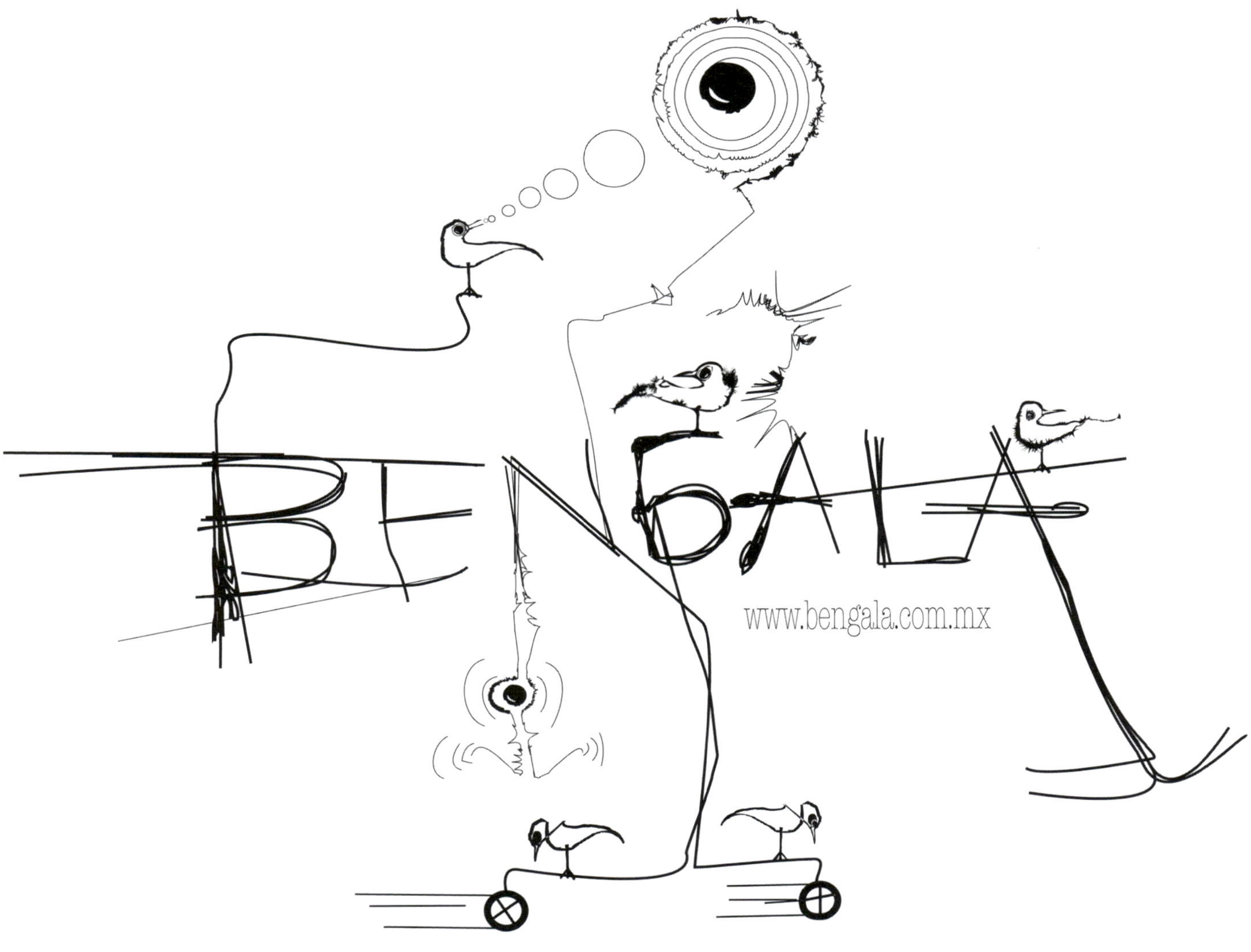

BENGALA
www.bengala.com.mx

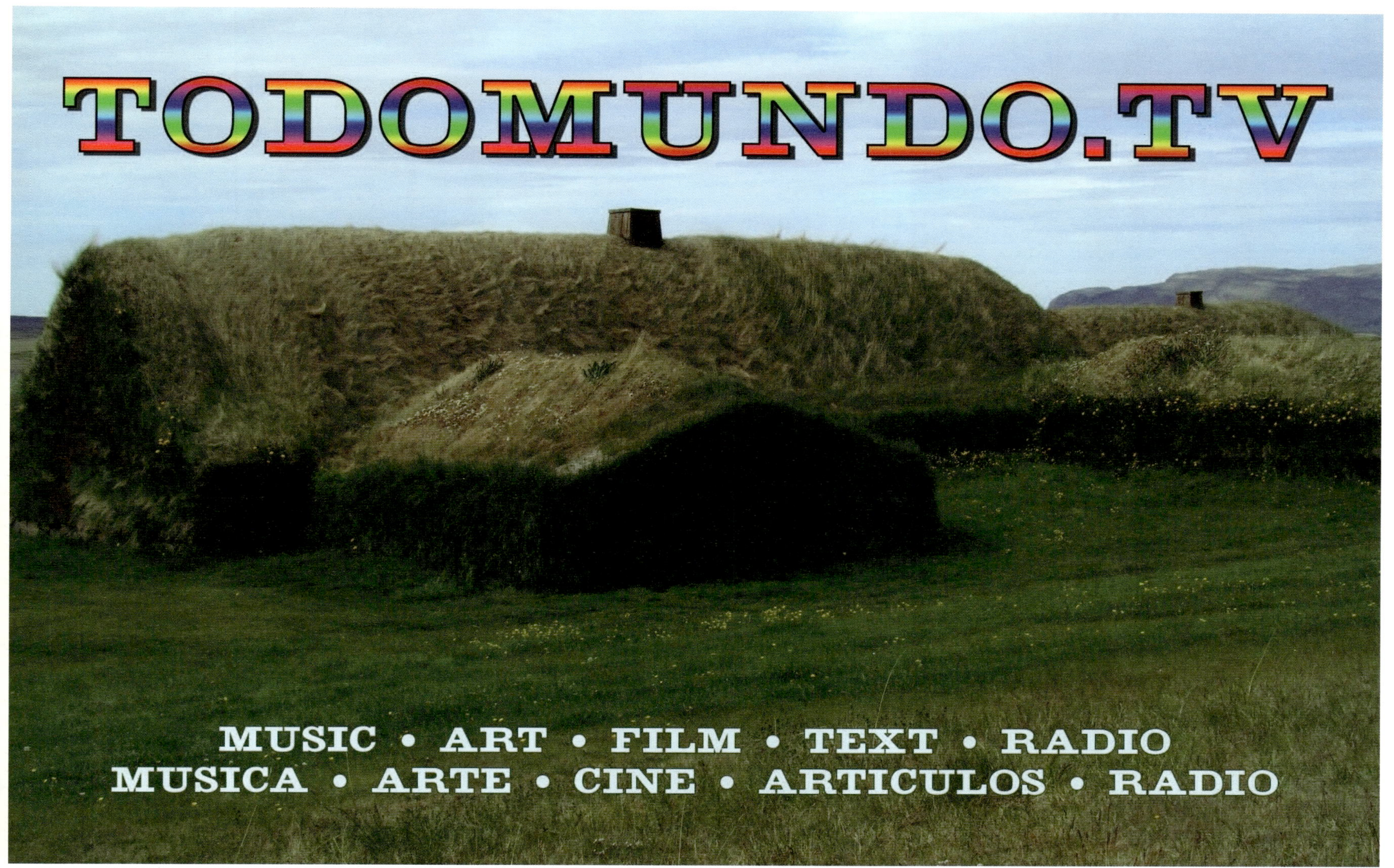

FRANCISCO RIVERA

PINTURA

pinturarivera@yahoo.com.mx

FRANCIS ALŸS. MELANIE SMITH. PABLO VARGAS LUGO
CLAUDIA FERNÁNDEZ. MIGUEL VENTURA. LAUREANA TOLEDO

*Puntos Fijos Fixed Points,*1992-2009, 4500 diapositivas slides. 150 x 150 cm., pp. 14.

Alice's Adventures in Wonderland, 2000, Tinta y lápiz de color sobre papel albanene Ink and colour pencil on tracing paper, 21.5 x 13 cm. (48 hojas dobles double pages), pp. 15.

Dodó, 2002, Movil de láminas de acrílico Plexi-glass mobile sculpture. 326 x 250 x 60 cm., Ed.3, pp. 16.

Page/Plant, 2005, Caja de madera, rollo de pianola, papel vegetal, mecanismo de proyección Wooden box, piano roll, vegetable paper, projection mechanism, 2 x 1.50 x 75 cm, pp. 17.

Dada, 2002, Caja de luz, consola de luces y CD Light boxes, light mixer and CD, 240 x 121 x 26.8 cm., pp. 18.

B&C, 2005, Plata sobre gelatina Silver-gelatin print, 16 x 20 pulgadas inches, ed. 3, pp. 19.

Lorelei, 2005, Plata sobre gelatina Silver-gelatin print, 16 x 20 pulgadas inches, ed. 3, pp. 19

Diego, 2005, Plata sobre gelatina Silver-gelatin print, 16 x 20 pulgadas inches, ed. 3, pp. 19.

Luis, 2005, Plata sobre gelatina Silver-gelatin print, 16 x 20 pulgadas inches, ed.3, pp. 19.

López&Ramírez, 2005, Plata sobre gelatina Silver-gelatin print, 16 x 20 pulgadas inches, ed. 3, pp. 19.

Refugio, 2005, Plata sobre gelatina Silver-gelatin print, 16 x 20 pulgadas inches, ed.3, pp. 19.

Composición con rojo, azul y amarillo Composition with red, blue and yellow, 2004- 2006, Impresión digital Digital print, 50 X 60 cm., Ed. 10, pp. 20.

(The Name of this band is) The Limit (stills), 2005-2008, Video, 28:10 min., pp. 24- 37.

Patrones Migratorios 1 Migration Patterns 1, 2004, Fotografía intervenida Decollaged photography, 8 x 10 pulgadas inches, pp. 38.

Patrones Migratorios 2 Migration Patterns 2, 2003, Fotografía intervenida Decollaged photography, 8 x 10 pulgadas inches, pp. 38.

Patrones Migratorios 3 Migration Patterns 3, 2005, Fotografía intervenida Decollaged photography, 8 x 10 pulgadas inches, pp. 38.

Patrones Migratorios 4 Migration Patterns 4, 2004, Fotografía intervenida Decollaged photography, 8 x 10 pulgadas inches, pp 39.

Patrones Migratorios 5 Migration Patterns 5, 2005, Fotografía intervenida Decollaged photography, 8 x 10 pulgadas inches, pp. 39.

Patrones Migratorios 6 Migration Patterns 6, 2003, Fotografía intervenida Decollaged photography, 8 x 10 pulgadas inches, pp. 40.

Patrones Migratorios 7 Migration Patterns 7, 2005, Fotografía intervenida Decollaged photography, 8 x 10 pulgadas inches, pp. 40.

Patrones Migratorios 8 Migration Patterns 8, 2003, Fotografía intervenida Decollaged photography, 8 x 10 pulgadas inches, pp. 40.

Patrones Migratorios 9 Migration Patterns 9, 2009, Fotografía intervenida Decollaged photography, 8 x 10 pulgadas inches, pp. 40.

Patrones Migratorios 10 Migration Patterns 10, 2006, Fotografía intervenida Decollaged photography, 8 x 10 pulgadas inches, pp. 41.

Patrones Migratorios 11 Migration Patterns 11, 2004, Fotografía intervenida Decollaged photography, 8 x 10 pulgadas inches, pp. 41.

Patrones Migratorios 12 Migration Patterns 12, 2003, Fotografía intervenida Decollaged photography, 8 x 10 pulgadas inches, pp. 41.

Patrones Migratorios 13 Migration Patterns 13, 2003, Fotografía intervenida Decollaged photography, 8 x 10 pulgadas inches, pp. 41.

Mexicali Boogie Woogie (still) 2001-2002, Video 1:50 min., Ed. 3, pp. 42-43

Victoria, 1999, Fotografía a color Colour photograph, 120 x 180 cm., Ed. 1, pp. 44.

Hablando en lenguas Speaking in tongues, 2002, Acrílico sobre papel Acrylic on paper, 53 x 82 cm., pp. 45.

a grin without a, 1997, Lápiz de color sobre poema impreso Colour pencil on printed poem, 21 x 28 cm., pp. 47.

bookofpoems, 1997, Lápiz de color sobre papel Colour pencil on paper, 21 x 30 cm. (74 páginas pages), pp. 49.

The Limit, 2009, Serigrafía Silkscreen, 50 x 50 cm., Ed. 20, pp. 51.

Garibaldi 3, 1998, Impresión a color Colour print, 150 x 100 cm., Ed. 1, pp. 52.

Quadrophenia I, 2002, Impresión a color Colour print, 120 x 180 cm., Ed. 1. pp. 53.

Quadrophenia IV, 2002, Impresión a color Colour print, 120 x 180 cm., Ed. 1, pp. 53.

Sincronicidad Synchronicity, 2000, Impresión a color Colour print, 180 x 120 cm, Ed. 1. pp. 54.

British, 2001, Impresión a color Colour print, 100 x 150 cm., Ed. 1, pp. 54.

Deléctrico- Babasónicos, 2006, Rayograma, 8 x 10 pulgadas inches, Ed. 1, pp. 57.

Supermercado- Maldita Vecindad, 2006, Rayograma, 8 x 10 pulgadas inches, Ed. 1, pp. 58.

Tom Sawyer- Rush, 2006, Rayograma, 8 x 10 pulgadas inches, Ed. 1, pp. 59.

Should I Stay or Should I go- The Clash, 2006, Rayograma, 8 x 10 pulgadas inches, Ed. 1, pp. 60.

Waterloo Sunset- The Kinks, 2006, Rayograma, 8 x 10 pulgadas inches, Ed. 1, pp. 61.

Galápagos, 2005, Cajas de luz y cubos de azúcar Light boxes, sugar cubes and royal icing, 390 x 220 cm. (Isabela (90 x 40 x 105 cm.), Fernandina (35 x 45cm.), San Cristobal (80 x 30 cm.), Santa Cruz (50 x 70 cm.), Floreana (30 x 35 cm.), Santiago (35 x 50 cm.), Marchena (25 x 45 cm.), Española (25 x 45 cm.), Genovesa (25 x 25 cm.), Pinta (25 x 25 cm.)), pp. 94- 97.

Ocotepec 46. Cuernavaca (2), 2007, Impresión a color Colour print, 150 x 150 cm., Ed. 1, pp. 98-99.

123 Prince Street. New York, 1997, Impresión a color Colour print, 100 x 150 cm., Ed. 1, pp. 100.

Aldama 10 casa 2. Mexico DF, 1999 Impresión a color Colour print, 100 x 150 cm., Ed. 1, pp.101.

17 Rue de la Villete. Paris, 1996 Impresión a color Colour print,, 100 x 150 cm. Ed. 1, pp. 102.

Yautepec 50. México DF (Luz Interior Inner light), 2002, Impresión a color Colour print, 100 x 150 cm., Ed. 1, pp. 104.

Juárez 65. México, DF, 1999, Impresión a color Colour print, 100 x 150 cm., Ed. 1, pp. 104.

Macedonio Alcalá 507. Oaxaca, 2000 Impresión a color Colour print, 100 x 150 cm., Ed. 1, pp. 105.

Yautepec 50. México DF, 2001, Impresion a color Colour print, 100 x 150 cm., Ed. 1, pp. 105.

Stockholm C, 2001, Fotografía intervenida Decollaged photography, 10.2 x 15.2 cm., pp. 106.

Nizamudin, New Delhi, 2003, Fotografía intervenida Decollaged photography, 10.2 x 15.2 cm., pp. 107.

Paris Nord, 1997, Fotografía intervenida Decollaged photography, 10.2 x 15.2 cm., pp. 108.

British, 2001, Impresión a color Colour print, 100 x 150 cm., Ed. 1, pp. 54.

Bologna Centrale VII, 1996, Fotografía intervenida Decollaged photography, 10.2 x 15.2 cm., pp. 119.

Liverpool Street Station. London, 2001, Fotografía intervenida Decollaged photography, 10.2 x 15.2 cm., pp. 110.

Birmingham New Street, 2008, Fotografía intervenida Decollaged photography, 10.2 x 15.2 cm., p. 111.

Pianola, 2002, Impresión a color Colour print, 120 x 180 cm., Ed. 1, pp. 112- 113.

*Allegro ,*1997, Impresión a color Colour print, 120 x 180 cm., Ed. 1, pp. 114.

Hollywood Bowl , 2003, Impresión a color Colour print, 100 x 150 cm., Ed. 1, pp. 114.

Volúmen Volume , 2004, Impresión a color Colour print, 100 x 150 cm., Ed. 1, pp. 115.

Does anybody remember laughter?, 2005, Impresión a color Colour print, 120 x 180 cm., Ed. 1, pp. 116- 117.

Backstage, 2005, Fotografía a color Colour print, 100 x 100 cm., Ed. 1, pp. 120.

Waltz, 2005, Fotografía a color Colour print, 120 x 180 cm., Ed. 1, pp. 121.

Metropolitan, 1999, Fotografía a color Colour print, 100 x 150 cm., Ed. 1, pp. 120.

Page/Plant (det.), 2005, Papel vegetal/vegetable paper, pp. 121.

Crucigrama Crossword Puzzle (casa), 2009, Serigrafia Silkscreen, 50 x 50 cm., Ed. 20, pp. 136.

VIDEOS
Febrero February, 2005, Video, 6:10 min., Ed. 3, pp. 122.

Dos Two, 2000, 6:45 min.& 14:38 min. Ed. 3, pp. 122.

Mexicali Boogie-Woogie, 2001-2002 1:32 min., Ed. 3, pp. 123.

{1999}, 2000, 2:34 min., Ed. 3, pp. 123.

{:}, 2002, 6:41 min., pp. 125.

Camera obscura, 2006, 3:18 min., Ed. 3, pp. 123.

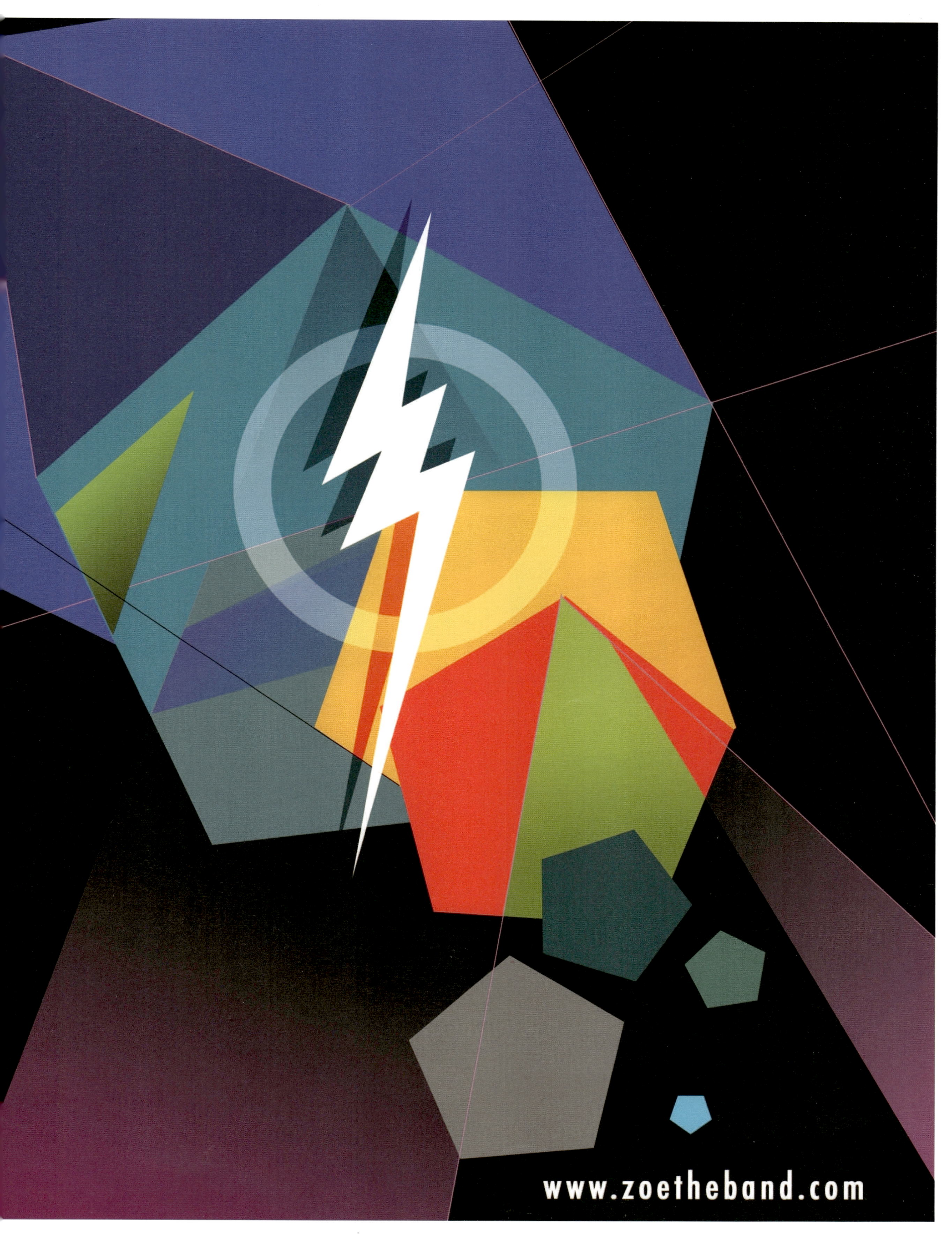

www.zoetheband.com

HORIZONTALES

1 Se le ponen puntos.
2 En Sheffield son gente común.
5 Seudónimo de Lydon
9 Para Pink Floyd es "__ and them".
10 Prefijo que significa 'luz'.
12 Época, periodo prolongado de tiempo.
15 (iniciales) Líder de los Kinks.
16 (Francés) Ambiente, medio.
17 (iniciales) Puedes pagarlo o regresarlo.
20 Periodo en que se divide una escenificación.
22 Opera Mod.
24 (inglés) El final.
25 Segunda persona.
26 Shortstop y 3a base de los Orioles de Baltimore, 1981-2001.
29 Elementos musicales.
30 En España, güey.
31 Subgénero del rock.
32 Aclamación, aplauso.
35 Unidades orgánicas.
40 Que continúa, se mueve.
41 (iniciales) Reino de The Charlatans.
43 Bebida, infusión.
44 (inglés) Instrumento, útil.
45 Expresión afirmativa.
46 Lo anterior a lo póstumo.
49 Película de Luis Buñuel.
51 (inglés) Característica común de un torneo o concurso.
52 Sílaba mística.
53 (inglés) Deporte que se practica con los nombres.
54 Se podía cantar con esta división.
55 (segunda sílaba) Especie de ave cuya extinción fué la primera registrada históricamente.
56 (inglés) Para Shakespeare era el alimento del amor.

VERTICALES

2 The Beatles: "___, I love you".
4 Río del norte de Italia.
5 Artista ruso, 1891-1956.
6 Se llama así a un grupo y a un equipo.
7 Son Young, Peart, Diamond y Armstrong.
8 Ahí tocaba Peter Murphy.
11 (inglés) "Rat__", Boomtown Rats, 1978.
13 Escala en la que se afina un violín.
14 Actividad constructiva.
16 Artista Holandés de escasos medios, 1872-1944.
17 Hizo famosa a Alicia.
18 (iniciales) Causa de muerte en la vida loca.
19 (invertido) En Sheffield, felino de cuya piel se hacen pantalones apretados.
21 Te doy.
23 Sobrevivió a la reina de corazones.
25 Guitarrista heróico, 1945-
27 (invertido) "Anarchy in the __".
28 Preposición.
33 Escribió El Cementerio Marino.
34 (iniciales) Medio de grabación de datos.
36 ___ pie. Pequeña editorial inglesa con sede en Richmond.
37 Primer nombre de un famoso practicante de la telequinesia.
38 (inglés) Bohr lo estudió.
39 Disco de Peter Gabriel.
42 Lodo glutinoso y sucio del que es difícil escapar, por lo cual es mejor disfrutarlo.
45 Prefijo referente a las abejas.
47 Grupo en que cantaba Van Morrison.
48 Rivales de los Rockers.
50 (inglés) "__ and behold".
51 (latín) Obra, trabajo.
53 (primera sílaba) Especie de ave endémica de la isla de Mauricio.
54 Músico. Por azar tuvo estas iniciales.

ACROSS

1 You dot them.
2 They are common people in Sheffield.
5 Lydon's pseudonym.
9 For Pink Floyd it's "__ and them".
10 (Spanish) Picture.
12 Long period of time.
15 (initials) Leader of the Kinks.
16 Surroundings, environment.
17 (initials) You may pay or send it back.
20 (Spanish) A main division of a play.
22 Mod Opera.
24 "The ___", The Beatles, 1969.
25 (French) Second person.
26 Played shortstop and 3rd base for the Baltimore Orioles, 1981-2001.
29 (Spanish) Musical elements.
30 In Spain, 'guy', 'dude'.
31 Worthless person.
32 (Spanish) Applause, acclaim.
35 (Spanish) Organic units.
40 (Spanish) Go on, continue.
41 (initials) Kingdom of The Charlatans.
43 (symbol) Element with the Atomic number 52.
44 Something useful.
45 An expression of affirmation or recognition.
46 (Spanish) Before the postumate.
49 (Spanish) A film by Luis Buñuel
51 A common characteristic of tournaments and contests.
52 A mystic syllable.
53 A sport practiced with names.
54 One could sing with this division.
55 (second syllable) Bird species that became the first to be recorded as extinct.
56 For Sakespeare, the food of love.

DOWN

2 The Beatles: "__, I love you".
4 Northern Italian river.
5 Russian artist, 1891-1956.
6 A group and a team are named like this.
7 Young, Peart, Diamond and Armstrong are all this.
8 Peter Murphy played here.
11 "Rat ___", Boomtown Rats, 1978.
13 (Latin) Scale in which a violin is tuned.
14 (Spanish) Constructive activitiy.
16 Dutch artist of meager means, 1872-1944.
17 He made Alice famous.
18 (initials) Cause of death in the fast lane.
19 (inverted) In Sheffield, feline whose skin is used to manufacture tight pants.
21 Pearl Jam, Timbiriche and JohnAnderson have this in common.
23 She survived the Queen of hearts.
25 Guitar hero, 1945-
27 (inverted) "Anarchy in the __".
28 Prefix indicating 'inside'.
33 He wrote The Graveyard by the Sea.
34 (initials) A recording media.
36 ___ pie. A small english publishing house based in Richmond.
37 First name of a famous telekineticist.
38 Bohr studied it.
39 An album by Peter Gabriel.
42 (Spanish) Mud in which to enjoy oneself for lack of a better thing.
45 Prefix relating to bees.
47 Van Morrison's band.
48 Rockers' rivals.
50 "__ and behold".
51 (Latin) Work.
53 (second syllable) Bird species from Mauritius.
54 Musician. He got these initials by chance.